김현승 시전집

▶ 김현승 시인

★ 이 시전집의 사진은 김현승 시인의 유족과
숭실대학교 부설 한국기독교 박물관에서 협조를 받았다.

▶ 교수 시절 문학 강의

▶ 차를 마시는 모습

▶ 가족과 함께

▶ 시집과 산문집

▶ 도리언 프린스(Dorian Prince) 주한 EU대사가 작곡한 〈가을의 기도〉

▶ 광주 무등산에 있는 다형 김현승 시비

▶ 숭실대학교 교정의 다형 김현승 시비

김현승 시전집

김인섭 엮음·해설

민음사

차례

일러두기 •17
작품 해설 | 김인섭 •613
작가 연보 •636
저서 및 작품 •639

김현승시초

자서 •21

제1부
눈물 •25 | 푸라타나스 •26 | 오월의 환희 •28 | 사랑을 말함 •29 | 내가 가난할 때 •30 | 나무와 먼길 •31 | 인생송가 •33 | 고전주의자 •34 | 건강체 •35 | 가을의 기도 •36 | 내 마음은 마른 나무가지 •37 | 가을의 입상 •39 | 자화상 •40

제2부
창 •43 | 바람 •44 | 어제 •46 | 내일 •47 | 신록 •48 | 바다의 육체 •49 | 가을이 오는 시간 •50 | 가을의 소묘 •51 | 가을의 시 •52 | 청천 •54 | 가을비 •55 | 이별에게 •56 | 무등차 •57 | 꿈 •58

발跋 •59

옹호자의 노래

자서 •63

제1부

신설 •67 | 사월 •68 | 창 •69 | 바람 •70 | 봄비는 음악의 상태로 •72 | 신록 •73 | 삼림의 마음 •74 | 낭만평야 •75 | 오월의 환희 •77 | 주말 동경 •78 | 바다의 육체 •80 | 십이월 •81 | 밤 안개 속에서 •82 | 나무와 먼 길 •84 | 산줄기에 올라 •86 | 겨울방학 •88 | 여름방학 •89

제2부

슬픔 •93 | 눈물 •95 | 독신자 •96 | 속죄양 •97 | 프라타나스 •98 | 빛 •100 | 보석 •102 | 가로수 •103 | 자화상 •105 | 지상의 시 •106 | 사랑을 말함 •107 | 인생송가 •108 | 내가 가난할 때 •109 | 육체 •110 | 건강체 •111 | 양심의 금속성 •112 | 고전주의자 •113 | 꿈 •114 | 내 마음은 마른 나무가지 •115 | 수평선 •117 | 종소리 •118 | 밤은 영양이 풍부하다 •119 | 내가 묻힌 이 밤은 •120 | 유성에 붙여 •122 | 슬퍼하지 않는 것은 •124 | 체념이라는 것 •126 | 그냥 살아야지 •128 | 순수 •129 | 이별에게 •130 | 내일 •131 | 어제 •132

제3부

가을이 오는 시간 •135 | 가을의 입상 •136 | 가을의 기도 •137 | 가을의 시 •138 | 가을의 포도 •140 | 가을은 눈의 계절 •142 | 가을의 향기 •143 | 가을의 소묘 •144 | 가을 넥타이 •145 | 가을 비 •146 | 무등차 •147

제4부

눈물보다 웃음을 •151 | 박명의 남은 시간속에서 •153 | 옹호자의 노래 •155 | 갈구자 •157 | 호소 •159 | 슬픈 아버지 •161 | 인간은 고독하다 •164 | 신성과 자유를 •167 | 일천구백육십년의 연가 •170 | 우리는 일어섰다 •174 | 석간을 사서 들다 •176

견고한 고독

제1부

길 •183 | 무형의 노래 •184 | 견고한 고독 •186 | 겨울 까마귀 •188 | 병 •190 | 제목 •192 | 어린것들 •194 | 제한의 창 •196 | 희망이라는 것 •198 | 마음의 집 •200 | 시의 맛 •202 | 참나무가 탈 때 •204 | 돌에 사긴 나의 시 •205 | 영혼과 중년 •206 | 겨우살이 •207

제2부

파도 •211 | 보석 •213 | 산포도 •215

제3부

삼월의 시 •219 | 삼월생 •221 | 한국의 오월 •223 | 가을이 오는 달 •225 | 가을 저녁 •227 | 가을의 비명 •229 | 겨울의 입구에서 •230 | 크리스마스와 우리집 •232 | 겨울 나그네 •234 | 해동기 •236 | 형광등 •238

제4부

너를 세울지라 •241 | 조국의 흙 한 줌 •243 | 아벨의 노래 •244 | 시의 겨울 •246 | 형설의 공 •248 | 나의 심금을 울리는 낡은 제목들 •250 | 책 •252 | 추억 •254

후기 •256

절대고독

자서 •259

제1부

고독 •263 | 검은 빛 •264 | 고독의 풍속 •266 | 군중속의 고독 •268 | 고독의

순금 ·269 | 절대고독 ·270 | 고독의 끝 ·271 | 고독한 싸움 ·272 | 고독한 이유 ·274 | 어리석은 갈대 ·275 | 빈 손바닥 ·276 | 부재 ·277 | 당신마저도 ·279 | 연 ·280 | 완전겨울 ·282 | 신년송 ·283

제2부
절대신앙 ·287 | 나의 한계 ·288 | 나의 지혜 ·290 | 나의 진실 ·291 | 아침 식사 ·292 | 겨울 실내악 ·293 | 평범한 하루 ·294 | 목적 ·295 | 선을 그으며 ·297 | 불완전 ·299 | 일요일의 미학 ·301

제3부
미래의 날개 ·305 | 치아의 시 ·307 | 상상법 ·309 | 나의 시 ·310 | 시는 없다 ·311 | 아버지의 마음 ·312 | 아버지의 자장가 ·313 | 내 마음 흙이 되어 ·315 | 사랑하는 여인에게 ·317 | 지평선 ·318 | 누가 우리의 참 스승인가 ·319 | 우주인에게 주는 편지 ·322 | 우주시대에 붙여 ·323

김현승시전집(1974년 刊)

서문·329

날개
질주 ·333 | 그 날개 ·334 | 사탄의 얼굴 ·335 | 산까마귀 울음 소리 ·337 | 재 ·338 | 사행시 ·339 | 나의 독수리는 ·340 | 가상 ·341 | 전환 ·342 | 고백의 시 ·343 | 평범한 하루 ·345 | 사실과 관습 ·346 | 사는 것 ·347 | 인간의 의미 ·349 | 인내 ·351 | 무기의 의미 Ⅰ ·352 | 무기의 의미 Ⅱ ·353 | 꿈을 생각하며 ·354 | 보존 ·355 | 책 ·357 | 시인들은 무엇하러 있는가 ·359 | 형광등 ·360 | 감사 ·362 | 이 꽃과 같이 ·364 | 동체시대 ·365 | 잠이 안 온다 ·366 | 불을 지키며 ·368 | 이 손을 보라 ·369 | 자유의 양식 ·371 | 한여름 밤의 꿈 ·373 | 민족의 강자 ·374 | 가을이 아직은 오지 않지만 ·375 | 다형 ·377 | 가을 ·378 | 겨울 보석 ·379 | 우수 ·380 | 가을에 월남에서 온 편지 ·381 | 정복자

들에게 ·383 | 새해 인사 ·385 | 가을 치마 ·386 | 지평선 ·387 | 내 마음은 오직 하나 ·388 | 사랑하는 여인에게 ·390

새벽 교실
쓸쓸한 겨울 저녁이 올 때 당신들은 ·393 | 어린 새벽은 우리를 찾아온다 합니다 ·396 | 너와 나 ·399 | 황혼 ·401 | 아침과 황혼을 데리고 갈 수 있다면 ·402 | 아침 ·403 | 새벽은 당신을 부르고 있읍니다 ·404 | 엄마·밤·406 | 새벽 교실 ·407 | 묵상 수제 ·410 | 동굴의 시편(기일) ·411 | 동굴의 시편(기이) ·413 | 까마귀 ·415 | 이별의 곡 ·416 | 떠남 ·417 | 새벽 ·418

후기 ·419

마지막 지상에서

제1부
신년기원 ·425 | 촌 예배당 ·427 | 인생을 말하라면 ·428 | 봄이 오는 한 고비 ·430 | 비약 ·432 | 오른 손에 펜을 쥐고 ·434 | 이 어둠이 내게 와서 ·436 | 그림자 ·438 | 천국은 들에도 ·439 | 낙엽후 ·440 | 무기의 노래 ·441 | 낚시터 서정 ·442 | 사랑의 동전 한 푼·443 | 흙 한 줌 이슬 한 방울 ·444 | 희망 ·446 | 샘물·448 | 나무 ·450 | 영혼의 고요한 밤 ·452 | 크리스마스의 모성애 ·453 | 백지 ·455 | 지각 ·457 | 부활절에 ·458 | 마음의 새봄 ·460 | 근황 ·461 | 마지막 지상에서 ·462

제2부
생명의 합창 ·465 | 저녁 그림자 ·466 | 1962년에 ·468 | 시인의 산하 ·470 | 희망에 붙여 ·473 | 이 어둠이 내게 와서 ·474 | 아침 안개 ·476 | 부활절에 ·477 | 일년의 문을 열며 ·479 | 이상 ·481 | 하운소묘 ·483 | 초겨울 포도에서 ·485 | 원단의 지평선에 서서 ·487 | 이 땅은 비어 있다 ·489 | 삼월의 노래 ·490 | 희망에 살다가 ·492 | 다도해서정 ·494 | 감사하는 마음 ·496 | 만추의

시 ·498 | 나의 소리는 ·499

제3부
세계는 위대하게 커졌다 ·503 | 성장 ·505 | 펜 하나 비록 가냘퍼도 ·509 | 새로운 소원 ·511 | 대학의 송가 ·513 | 하늘에 세우는 크리스마스 추리 ·516 | 겨레의 맹서 ·518 | 새날의 거룩한 은혜와 기원 ·520 | 꽃피어라 ·525

편집후기 ·528

시집 미수록 및 미발표 작품

동면 ·531 | 명일의 노래 ·532 | 안개 속에서 ·533 | 러시·아워 ·534 | 자유여 ·536 | 자의식과잉 ·538 | 나는 언제나 구체적이다 ·539 | 출발의 문을 열고 ·541 | 시간의 길이는 생명의 역사에서만 빛을 얻는다 ·543 | 새날의 제목 ·546 | 진리의 강자 ·548 | 고요한 밤 ·550 | 역설 ·552 | 우리의 진실 ·554 | 피는 물보다 짙다 ·555 | 울려라 탄일종 ·564 | 우수 ·566 | 바다의 팔월 ·567 | 바다의 연륜 ·568 | 자유독립을 위하여 학도들은 싸웠다 ·570 | 영혼의 명절 ·572 | 기적을 울려라 ·574 | 신년송가 ·576 | 새로운 소원 ·580 | 송가 ·582 | 빛나는 조국의 새 아침 ·585 | 저 빛을 가슴에 안고 ·588 | 생각하는 크리스머스 ·592 | 내가 나의 모국어로 시를 쓰면 ·594 | 새날 새 아침에 ·596 | 옳은 손으로 다시 펜을 잡으며 ·598 | (제목 없음) ·601 | 생명의 날 ·602 | 사나이다운 사나이들 ·603 | 기쁨의 제목을 기뻐하라 ·605 | 크리스마스에는 집으로 돌아가라 ·607 | 울려라 성탄의 제목을 ·609 | 마지막 그림자 ·611 | (제목 없음) ·612

일러두기

1. 이 시전집은 김현승의 시전집으로는 세 번째이다. 첫 번째는 1974년 5월 시인 생전에 관동출판사에서 발간한 것이고, 두 번째 전집은 사후 10주년을 맞아 1985년 시인사(주간 조태일)에서 기존 시집에 수록되었던 시 261편에 새로 6편을 보완하여 총 267편을 모아 발간하였다. 사후 30주년을 맞이하여 발간하는 이번 시전집에서는 숭실어문학회에서 발굴, 정리한 18편의 시와 기타 미발표 시, 편자가 필사하여두었던 작품 등 도합 33편을 새롭게 추가하여 총 300편을 수록하였다. 그러나 1930년대 숭실전문 시절 교지 《숭전崇專》에 실렸던 작품 2편(「유리창」, 「철교」)과 1950년대 미발표작으로 알려진 6편(「해방의 눈물」, 「미군에게 보내는 크리스마스시」, 「밤」, 「비애悲哀에게」, 「겨울」, 「봄」)의 작품은 게재지가 보존되어 있지 않는 사정 등으로 인하여 수록하지 못하였다.

2. 이 시전집의 전체적인 구성은, 시인이 생전에 발행한 단독 시집 4권(『김현승시초』, 『옹호자의 노래』, 『견고한 고독』, 『절대고독』)과 전집(1974년에 발간한 『김현승시전집』) 등 총 5권의 시집과 사후 창작과비평사에서 발행한 유고 시집 『마지막 지상에서』를 발간된 순서대로 실었다. 그리고 마지막으로 발표는 하였으나 기존 시집에 수록되지 않은 작품과 발표되지 않은 채 육필 원고로 남아 있던 것을 한 데 묶었다.

3. 첫 시집 『김현승시초』의 작품들은 모두(제2부에 수록되어 있는 「청천晴天」 1편 제외) 제2시집 『옹호자의 노래』에 재수록되어 있으나 첫머리에 그대로 수록하였다. 왜냐하면 부분적으로 개작한 것도 있으며, 두 시집의 발표 시기에 따른 표기법이 현저히 달라진 부분도 있기 때문에 각 작품의 변모를 참조할 수 있도록 하기 위함이다.

4. 1974년에 시인이 정리하여 발간한 『김현승시전집』은 기존 시집(『옹호자의 노래』, 『견고한 고독』, 『절대고독』)의 작품들 외에 그때까지 어느 시집에도 수록되지 않았던 시들을 모아 『날개』라는 시집명으로 추가하고, 광복 이전에 씌어진 초기 시편들을 모아 『새벽교실』이라는 이름으로 마지막 부분에 수록해 발간한 것이다.

이 시전집은 앞부분에 기존의 단독 시집 세 권의 작품을 독립적으로 수록하였기 때문에 '김현승시전집' 부분에서 세 시집의 작품을 제외하고, 『날개』와 『새벽교실』의 작품만 수록하는 형식을 취하였다. 다만, 『김현승시전집』에서 기존 작품과 표기나 내용이 달라진 부분은 해당 작품의 하단에 편자의 주석으로 그 내용을 밝혀놓았다.

5. 이 책의 표기법은 발간 당시 시집의 원문에 충실하게 따랐다. 정서법에 어긋나더라도 작자의 문체와 시적 효과를 고려하여 그대로 표기하였고, 원문에 쓰인 한자는 현대 독자의 편의를 위하여 한글과 함께 병기하였다.

6. 본문 시의 편자 주에서 『전집』이라고 출처가 표시된 것은 1974년에 발간된 『김현승시전집』을 말한다. 이 책의 제목과 구분을 두고, 읽는 이에게 혼동을 두지 않기 위해서 줄여서 표기하였음을 밝힌다.

김현승시초

金顯承詩抄

金顯承詩抄 **펴낸날** 1957년 12월 10일 | **장정** 서정주 | **당시 가격** 육백 환

자서自序

일천구백삼십사년에서 출발하여, 나의 동면기冬眠期에 이르기까지, 오륙 년 동안에 남겨진 초기 작품 중에서 얼마를 선택하여 제이부에 실었다.

그리고 제일부에는 주로 최근에 발표한 작품들을 실었다.

그중에서 저자 자신이 다소나마 애착을 갖는 부분이 있다면, 그것은 아마도 제일부에 속하는 작품일 것이다. 그러나 여기까지 이르는 도중에서 제이부의 작품들도 내 자신에게는 전혀 무의미한 것들은 아니었을 터이므로, 이러한 과정을 더듬기 위하여 그것들을 버리지는 못하였다.

다시 말하면, 나의 빈약한 시의 과정은 제일부를 지나 제일부에서 지금 방황하고 있다고 볼 수 있을 것이다. 그러나 이로부터가 내게는 가파로운 고비다. 나의 가뿐 시 호흡이 이 단계를 극복하고 차원을 개척할 수 있을는지…… 시는 정말 갈수록 어렵다.

이 시집의 출판을 위하여 하나에서 열까지 전부를 주선하여 준 서정주徐廷柱 시백의 우의宜友와 이태호李泰鎬 씨의 후의厚意에 깊이 감사를 드린다.

제1부

눈물

더러는
옥토沃土에 떨어지는 작은 생명生命이고저……

흠도 티도,
금가지 않은
나의 전체全體는 오직 이뿐!

더욱 값진 것으로
들이라 하올제,

나의 가장 나아종 지니인 것도 오직 이뿐!

아름다운 나무의 꽃이 시듦을 보시고
열매를 맺게하신 당신은,

나의 웃음을 만드신 후에
새로이 나의 눈물을 지어 주시다.

....
- 《현대문학》, 1967. 12.
- '나아종' (4연) : '나중' (『옹호자의 노래』, 『전집』)

푸라타나스

꿈을 아느냐 네게 물으면,
푸라타나스,
너의 머리는 어느듯 파아란 하늘에 젖어 있다.

너는 사모할줄을 모르나,
푸라타나스,
너는 네게 있는것으로 그늘을 느린다.

먼 길에 올제,
호을로 되어 외로울제,
푸라타나스,
너는 그 길을 나와 같이 걸었다.

이제 너의 뿌리 깊이
영혼을 불어 넣고 가도 좋으련만,
푸라타나스,
나는 너와 함께 신神이 아니다!

....
- 《문예文藝》, 1953. 6.
- 『김현승시초』(1957년 刊)에서는 차례 부분의 제목이 본문과 다르게 '푸라타나스'라고 표기되어 있다.
- '어느듯' (1연 3행) : '어느덧' (『옹호자의 노래』, 『전집』)
- '호을로' (3연 2행) : '홀로' (『옹호자의 노래』, 『전집』)
- '영혼을' (4연 2행) : '나의 영혼을' (『옹호자의 노래』, 『전집』)
- '맞어' (5연 3행) : '맞아' (『옹호자의 노래』, 『전집』)

수고론 우리의 길이 다하는 어느날,
푸라타나스,
너를 맞어 줄 검은 흙이 먼—곳에 따로이 있느냐?
나는 오직 너를 지켜 네 이웃이 되고 싶을뿐,
그곳은 아름다운 별과 나의 사랑하는 창窓이 열린 길이다.

오월五月의 환희歡喜

그늘,
밝음을 너는 이러케도 말하는고나,
나도 기쁠 때는 눈물에 젖는다

그늘,
밝음에 너는 옷을 입혔고나,
우리도 일일이 형상을 들어
때로는 진리眞理를 이야기 한다

이 밝음, 이 빛은,
채울대로 가득히 채우고도 오히려 남음이 있고나,
그늘— 너에게서……

내 아버지의, 집
풍성한 대지大地의 원탁圓卓마다,
그늘,
오월五月의 새술들 가득 부어라!

이깔나무— 네 이름 아래
나의 고단한 꿈을 한때나마 쉬어 가리니……

- 《현대문학》, 1955. 5.
- '이러케도 말하는고나' (1연 2행) : '이렇게도 말하는구나' (『옹호자의 노래』, 『전집』)
- '입혔고나' (2연 2행) : '입혔구나' (『옹호자의 노래』, 『전집』)
- '있고나' (3연 2행) : '있구나' (『옹호자의 노래』, 『전집』)

사랑을 말함

그것이 비록 병들어 죽고 썩어 바릴
육체肉體의 꽃일지언정,

주主여, 우리가 당신을 향하여 때로는 대결對決의 자세姿勢를
지을수도 있는, 우리가 가진 최선最善의 작은 무기武器는
사랑이외다!

그밖에 무엇으로써 인간人間을 노래 하리이까?
파편破片 위에 터를 닦는 저들 부귀富貴와 영화榮華이오리이까,
순간瞬間에 안식安息하는 영웅英雄들의 성城이오리까,

그밖에 다른 은혜恩惠는 아무런 하음도
당신은 우릴 위하여 아직 창조創造하지 않으셨나이다!

그러나 당신은 우리들의 사랑조차 가변可變의 저를 가르켜,
아침에 맺혔다 슬어지는 이슬을 보라 하시리이다

그러면 주主여, 나는 다시 대답하여
이러케 당신을 향해 노래 하리이까!
처음은 이슬이오, 나머지는 광야曠野니이다.
인생人生의 짧은 하로는⋯⋯⋯⋯⋯

- 《시정신詩精神》, 1956. 9.
- '하음도' (4연 1행 | 『전집』) : '하염도' (『옹호자의 노래』)
- '人生의 짧은 하로는' (6연 4행) : '우리의 짧은 하루는' (『옹호자의 노래』, 『전집』)

내가 가난할때

내가 가난할때……
저 별들이 더욱 맑음을 보올때.

내가 가난할때……
당신의 얼골을 다시금 대할때.

내가 가난할때……
내가 육신肉身일때.

은밀한 곳에 풍성한 생명生命을 기르시려고,
적은 꽃씨 한알을 두루 찾아
나의 마음 저 보랏빛 노을속에 고이 묻으시는

당신은 오늘 내집에 오시어,
금은金銀기명과 내 평생의 값진 도구道具들을
짐짓 문門밖에 내어 놓으시다!

....
- 《문예文藝》, 1954. 1.
- '얼골을' (2연 2행) : '얼굴을' (『옹호자의 노래』, 『전집』)
- '적은 꽃씨 한알을' (4연 2행) : '작은 꽃씨 하나를' (『옹호자의 노래』, 『전집』)

나무와 먼길

사랑이 얼마나 중한줄은 알지만
나무, 나는 아직 아름다운 그이를 모른다.
하늘 사결에 닿어 너와 같이 머리곺은 여인女人을 모른다

네가 시詩를 쓰는 오월五月이 오면
나무, 나는 너의 곁에서 잠잠하마,
이루 펴지 못한 나의 전개展開의 이마—쥬를
너는 공중에 팔벌려 그 모양을 떨쳐 보이는고나!
나의 입설은 매말러
이루지 못한 내 노래의 그늘들을
나무, 너는 땅위에 그러케도 가벼이 느리는고나!

목마른 것들을 머금어 주는 은혜로운 오후午後가 오면
너는 네가 사랑하는 어느 물가에 얼른거린다.
그러면 나는 물속에 잠겨 어렴풋한 네 모습을
잠시나마 고요히 너의 영혼이라고 불러본다.

나무, 어찌하여 신神께선 너에게 영혼을 주시지않었는지
나는 미루어 알수도 없이만,
언제나 부인 곳을 향해 두루는 희망希望의 척도尺度——너의 머리는
내 영혼이 못박힌 발뿌리보다 아름답고나!

머지않아 가을이 오면
사람마다 돌아와 집을 세우는 가을이 오면,
나무, 너는 너의 수확收獲으로 전진前進된 어느 황토黃土길 위에

서서,
　때를 마춰 불빛보다 다수운 옷을 너의 몸에 갈아 입을테지,

　그리고 겨울이 오면
　너는 머리 수겨 기도를 올릴테지,
　부리 곻은 가난한 새새끼들의 둥지를 품에 안고
　아침 저녁 안개속에 너는 과부寡婦의 머리를 수길테지,
　그리고 때로는
　구비도는 어느 먼 길위에서,
　겨울의 긴 여행旅行에 호을로 나선 외로운 시인詩人들도 만날테지……

....
- 《현대문학》, 1960. 12.
- '사결에' (1연 3행) : '살결에' (『옹호자의 노래』, 『전집』)의 오자이다.
- '부인 곳' (4연 3행) : '빈 곳' (『옹호자의 노래』, 『전집』)
- '收獲' (5연 3행) : '收穫'의 오기로 보인다.
- '호을로' (6연 7행) : '호올로' (『옹호자의 노래』, 『전집』)

인생송가 人生頌歌

힘들여 산다는 것보다,
우리가 죽은 뒤에
얼마나 아름다운 이른 저녁을 지상地上에 가져 오겠느냐!
어느 미망인未亡人의 방명록芳名錄에 오를때,
금요일金曜日의 이듬날 어느 회관會舘에서
무명無名의 시인詩人들이 그의 추도시追悼詩를 읽을때……

초조한 땅에서 사는 것보다,
우리가 죽은 뒤에
얼마나 아름다운 들가의 꽃잎들이,
꿈이 되어 우리 섰던 자리에 피어 나겠느냐!
후조候鳥는 찾아와 철을 따라 무덤가에 앉고……

우리가 사는 동안
그러케도 소중턴 그처럼 보람 있던
한숨도 절망絶望도 분노憤怒와 웃음 또한 사랑하는 애인愛人들도
누굴 상속자相續者로 물음조차 없이
구름지워 가없는 하늘에 흩날려 버리는것은,
모든 애착愛着과 긍정肯定보다도
얼마나 풍성한 무한無限에의 계단階段이냐!

우리가 죽은 뒤에도
인생人生은 언제나 즐겁고 또 슬프고
길이 있으라!

....
• 《시정신》 2집, 1954. 6.

고전주의자古典主義者

푸른 잎새들이 떨어져 바리면,
내 마음에
다수운 보금자리를 남게 하는
시간時間의 마른 가지들……

내 마음은 사라진것들의
푸리즘을 버리지 아니 하는
보석상자寶石箱子—

사는 날, 사는 동안 기리 매만져 질,
그것은 변함 없는 시간時間들의 결정체結晶體!

지향 없는 길에서나마,
더욱 오래인동안 머물었어야 했던 일들이
지금은 애련히 떠오르는,

그것은 내 마음의 오—랜 도가니—이 질그릇 같은것에
낡은 무늬인양
눈물의 얼룩이라도 지워 가고 자운 마음,

모든것은 가고 말었고나!
더욱 빨리…… 더욱 아름다이……

··
- 《시연구詩硏究》, 1956. 6.
- '마른 가지들' (1연 4행 『전집』) : '마른 가지를' (『옹호자의 노래』)
- '눈물의 얼룩' (5연 3행) : '눈물과 얼룩' (『옹호자의 노래』, 『전집』)

건강체健康體

한송이의 꽃이
그 으늘한 향기로
온 들을 물드리는,

한 줄기의 빛이
그 깊은 흐름으로
온 밤을 덮어 주는,

한 방울의 눈물이
그 맑은 아침이슬로
타는 혀끝을 적시워 주는,

나의 온몸은 그러한 광야曠野 그러한 어둠 그러한
목마름이어라!
그밖에 다른 애련哀憐이나 슬기로움의 휴지休紙들은

나의 건강을 좀먹는
이제는
병病들이어라!

....
- 《현대문학》, 1960. 12.
- '으늘한' (1연 2행) : '은은한' (『옹호자의 노래』, 『전집』)
- '물드리는' (1연 3행) : '물들이는' (『옹호자의 노래』, 『전집』)
- '적시워' (3연 3행) : '적시어' (『옹호자의 노래』, 『전집』)
- '슬기로움의 休紙' (4연 3행) : '슬기로운 休紙' (『옹호자의 노래』, 『전집』)

가을의 기도祈禱

가을에는
기도 하게 하소서……
낙엽落葉들이 지는 때를 기다려 내게 주신
겸허謙虛한 모국어母國語로 나를 채우소서

가을에는
사랑 하게 하소서……

오직 한 사람을 택하게 하소서,
가장 아름다운 열매를 위하여 이 비옥肥沃한
시간時間을 가꾸게 하소서

가을에는
호올로 있게 하소서……
나의 영혼,
구비치는 바다와
백합百合의 골짜기를 지나,
마른 나무가지 위에 다다른 까마귀 같이.

....

- 《문학예술文學藝術》, 1956.11.
- '기도' (1연 2행) : '祈禱' (『옹호자의 노래』, 『전집』)
- '호올로' (4연 2행) : '호올로' (『옹호자의 노래』, 『전집』)

내 마음은 마른 나무가지

내 마음은 마른 나무가지,
주主여,
나의 머리위로 산가마귀 울음을 호올로
날려 주소서

내 마음은 마른 나무가지,
주主여,
저 부리 굳은 새새끼들과,
창공蒼空에 성실誠實하던 그의 어미 그의 잎사귀들로,
나의 발뿌리에 떨어져 바람부는 날은
가랑잎이 되게 하소서

내 마음은 마른 나무가지,
주主여,
나의 육체肉體는 이미 저믈었나이다!
사라지는 먼뎃 종소리를 듣게 하소서,
마지막 남은 빛을 공중에 흩으시고
어둠속에 나의 귀를 눈뜨게 하소서

내 마음은 마른 나무가지,
주主여,
빛은 죽고 밤이 되었나이다!

....
- 《현대문학》, 1957. 12.
- '호올로' (1연 3행) : '호올로' (『옹호자의 노래』, 『전집』)
- '잎사귀들로' (2연 4행) : '잎사귀들도' (『옹호자의 노래』, 『전집』)

당신께서 내게 남기신 이 모진 두팔의 형상을 벌려,
바람속에 그러나 바람속에 나의 간곡한 포옹抱擁을
두루 찾게 하소서

가을의 입상立像

멀리 멀리 흘러갔던
보랏빛 구름들과 바다거품으로부터
그만 나의 연륜年輪들을 불러드리자

나로 하여금 돌아오는 길목에 서게하여 다오!

나의 시詩는
수요일水曜日의 기도보다 가벼웠고,
너머도 오래인 동안
나는 나의 체온體溫을 비워 두었었다

나의 가는 목에 어느듯
바람이 차면,
저바린 꿈들의 포장지包裝紙, 지는 낙엽落葉들을 모아
지금은 나의 옛집을 바를 때……

나로 하여금 돌아오는 길목에 서게하여 다오!

그림자와 같이 길던
한숨마저 멀—리 저바리고……

- 미상
- '너머도' (3연 3행) : '너무도' (『옹호자의 노래』, 『전집』)
- '한숨마저' (6연 2행) : '한숨마다' (『옹호자의 노래』, 『전집』)

자화상自畵像

내 목이 가늘어 회의懷疑에 기울기 좋고,

혈액血液은 철분鐵分이 셋에 눈물이 일곱이기
포효咆哮보담 술을 마시는 나이팅게일……

마흔이 넘은 그보다도
빰이 쪼들어
연애戀愛엔 아조 실망失望이고,

눈이 커서 눈이 서러워
모질고 사특하진 않으나,
신앙信仰과 이웃들에 자못 길들기 어려운 나―

사랑이고 원수고 모라쳐 허허 웃어버리는
비만肥滿한 모가지일수 없는 나―

내가 죽는 날
딴테의 연옥煉獄에선 어느 비문扉門이 열리려나?

....
- 《경향신문》, 1947. 6.
- '아조'(3연 3행) : '아주'(『옹호자의 노래』, 『전집』)
- '信仰'(4연 3행) : '仰信'(『옹호자의 노래』, 『전집』)
- '딴테'(6연 2행) : '단테'(『옹호자의 노래』, 『전집』)

제2부

창窓

창窓을 사랑하는 것은,
태양太陽을 사랑한다는 말보다
눈부시지 않아 좋다.

창窓을 잃으면
창공蒼空으로 나아가는 해협海峽을 잃고,

명랑明朗은 우리에게
오늘의 뉴—스다.

창窓을 닦는 시간時間은
또 노래도 부를수 있는 시간,
별들은 십이월十二月의 머나먼 타국他國이라고……

창窓을 맑고 깨끗이 지킴으로
눈들을 착하게 뜨는 버릇을 기르고,

맑은 눈은 우리들
내일來日을 기다리는
빛나는 마음이게…….

• 《경향신문》, 1946. 5.

바람

시인詩人이면 누구나 모두 아끼는
알타이의 모음母音과 반모음半母音으로
추리고 고루어 보아도
바람, 너의 모양을 을알히 들어낼수는 없고나.

파―란 참나무 숲풀이 흔들릴때
문득 너를 보았을뿐,
그래서 나는
너를 그러케도 아름답다고 기억할뿐!

네가 지나는 느낌은
나의 등이 이리 시원코나,
나의 멍에도 가벼워 지는듯!

바람, 너는 지금 들을 지나
어느 먼 곳으로 금金빛 저녁종을 실으러 가느냐?
그러나 여긴 목쉰 기적소리 산가마귀의 울음소리
더 많은 나의 고장이다

이제 네 발앞에 한송이의 들꽃을 드리우면,
너는 얼마나 많은 향기로써 옷입히듯 내게 갚아줄것이냐?

....
- 미상
- '을알히' (1연 4행) : '알알이' (『옹호자의 노래』, 『전집』)
- '저녁종' (4연 2행) : '저녁鍾' (『옹호자의 노래』, 『전집』)
- '향기로써' (5연 2행 『전집』) : '향기로서' (『옹호자의 노래』)

그러나 산과 들은 비고
너는 이제 황량荒凉하여 갈뿐,
너는 내 고장의 형제兄弟들과 더부러 더욱 거칠고
더욱 황량荒凉하여 갈뿐……

어제

어제,
그 시간時間을
비에 젖은 뽀―얀 창窓밖에 넣어 보자

어제,
그 시간時間 옆에
멀리 검은 나무를 심어 두자,
오―랜 그늘을 지키는……

어제,
그 시간時間을
정한 눈물로 딲어 두자,
내게는 이제 다른 보석寶石은
빛나지 않으려니……

....
- 《예술집단藝術集團》, 1955. 12.
- '뽀―얀' (1연 3행) : '뽀오얀' 「옹호자의 노래」, 「전집」)

내일來日

나는 이러케 내일來日을 맞으련다.
모든것을 실패失敗에게 주고,
비방誹謗은 원수에게,
사랑은 돌아오지 못하는 날들에게……

나의 잔盞에는
천년千年의 어제보다 명일明日의 하로를
넘치게 하라

내일來日은 언제나 내게는 축제祝祭의 날,
꽃이 없으면 웃음을 들고 가드래도……

내일來日,
오―랜 역사歷史보다도
내일來日만이 진정 우리가 피고 가는
풍성한 흙이 아니냐?

• 《민성民聲》, 1946. 4.

신록新綠

타는 그대의 입설만은 남겨두고,
출렁이는 파도波濤빛으로 벅벅 칠해라
거리도 창窓들도
성城밖 방순芳醇한 아까시앗 길도……………

자외선紫外線 자외선紫外線에 부대끼는 새로운 피로들은
새술보다 단
내 육체肉體의 즙汁!

신록新綠이 필때마다
나는 다시 자연自然으로 돌아가오

오오 나의 마음은
호수湖水ㅅ가의 울금향鬱金香!

………………………………
- 미상
- '입설만은' (1연 1행) : '입술만을' (『옹호자의 노래』, 『전집』)
- '아까시앗 길' (1연 4행) : '아카시아 길' (『옹호자의 노래』, 『전집』)

바다의 육체肉體

푸른 잉크로 시詩를 쓰듯
백사장白砂場의 깃은 물결에 젖었다.

여기서는 바람은 나푸킨처럼 목에 걸었다.
여기서는 발이 손보다 희고
계는 옆으로 걸었다.

멀리 이는 파도波濤 — 바다의 자스민은 피었다 지고,

흑조黑潮빛 밤이 덮이면
천막天幕이 열린 편으로
유성流星들은 시민市民과같이 자조 지나갔다.
별들은 하나 하나 천년千年의 모래앞에 씻기운
천리千里밖의 보석寶石들……

바다에 와서야
바다는 물의 육체肉體만이 아니임을 알았다

뭍으로 돌아가면
나는 다시 파도波濤에서 배운 춤을 일깨우고,
내 꿈의 수평선水平線을 머얼리 그어 둘테다!

나는 이윽고 푸른 바다에 젖는 손수건이 되어
뭍으로 돌아왔다 — 팔월오일八月五日.

....
- 미상
- '계' (2연 3행) : '게' (『옹호자의 노래』, 『전집』)의 오기이다.

가을이 오는 시간時間

우리의 마음들은 벌써 황마차幌馬車가 되어 버린다.
우리의 마음들은 벌써 구름처럼
지평선地平線가에 몰려 선다.
에메랄드빛 하늘이 멀어 지는 가을이 오면……

해변海邊에선
별장別莊들의 덧문을 닫고,
사람마다 사람마다
찬란턴 마음의 샨데리아를 조리고,
저녁에 우는 쓰르라미가 되는
지금은 폐회閉會와 귀로歸路의 시간……

우리의 마음들은 벌써 낙엽落葉이 진다.
우리의 마음들은 남긴것 없음을
이제는 서러워 한다.
지금은 먼 ― 길을 예비할 때 ―
집 없는 사람들은 돌아와 집을 세우는,
지금은 릴케의 시詩와 자신自身에
입맞초는 시간時間……

·····································
- 미상
- '샨데리아를 조리고' (2연 4행) : '샨데리아를 졸리고' (『옹호자의 노래』) : '샨데리야를 졸리고' (『전집』)
- '시간' (2연 6행) : '時間' (『옹호자의 노래』, 『전집』)
- '입맞초는' (3연 7행) : '입맞추는' (『옹호자의 노래』, 『전집』)

가을의 소묘素描

수심水深이 깊듯 짙던 그늘이 한몫 떨어지면
하늘은 건너편 에메랄드의 산지産地……

임금林檎 나무의 열매들은 소년少年의 뺨을 닮아가고
해볕은 밭머리에서 옥수수의 여윈 그림자를 걷우어 간다.

기적소리 들녘에 길게 나는
다시금 시월十月이 오면,

언덕은 어느덧 가산家産을 헤치듯
나무잎들을 바람에 죄다 날려보내야 하고,

하늘가 멀리 뜨는 별들마저
수우愁雨에 부슬 부슬 떨어질게다.

오랜 악기樂器의 줄을 쓰는 쓰르라미는
섬돌위에 산다山茶의 향기를 가다듬고,

참회하는 이스라엘의 여인女人처럼
누리는 이윽고 재를 무릅쓸때…….

....
- 미상
- '걷우어' (2연 2행): '옹호자의 노래』): '거두어' (『전집』)
- '하늘가 멀리' (5연 1행): '하늘과 멀리' (『옹호자의 노래』, 『전집』)

가을의 시詩

넓이와 높이보다
내게 깊이를 주소서,
나의 눈물에 해당該當하는……

산비탈과
먼 집들에 불을 피우시고
가까운 길에서 나를 배회徘徊하게 하소서.

나의 공허空虛를 위하여
오늘은 저 황금黃金빛 열매들마저 그 자리를
떠나게 하소서,
당신께서 내게 약속하신 시간時間이 이르렀읍니다.

지금은 기적汽笛들을 해가 지는 먼 곳으로 따라 보내소서.
지금은 비둘기 대신 저 공중空中으로 산가귀들을
바람에 날리소서.
많은 진리眞理들 가운데 위대偉大한 공허空虛를 선택하여
나로하여금 그 뜻을 알게 하소서.

....
- 미상
- '가까운 길' (2연 3행) : '가까운 곳' (『옹호자의 노래』, 『전집』)
- '열매들마저' (3연 2행) : '열매를 마저' (『옹호자의 노래』, 『전집』)
- '호을로' (5연 3행) : '호올로' (『옹호자의 노래』, 『전집』)

이제 많은 사람들이 새술을 빚어
깊은 지하실地下室에 묻는 시간時間이 오면,
나는 저녁종소리와 같이 호을로 물러가
나는 내가 사랑하는 마른풀의 향기를 마실것입니다.

청천晴天

볕은
이순耳順하고,

이삭들
바람이 익는다.

아침 저녁
살갈에 묻는

요즈막의 향깃한 차거움……
사십四十은 아직도 온혈동물溫血動物인데,

오늘은
먼— 하늘빛
넥타일 매어 볼까.

....
- 미상
- '살갈'(3연 2행) : '살갗'의 오기이다.
- 『옹호자의 노래』(1963년 刊)에 유일하게 재수록되지 않은 작품이다.

가을비

팔구비에 닿는것
은시계銀時計처럼 차다.

세로팡으로
싸는 밤……

배암무늬 손잡이
우산雨傘을 받고 혼자 섰다.

전에는 더러
이러기도 하였던
뽀 ― 야다란 마음……

....
- 미상
- '섰다' (3연 2행) : '섰나' 『옹호자의 노래』, 『전집』)

이별離別에게

지우심으로
지우심으로
그 얼골 아로사겨 놓으실줄이야……

흩으심으로
꽃잎처럼 우릴 흩으심으로
열매 맺게 하실 줄이야……

비우심으로
비우심으로
비인 도가니 나의 마음을 울리실줄이야……

사라져
오오,
영원永遠을 세우실줄이야……

어둠 속에
어둠 속에
보석寶石들의 광채光彩를 기리 담아 두시는
밤과같은 당신은, 오오, 누구이오니까!

• 미상

무등차無等茶

가을은
술 보다
차 끄리기 좋은 시절……

갈가마귀 울음에
산들 여위어 가고,

씀바귀 마른 잎에
바람이 지나는,

남南쪽 십일월十日月의 긴 긴 밤을,

차끄리며
끄리며
외로움도 향기인양 마음에 젖는다.

....
- 미상
- '끄리기' (1연 3행 | 『옹호자의 노래』) : '끓이기' (『전집』)
- '끄리며' (5연 1,2행 | 『옹호자의 노래』) : '끓이며' (『전집』)

꿈

내가 사월斜月에 피는 수선水仙을 사랑함은
내가 그대의 그 아름다운 눈동자
기억하여 잊지 못함도,

내 꿈의 영자影子를 어렴풋이나마
저 자연自然과 그대의 얼골에서 바라볼수 있기에……

내 꿈이 사라질때,
나의 사랑도 나의 언어言語도
나의 온갖은 비인것뿐

이러틋 빛나고 아름다운 그곳에 서서
언제나 내 갈길을 손짓하여 주는

내꿈은 나의 영원한 깃발
나의 영원한 품!

....
• 미상
• '그 아름다운' (1연 2행) : '아름다운' (『옹호자의 노래』, 『전집』)

발跋

    외우畏友 김현승金顯承 형이 그의 시업詩業을 가진 지 이십 수년 만에 비로소 첫 시집을 내는데 내가 그 편집을 보게 된 것은 내게는 제일 큰 자미滋味 중의 하나다. 원래가 자기 차례는 대개 맨 뒤에 놓기를 좋아하는 사람이라 그 때문에 이렇게 늦어진 점도 없지는 않지만, 내 보기에는 이 만간晩刊의 이유는 그보다도 그의 시업의 꼼꼼함에 있는 것 같다.
    정신과 그 표현을 많이 내놓기를 좋아하는 사람이 아니라, 그는 늘 찬찬히 있고 또 그렇게 채리는 사람인 것이다.
    그렇기에 이만한 일을 그는 해놓을 수 있었다.
    그에게서 기독교 정신은 신약의 고행과 상대上代 이스라엘적 광휘의 선묘한 접선을 이루고 있다. 이것은 조선朝鮮선 물론, 세계 어느 기독교 시인에게 있어서도 내게 잘 뵈이지 않는 그런 것이다. 박두진 씨가 같이 기독교 정신의 사람이긴 하지만, 그는 구약창세기나 쏘로몬의 아가등雅歌等에서 우리가 보는 상대 이스라엘적 윤기와 광휘에는 길들어 있으나 신약적 고행 탐구의 면에는 잘 통해 있지 못했었다. 비교가 선다면 영국의 T. S. 에리오트 씨가 그에게 가깝기는 할 것이나 에리오트 씨의 간헐적인 파라다이스는 내 생각에는 아무래도 또 아직 희랍류希臘流의 황홀감과 너무나 비슷허다. 현승顯承이 이루고 있는 이 바르게 뵈는 접선은 그가 기독자신基督自身과 같이 동양인이기 때문에 덕德보아 얻은 것일까. 아닌 게 아니라 희랍부흥希臘復興이라는 것을 책으로 배우긴 했으나 문예부흥 후의 서양 사람들과 같이 골수에 배게 겪어오지는 않은 때문인가도 싶다.
    표현 면에 있어서도 이 시초詩抄을 숙독해 가니라면 알게 될 일이지만 그가 우리 나라 시詩의 표현도에 기여해 온 점은 적지 않다. 특히 구도자의 언어를 연설태演說態로서가 아니라, 실제의 저성底聲으로서 수립해 내는 데 있어 그는 많이 독특한 노력을 해오고 있다.

이것 기교라는 것도 아닐 테니까, 물론 필연이기야 허겠지만.

  이 시집 제일부는 근년의 작품들의 일부분이고, 제이부는 구작 중의 일부분에 속한다.

정유십일월
서정주

옹호자의 노래

擁護者의 노래

擁護者의 노래　**펴낸날** 1963년 6월 30일 ｜ **장정** 김승우 ｜ **당시 가격** 150원

자서自序

　이 시집에는 주로 일천구백오십년대와 일천구백육십년대 초엽에 쓰여진 나의 시 가운데서 칠십 편을 골라 수록하였다. 이 시집에는 해방 전에 발표한 나의 초기 시편은 들어 있지 않다. 그러나 제일시집第一詩集 『김현승시초』에 실렸던 20여 편의 시가 포함되어 있다. 그 이유는 제일시집이 절판된 것은 이미 오래전 일이기 때문이다.
　이로써 나의 시작반생詩作半生의 중요한 작품들은 그 대부분이 이 시집 속에 수록된 셈이다.
　제일부에 실린 작품을 가리켜, 자연의 사물에서 얻은 감각과 인상을 표백한 것들이라면, 제이부의 작품들은 나의 개성이 소유하는 내부적 기질의 숨김없는 토로이다. 그리고 제삼부에는 내가 유달리 좋아하는 계절인 가을에 관한 시편들을 한데 묶어보았고, 제사부에서는 내가 현실적으로 처하여 있는 문명과 사회와 민족에 대한 나의 태도와 주장과 신념을 노래하였다.
　그중에서도 작자 자신은 제이부의 작품들에 얼마간의 애착을 느끼게 된다. 나는 이러한 나의 내부의 길을 한걸음 더 나아가 인생에의 길 그것으로 확충하고, 보다 더한 공명共鳴을 얻게 될 경지에까지 심화시켜 볼 수 없을까 아직도 모색하고 괴로워하는 도중에서 이 시집을 내어놓는다.

일천구백육십삼년 유월

제1부

신설新雪

시인詩人들이 노래한 일월一月의 어느 언어言語보다도
영하零下 오도五度가 더 차고 깨끗하다.

메아리도 한 마정이나 더 멀리 흐르는 듯……

정월正月의 썰매들이여,
감초인 마음들을 미지未知의 산란散亂한 언어言語들을
가장 선명鮮明한 음향音響으로 번역하여 주는
출발出發의 긴 기적汽笛들이여,
잠든 삼림森林들을
이 맑은 공기 속에 더욱 빨리 일깨우라!

무엇이 슬프랴,
무엇이 황량荒凉하랴,
역사歷史를 썩어 가슴에 흙을 쌓으면
희망希望은 묻혀 새로운 종자種字가 되는
지금은 수목樹木들의 체온體溫도 뿌리에서 뿌리로 흐른다.

피로 멍든 땅,
상처傷處 깊은 가슴들에
사랑과 눈물과 스미는 햇빛으로 덮은
너의 하얀 축복祝福의 손이 걷히는 날

우리들의 산하山河여,
더 푸르고 더욱 요원遼遠하라!

....
• 《동아일보》, 1959. 1. 18.

사월四月

푸라타나스의 순들도 아직 어린 염소의 뿔처럼
돋아나지는 않았다.
그러나 도시都市는 그들 첨탑尖塔 안에 든 예언豫言의 종을 울려
지금 파종播種의 시간時間을 아뢰어 준다.

깊은 상처傷處에 잠겼던 골짜기들도
이제 그 낡고 허연 붕대繃帶를 풀어 버린지 오래이다.

시간時間은 다시 황금黃金의 빛을 얻고,
의혹疑惑의 안개는 한동안 우리들의 불안不安한 거리에서
자취를 감출 것이다.

검은 연돌煙突들은 떼어다 망각忘却의 창고倉庫 속에
넣어 버리고,
유순한 남풍南風을 불러다 밤새도록
어린 수선水仙들의 처든 머리를 쓰다듬어 주자!
개구리의 숨통도 지금쯤은 어느 땅 밑에서 불룩거릴게다.

추억追憶도 절반, 희망希望도 절반이여
사월四月은 언제나 어설프지만,
먼 북北녘에까지 해동解凍의 기적이 울리이면
또다시 우리의 가슴을 설레게 하는
이달은 어딘가 미신迷信의 달⋯⋯.

....
- 미상
- '절반이여' (5연 1행) : '절반이어' (『전집』)

창窓

창窓을 사랑하는 것은,
태양太陽을 사랑한다는 말보다
눈부시지 않아 좋다.

창窓을 잃으면
창공蒼空으로 나아가는 해협海峽을 잃고,

명랑明朗은 우리에게
오늘의 뉴우스다.

창窓을 닦는 시간時間은
또 노래도 부를 수 있는 시간時間,
별들은 십이월十二月의 머나먼 타국他國이라고············

창窓을 맑고 깨끗이 지킴으로
눈들을 착하게 뜨는 버릇을 기르고,

맑은 눈은 우리들
내일來日을 기다리는
빛나는 마음이게················.

- 《경향신문》, 1946. 5.

바람

시인詩人이면 누구나 모두 아끼는
알타이의 모음母音과 반모음半母音으로
추리고 고루어 보아도
바람, 너의 모양을 알알이 들어낼 수는 없구나.

파아란 참나무 수풀이 흔들릴 때
문득 너를 보았을 뿐,
그래서 나는,
너를 그렇게도 아름답다고 기억할 뿐!

네가 지나는 느낌은
나의 등이 이리 시원코나,
나의 멍에도 가벼워지는 듯!

바람, 너는 지금 들을 지나
어느 먼 곳으로 금金빛 저녁 종鍾을 실으러 가느냐?
그러나 여긴 목쉰 기적소리 산까마귀의 울음소리
더 많은 나의 고장이다.

이제 네 발앞에 한 송이의 들꽃을 드리우면,
너는 얼마나 많은 향기로서 옷 입히듯 내게 갚아 줄 것이냐?

....
- 미상
- '알알이' (1연 4행 | 『전집』) : '을알히' (『김현승시초』)
- '저녁 鍾' (4연 2행 | 『전집』) : '저녁종' (『김현승시초』)
- '향기로서' (5연 2행) : '향기로써' (『김현승시초』, 『전집』)

그러나 산과 들은 비고
너는 이제 황량荒凉하여 갈 뿐,
너는 내 고장의 형제兄弟들과 더불어 더욱 거칠고
더욱 황량荒凉하여 갈 뿐……….

봄비는 음악音樂의 상태狀態로

기억記憶의 가장 중후重厚한 도시都市의
밤을 젖게 하던, 음악音樂을 아는 비가,
오늘은 우리들의 도시都市에 피아니시모로 나린다.

잊었던 목소리로
잊었던 목소리로 울리어 주면
이렇게도 부드러운 땅의 가슴인 것을,
삼월三月까지는 우리 모두
척박한 도시都市에서 카랑카랑 바람과 같이 울었다!

그러나 오늘은
먼 길들의 출발出發을 서두는 휴식休息………
오늘은 이윤利潤보다 은혜恩惠에 젖는 종로鍾路의 아스팔트………

내일來日은 또
제비 주둥이같이
제비 주둥이같이
열심히 벌릴
어린 수선水仙들의 머리……

뉘우침은 오랜 죄罪의 안에서
눈을 들듯,
가장 깊은 저음低音 속에
시간時間을 새롭게 하는,
봄비는 음악音樂의 상태狀態로 잊었던 화음和音으로
우리들의 도시都市를 채워 준다 채워 준다.

• 미상

신록新綠

타는 그대의 입술만을 남겨 두고,
출렁이는 파도波濤빛으로 벅 벅 칠해라.
거리도 창窓들도
성城밖 방순芳醇한 아카시아 길도………

자외선紫外線 자외선紫外線에 부대끼는 새로운 피로들은
새술보다 단
내 육체肉體의 즙汁!

신록新綠이 필 때마다
나는 다시 자연自然으로 돌아가오.

오오 나의 마음은
호수湖水ㅅ가의 울금향鬱金香!

....
- 미상
- '입술만을' (1연 1행 | 『전집』) : '입설만은' (『김현승시초』)
- '아카시아 길' (1연 4행 | 『전집』) : '아까시앗 길' (『김현승시초』)

삼림森林의 마음

보석寶石들을 더 던져 두어도 좋을 그 곳입니다.
별들을 더 안아 주어도 좋을 그 곳입니다.

샘물소리 샘물소리 그 곳을 지나며,
달빛처럼 달빛처럼 맑아집니다.

나의 언어言語는
거기서는 작은 항아리,
출렁이는 침묵沈默이 밤과 같이 나의 이 독을
넘쳐 흐릅니다.

그 곳은 이 지역地域의 기름진 머리 ―
수천 수만 마리의 파닥거리는 깃으로야
어찌 이 풍성한 제단祭壇을 쌓아 올리이리까!

● 《현대문학》, 1959. 1.

낭만평야 浪漫平野

구토嘔吐의 나이도
무덤의 높이도
낙엽落葉 아래 머리를 들지 않는,

명일明日은 다른 신神의 가능可能을 숨쉬는
누군가의
출렁이는 가슴!

눈 부비는 이른 곤충昆虫들의 기상起床과
포기 포기 해동解凍하는 나래들의 온유한 파장波狀을 위하여,
누군가의 넓은 품안에 안기우는
가장 멀고 아늑한 숨결들의 접근接近하여 오는 사랑…….

더욱 큰 눈물에 젖은 그늘과
제단祭壇에 바칠 처음 익은 열매를 위하여
씨를 뿌리는 구름 같은 마음……….

아아, 슬픈 후예後裔의 이름들이 들어와
등燈불을 밝히기 전,
한 송이의 꽃잎이 소유所有턴 —

....
- 《현대문학》, 1958. 6.
- 저자가 소장하고 있던 시집에는 푸른색 잉크 글씨로 이 시의 시구詩句 몇 군데가 괄호 안과 같이 고쳐져 있다.
  — 3연 4행: '接近하여 오는' (닥아 오는)
  — 5연 3행: '所有턴' (지녔던)
  — 6연 1행: '풍성한' (기름진)

여기 충만하고 풍성한 토지土地
에 기립起立하면
부푸는 먼 지평선地平線의 우정友情이 부르는 소리……….

오월五月의 환희歡喜

그늘,
밝음을 너는 이렇게도 말하는구나,
나도 기쁠 때는 눈물에 젖는다.

그늘,
밝음에 너는 옷을 입혔구나,
우리도 일일이 형상을 들어
때로는 진리眞理를 이야기한다.

이 밝음, 이 빛은,
채울 대로 가득히 채우고도 오히려 남음이 있구나,
그늘— 너에게서………

내 아버지의 집
풍성한 대지大地의 원탁圓卓마다,
그늘,
오월五月의 새술들 가득 부어라!

이깔나무— 네 이름 아래
나의 고단한 꿈을 한때나마 쉬어 가리니……….

....
- 《현대문학》, 1955. 5.
- '이렇게도 말하는구나' (1연 2행 |『전집』) : '이러케도 말하는고나' (『김현승시초』)
- '입혔구나' (2연 2행 |『전집』) : '입혔고나' (『김현승시초』)
- '있구나' (3연 2행 |『전집』) : '있고나' (『김현승시초』)

주말 동경 週末憧憬

허턱 먼 하늘을 그리는 청조靑鳥의 나이는 아니언만
여행旅行은 때로 좋은 표백제漂白劑……
혈색血色없는 오피스 거리, 피로와 타성惰性과 동화력同化力들,
또 반성反省하는 이웃들과 티끌에 오래 쩌든 시민市民의 제복制服을 벗어,

뻗어가는 물줄기 빛나는 기슭에 씻고,

오늘은 주말週末의 푸른 바다 수도首都보다 높은 산들
또는 먼 나라의 도타운 미풍美風을 바라보며
매일같이 매일같이 자못 파손破損된
진리眞理의 모습을 고루다!

로우마, 카이로, 싸이암, 또 부다페스트………

수부首府에서 수부首府로 날으는 은銀빛 폭음爆音이거나
라일 커어브 선연鮮姸한 오월五月의 꽃수레 — 전망차展望車라야만 될 건 없다
노령부근蘆嶺附近 저녁에 우는 당나귀와 같아도 좋고
추방追放의 길로 변變한들 또한 어떠리!

불어라, 봄바라!
명일明日의 고원高原을 향하여 한껏 시끄러운 역두驛頭에 서서
미지未知의 나라와 명일明日의 친교親交들을 위하여
고향에 슬픈 듯 손을 흔들자!

나는 나의 오랜 동굴洞窟의 우상偶像을 나와
말코폴로의 보석寶石이나 사랑은 아닌
그러나 푸라타나스의 그늘을 닦는 — 아직은 희망希望에
좀더 가까운 편으로,
북동풍北東風 삼三미터의 쾌청快晴을 싣다!

....
- 미상

바다의 육체(肉體)

푸른 잉크로 시(詩)를 쓰듯
백사장(白砂場)의 깃은 물결에 젖었다.

여기서는 바람은 나푸킨처럼 목에 걸었다.
여기서는 발이 손보다 희고
게는 옆으로 걸었다.

멀리 이는 파도(波濤) ― 바다의 쟈스민은 피었다 지고,

흑조(黑潮)빛 밤이 덮이면
천막(天幕)이 열린 편으로
유성(流星)들은 시민(市民)과 같이 자주 지나갔다.
별들은 하나하나 천년(千年)의 모래 앞에 씻기운
천리(千里) 밖의 보석(寶石)들……

바다에 와서야
바다는 물의 육체(肉體)만이 아니임을 알았다.

뭍으로 돌아가면
나는 다시 파도(波濤)에서 배운 춤을 일깨우고,
내 꿈의 수평선(水平線)을 머얼리 그어 둘 테다!

나는 이윽고 푸른 바다에 젖는 손수건이 되어
뭍으로 돌아왔다 ― 팔월(八月) 오일(五日).

....
• 미상

십이월十二月

잔디도 시들고
별들도 숨으면,
십이월十二月은 먼 곳
창窓들이 유난이도 다수운 달……

꽃다운 숯불들
가슴마다 사위어 사위어,
십이월十二月은 보내는 술들이
갑절이나 많은 달………

저므는 해 저므는 달,
흐르는 시간時間의 고향을 보내고,
십이월十二月은 언제나
흐린 저녁 종점終點에서 만나는
그것은 겸허謙虛하고 서글픈 중년中年……

- 《현대문학》, 1956. 12.
- '유난이도 다수운' (1연 4행) : '유난히도 다스운' (『전집』)
- '저므는' (3연 1행) : '저무는' (『전집』)

밤 안개 속에서

수염을 깎는 비누 거품같이
창窓들이나 헤어진 벽壁 위에
발려 있던 저녁 안개들……

밤이 깊어 갈수록
뱃고동소리처럼 뿌옇게 사면四面으로 퍼진다.

이러한 밤에는
종점부근終點附近이나 어디서 서성거리던 나의 버릇,
이러한 밤에 서울에 나리면,
곧 아내에게 편지를 쓰던 나의 버릇.

지금 골목과 골목들은
깊은 회한悔恨에 잠기고,
눈들은, 신앙信仰을 위하여 다시 한번 아름답고 고요하게 실명失明되어 간다,
산山에서 진다는 하아얀 장미의 얼굴과 같이…….

지금은 살벌殺伐하던 가각街角도 부수러져 가고,
금속성金屬性 차거운 등燈불에도 입김이 흐리운다.

이러한 밤에는 철학哲學이란 굳은 빵 조각—
종로鍾路와 명동明洞은 시가아를 피우고 저으기 눈을 감는다,
그리고 귀를 기울인다!

무엇인가 오래인 동안 잊어버렸던 이 거리의 음향音響을 위하여,

마른 나무가지와 포도(舖道)와 멀리서 들려 오는 신발소리도
　조금씩은 눈물기와 신앙(信仰)에 젖은 저 어렴풋한 음성(音聲)들을
위하여…….

....
- 미상
- '차거운 燈불' (5연 2행) : '燈불' (『전집』)
- 1974년도에 발간한 『김현승시전집』에서는 7연과 8연을 하나의 연으로 묶어 전체 7연으로 구성하였다.

나무와 먼 길

사랑이 얼마나 중한 줄은 알지만
나무, 나는 아직 아름다운 그이를 모른다.
하늘 살결에 닿아 너와 같이 머리 고운 여인女人을 모른다.

내가 시詩를 쓰는 오월五月이 오면
나무, 나는 너의 곁에서 잠잠하마,
이루 펴지 못한 나의 전개展開의 이마아쥬를
너는 공중에 팔 벌려 그 모양을 떨쳐 보이는구나!
나의 입술은 매말라
이루지 못한 내 노래의 그늘들을
나무, 너는 땅위에 그렇게도 가벼이 느리는구나!

목마른 것들을 머금어 주는 은혜로운 오후午後가 오면
너는 네가 사랑하는 어느 물가에 어른거린다.
그러면 나는 물속에 잠겨 어렴풋한 네 모습을
잠시나마 고요히 너의 영혼이라고 불러 본다.

나무, 어찌하여 신神께선 너에게 영혼을 주시지 않았는지
나는 미루어 알 수도 없지만,
언제나 빈 곳을 향해 두루는 희망希望의 척도尺度 — 너의 머리는
내 영혼이 못 박힌 발뿌리보다 아름답구나!

머지않아 가을이 오면
사람마다 돌아와 집을 세우는 가을이 오면,
나무, 너는 너의 수확收穫으로 전진前進된 어느 황토黃土길 위에 서서,

때를 마춰 불빛보다 다스운 옷을 너의 몸에 갈아입을 테지,

그리고 겨울이 오면
너는 머리 숙여 기도를 올릴 테지,
부리 고운 가난한 새새끼들의 둥지를 품에 안고
아침 저녁 안개속에 너는 과부寡婦의 머리를 숙일 테지,
그리고 때로는
굽이도는 어느 먼 길 위에서,
겨울의 긴 여행旅行에 호올로 나선 외로운 시인詩人들도 만날 테지…….

- 《현대문학》, 1960. 12.
- '빈 곳' (4연 3행 | 『전집』) : '부인 곳' (『김현승시초』)
- '발뿌리' (4연 4행 | 『김현승시초』) : '발부리' (『전집』)
- '收獲' (5연 3행) : '收穫'의 오기로 보인다.

산줄기에 올라
— K도시都市에 바치는

산줄기에 올라 바라보면
언제나 꽃처럼 피어 있는 나의 도시都市 ―

지난 날 자유自由를 위하여
공중에 꽂힌 칼날처럼 강强하게 싸우던,
그곳에선 무덤들의 푸른 잔디도
형제兄弟의 이름으로 다스웠던……

그리고 지금은 기름진 평야平野를 잠식蠶食하며
연기煙氣를 따라 확장擴張하여 가는 그 넓은 주변周邊들……

지금은 언덕과 수풀 위에 새로운 지붕들이 솟아올라,
학문學問과 시詩와 밤중의 실험관實驗管들이
무형無形의 드높은 탑塔을 쌓아올리는 그 상아象牙의 음향音響들……

산줄기에 올라 바라보면
언제나 꽃처럼 피어 있는 나의 고향故鄕 ―
길들은 치마끈인 양 풀어져,
낯익은 주점酒店과 책사冊肆와 이발소理髮所와
잔잔한 시냇물과 푸른 가로수街路樹들을
가까운 이웃을 손잡게 하여 주는……

그리고 아침과 저녁에
공동共同으로 듣는 기적汽笛소리는

멀고 먼 곳을 나의 꿈과 타고난 슬픔을 끌고 가는……

아아, 시름에 잠길 땐 이 산줄기에 올라 노래를 부르고,
늙으면 돌아와 추억追憶의 안경眼鏡으로 멀리 바라다볼
사랑하는 나의 도시都市 — 시인詩人들이 자라던 나의 고향故鄕이여!

....
- 《신태양新太陽》, 1958. 6.
- 이 시의 일부 구절을 개작해 시집 『견고한 고독』에 「추억(追憶) — 광주문화방송국개국기념시」라는 제목으로 수록하였고, 「추억」은 1974년에 발간된 『김현승시전집』에는 수록되지 않았다.

겨울방학放學

아내는 헌 옷을 꺼내어 다듬고,
고드름 녹아 내리는 처마끝에서 나는 포도넝쿨을 자르는
이 시간時間이 내게는 양지陽地와 같이 다숩다.

오래 잊었던 기억記憶의 검은 아궁이에
단풍丹楓 같은 불을 피우고,
형님의 슬픈 사연이랑 동생들의 가난한 이야기를
고전古典들에 섞어 읽는
이 시간時間이 내게는 고향故鄕에 온듯 그리웁다.

보랏빛이나
연두빛보다는
희끗희끗 이제는 회색灰色이 내뵈는 사십四十의 시詩를 쓰는
이 무렵이 내게는
눈 나리는 오후午後와 같이 침침컨만 포근하다.

개학開學도 얼마 남지 않은
정월正月 중순中旬 — 사온일四溫日의 어느 날,
나는 쓰고 또 읽기를
정서情緖의 겨울은 길고 사상思想의 봄은 빠르다.

....
- 미상
- '다숩다' (1연 3행) : '다습다' (『전집』)

여름방학放學

소낙비의 진미珍味를 맛보는 시간時間이다.

막혔던 폭포와 파도波濤와 저 우뢰雨雷들의
우람한 목소리가 귓전에 울려 오는 시간時間이다.

끊어졌던 수평선水平線과 넓은 광야曠野의
무한無限한 숨소리를 다시금 듣는 시간時間이다.

범애汎愛의 저 풀잎들과 구름들, 그리고 작은 돌멩이마저
생명生命의 결정체結晶體로 하나 하나 먼 곳에서 빛나는 시간時間
이다.

교통도덕交通道德이 존중되어야 할 시간時間이다,
사촌四寸들의 그리운 얼굴이 가까워 오는 시간時間이다.

예언자預言者 모양 앞서 가는 먼 길들의 구름을 넘어
영원히 작열灼熱하는 황홀한 육체肉體 —
저 태양太陽의 현장現場으로 공사자工事者들을 안내案內하는 시간時間
이다.

웅변술雄辯術이 느는 시간時間이다,
먼 해만海灣의 입구入口에서 목욕하는 시간時間이다.

압축壓縮되기 쉬운 언어言語들을
자연自然의 행동行動속에 개방開放하는 시간時間이다.

가설假說들의 제약制約을 넘어, 제약制約을 넘어,
　　득의得意의 새로운 주체율主體律을 노래하는 시간時間이다.

　　진리眞理는 구축構築되고 환원還元되어야 할 것이다,
　　공사자工事者들은 진리眞理를, 진리眞理를.

　　중단中斷을 의미하는 시간時間이 아니다,
　　연결을 더욱 강화强化하는 시간時間이다.

　　희망希望과 정열이 비취는 곳— 여유餘裕와 자연自然은 우리들의 그늘이어야 한다.
　　우리가 약弱할 때 여름은 즉시 돌아와야 한다.

　　무성한 여름은…… 여름은……

::::::::::::::::::::::::::::::::
- 《현대문학》, 1956. 8.
- '가까위' (5연 2행) : '가까와' (『전집』)

제2부

슬픔

슬픔은 나를
어리게 한다.

슬픔은
죄罪를 모른다,
사랑하는 시간보다도 오히려.

슬픔은 내가
나를 안는다,
아무도 개입介入할 수 없다.

슬픔은 나를
목욕시켜 준다,
나를 다시 한번 깨끗하게 하여 준다.

슬픈 눈에는
그 영혼이 비추인다,
고요한 밤에는
먼 나라의 말소리도 들리듯이.

슬픔 안에 있으면
나는 바르다!

....
• 《현대문학》, 1959. 6.

신앙信仰이 무엇인가 나는 아직 모르지만,
슬픔이 오고 나면
풀밭과 같이 부푸는
어딘가 나의 영혼…….

눈물

더러는
옥토沃土에 떨어지는 작은 생명生命이고저……

흠도 티도,
금가지 않은
나의 전체全體는 오직 이뿐!

더욱 값진 것으로
드리라 하올 제,

나의 가장 나중 지니인 것도 오직 이뿐!

아름다운 나무의 꽃이 시듦을 보시고
열매를 맺게 하신 당신은,

나의 웃음을 만드신 후에
새로이 나의 눈물을 지어 주시다.

....
- 《현대문학》, 1967. 12.
- '나중' (4연 | 『전집』) : '나아종' (『김현승시초』)

독신자獨身者

나는 죽어서도
무덤 밖에 있을 것이다.

누구의 품안에도 고이지 않은
나는 지금도 알뜰한 제 몸 하나 없다.

나의 그림자마저
내게서 가르자,
그리하여 뉘우쳐 머리 숙인 한 그루 나무와 같이
나의 문 밖에 세워 두자.

제단祭壇은 쌓지 말자,
무형無形한 것들은 나에게는 자유自由롭고 더욱 선연鮮姸한 것……

크리스머스와
새해가 오면,
나의 친구는 먼 하늘의 물머금은 별들……
이단異端을 향하여 기류氣流밖에 흐릿한 보석寶石들을 번지우고,

첫눈이 나리면
순결한 살엔 듯
나의 볼을 부비자!

- 《현대문학》, 1958.3.

속죄양贖罪羊

먼 언덕에서는 구름과 놀다가도
돌아오면 머리맡에 등燈불을 사랑할 줄 아는
너이………

너이 우리 안에
오늘 밤은,
다비네의 시편詩篇을 나직이 읽어 줄까.

사랑하는 우리의 어린것들을 위하여
너이의 옷을 벗기면
오월五月의 기후氣候가 깃들어 있는 너이 체온體溫…….

너이의 착한 울음소리와 먼 구름의 옷 빛은
그렇잖아도 우리를 위하여 흘리는
너희의 피를 더욱 붉게 만든다!

나는 영혼과 함께 죄罪를 아는—
너의 영혼과 함께 죄罪를 모르는—

나와 너는 슬픔과 아쉬움을
서로이 바꾸어 지니인 채,

그렇다면 다소곳이 사는 자매姉妹이냐.

- 《현대문학》, 1960. 4.
- '너희의' (4연 3행) : '너이의' (『전집』)
- '다비네' (2연 3행) : '다윗'을 뜻한다.

푸라타나스

꿈을 아느냐 네게 물으면,
푸라타나스,
너의 머리는 어느덧 파아란 하늘에 젖어 있다.

너는 사모할 줄을 모르나,
푸라타나스,
너는 네게 있는 것으로 그늘을 느린다.

먼 길에 올 제,
홀로 되어 외로울 제,
푸라타나스,
너는 그 길을 나와 같이 걸었다.

이제 너의 뿌리 깊이
나의 영혼을 불어넣고 가도 좋으련만,
푸라타나스,
나는 너와 함께 신神이 아니다!

....
- 《문예文藝》, 1953. 6.
- 목차에는 제목이 '프라타나스'로 되어 있다.
- '어느덧' (1연 3행 | 『전집』) : '어느듯' (『김현승시초』)
- '홀로' (3연 2행 | 『전집』) : '호을로' (『김현승시초』)
- '나의 영혼을' (4연 2행 | 『전집』) : '영혼을' (『김현승시초』)
- '맞어' (5연 3행 | 『전집』) : '맞어' (『김현승시초』)

수고론 우리의 길이 다하는 어느 날,
푸라타나스,
너를 맞아 줄 검은 흙이 먼 곳에 따로이 있느냐?
나는 오직 너를 지켜 네 이웃이 되고 싶을 뿐,
그곳은 아름다운 별과 나의 사랑하는 창(窓)이 열린 길이다.

빛

우리의 모든 아름다움은
너의 지붕 아래에서 산다.

이름을 부르고
얼굴을 주고
창조創造된 것들은 모두 네가 와서 문門을 열어 준다.

어둠이 와서 이미 낡은 우리의 그림자를 거두어들이면
너는 아침마다 명일明日에서 빼어 내어
새것으로 바꾸어 준다.
나의 가슴에 언제나 빛나는 희망希望은
너의 불꽃을 태워 만든 단단한 보석寶石.
그것은 그러나 한 빛갈 아래 응결凝結되거나
상자箱子 안에서 눈부실 것은 아니다.

너는 충만充滿하다, 너는 그리고 어디서나 원만圓滿하다,
너의 힘이 미치는 데까지……
나의 눈과 같이 작은 하늘에서는
너의 영광榮光은 언제나 넘치어 흐르는구나!

나의 품안에서는 다정하고 뜨겁게
거리距離 저편에서는 찬란하고 아름답게
더욱 멀리에서는 더욱 견고堅固하고 총명聰明하게,

그러나 아직은 냉각冷却되지 않은,
아직은 주검으로 굳어져 버리지 않은,

너는 누구의 연소燃燒하는 생명生命인가!
너는 아직도 살고 있는 신神에 가장 가깝다.

• 《현대문학》, 1959. 10.

보석寶石

사랑은 곧 요약要約된 빛 —
그것은 과거過去가 없다, 언제나 출발出發하고 있다.

어느 것은 그 강열한 연소燃燒와 밤의 향연饗宴이 그 절정絶頂에서
길이 잠들어 버렸고
어느 것은 영혼의 의미意味마저 온전히 빼어 버린 순수한 육체肉體,
그것은 탄소炭素빛 탄식들이 쌓이고 또 쌓이어 오랜 기억記憶의
단층斷層에 견고堅固한 무늬를 짓고,
어느 것은 그 차거운 동결凍結속에 변함없이 빛나는
애런한 이마아쥬……

어느 것은 탄환彈丸보다 맹렬한 집중集中으로
원만圓滿한 가슴 한복판에서 폭발한다!

나는 이것들을 더욱 아름답고 더욱 단단한
하나로 만들기 위하여,
어느 날 불붙는 태양太陽을 향하여 이것들을 던졌다!
그랬더니 피避치 못할 순수, 이 구경究竟의 빛남,
이 적敵과 같이 완강頑强한 최후最後의 면목面目들은
해체解體될 길이 없어,
날마다 날마다 그 품안에서 더욱 새롭게 타는 것이다!

• 미상
• 『견고한 고독』에 같은 제목의 개작된 작품이 있고, 『김현승시전집』(1974년 刊)에는 수록되지 않았다.

가로수街路樹

창窓들이 아름다운 오전午前의 길 위에선
옷이라도 펼쳐 깔 듯하는
너이의 이국풍경異國風景……

기차汽車에서 나려
처음 올라온
낯선 포도舖道에서도
우정友情 짙은
너이
그늘……

우리는 어차피
먼 나라에 영혼을 두고 온
애트랑제,
육체肉體가 피로울 제
이국종異國種 — 너이 무늬에 기대어 본다.

봄도 가고
여름도 가고
또 일년一年이 지나면,
사는 것이 사는 것이 더욱 무거워지건만,
오가는
너이 어깨 사이 사이에서

....
- 《사상계思想界》, 1959. 9.
- 『김현승시전집』(1974년 刊)에서는 2연과 3연을 한 연으로 묶어 3연의 시로 구성하였다.

찬 바람에 옷깃을 세우면,
어느덧
우리들의 우정友情도
고도古都처럼 깊어 간다.

자화상自畵像

내 목이 가늘어 회의懷疑에 기울기 좋고,

혈액血液은 철분鐵分이 셋에 눈물이 일곱이기
포효咆哮보담 술을 마시는 나이팅게일……

마흔이 넘은 그보다도
뺨이 쪼들어
연애戀愛엔 아주 실망失望이고,

눈이 커서 눈이 서러워
모질고 사특하진 않으나,
앙신仰信과 이웃들에 자못 길들기 어려운 나―

사랑이고 원수고 몰아쳐 허허 웃어 버리는
비만肥滿한 모가지일 수 없는 나―

내가 죽는 날
단테의 연옥煉獄에선 어느 비문扉門이 열리려나?

- 《경향신문》, 1947. 6.
- '아주' (3연 3행 | 『전집』) : '아조' (『김현승시초』)
- '仰信' (4연 3행 | 『전집』) : '信仰' (『김현승시초』)
- '단테' (6연 6행 | 『전집』) : '딴테' (『김현승시초』)

지상地上의 시詩

보다 아름다운 눈을 위하여
보다 아름다운 눈물을 위하여
나의 마음은 지금, 상실喪失의 마지막 잔이라면,
시詩는 거기 반쯤 담긴
가을의 향기와 같은 술……

사라지는 것들을 위하여
사라지는 것만이, 남을 만한 진리眞理임을 위하여
나의 마음은 지금 저므는 일곱시時라면,
시詩는 그곳에 멀리 비추이는
입다문 창窓들……

나의 마음— 마음마다 로맨스 그레이로 두른 먼 들일 때,
당신의 영혼을 호올로 북방北方으로 달고 가는
시詩의 검은 기적汽笛—

천사天使들에 가벼운 나래를 주신 그 은혜로
내게는 자욱이 퍼지는 언어言語의 무게를 주시어,
때때로 나의 슬픔을 위로하여 주시는
오오, 지상地上의 신神이여, 지상地上의 시詩여!

....
• 《현대문학》, 1958. 11.
• '저므는' (2연 3행) : '저무는' (『전집』)

사랑을 말함

그것이 비록 병들어 죽고 썩어 버릴
육체肉體의 꽃일지언정,

주主여, 우리가 당신을 향하여 때로는 대결對決의 자세姿勢를
지을 수도 있는, 우리가 가진 최선最善의 작은 무기武器는
사랑이외다!

그밖에 무엇으로서 인간人間을 노래하리이까?
파편破片 위에 터를 닦는 저들 부귀富貴와 영화榮華이오리까,
순간瞬間에 안식安息하는 영웅英雄들의 성城이오리까,

그밖에 다른 은혜恩惠는 아무런 하염도
당신은 우릴 위하여 아직 창조創造하지 않으셨나이다!
그러나 당신은 우리들의 사랑조차 가변可變의 저를 가리켜,
아침에 맺혔다 스러지는 이슬을 보라 하시리이다.

그러면 주主여, 나는 다시 대답하여
이렇게 당신을 향해 노래하리이까!
처음은 이슬이요, 나머지는 광야曠野니이다.
우리의 짧은 하루는………

- 《시정신詩精神》, 1956. 9.
- '하염도' (4연 1행) : '하욤도' (『전집』, 『김현승시초』)
- '우리의 짧은 하루는' (5연 4행 | 『전집』) : '人生의 짧은 하로는' (『김현승시초』)

인생송가 人生頌歌

힘들여 산다는 것보다,
우리가 죽은 뒤에
얼마나 아름다운 이른 저녁을 지상地上에 가져 오겠느냐!
어느 미망인未亡人의 방명록芳名錄에 오를 때,
금요일金曜日의 이듬날 어느 회관會館에서
무명無名의 시인詩人들이 그의 추도시追悼詩를 읽을 때……

초조한 땅에서 사는 것보다,
우리가 죽은 뒤에
얼마나 아름다운 들가의 꽃잎들이,
꿈이 되어 우리 섰던 자리에 피어나겠느냐!
후조候鳥는 찾아와 철을 따라 무덤가에 앉고……

우리가 사는 동안
그렇게도 소중턴 그처럼 보람있던
한숨도 절망絶望도 분노憤怒와 웃음 또한 사랑하는 애인愛人들도
누굴 상속자相續者로 물음조차 없이
구름지워 가 없는 하늘에 흩날려 버리는 것은,
모든 애착愛着과 긍정肯定보다도
얼마나 풍성한 무한無限에의 계단階段이냐!

우리가 죽은 뒤에도
인생人生은 언제나 즐겁고 또 슬프고
길이 있으라!

....
• 《시정신》 2집, 1954. 6.

내가 가난할 때

내가 가난할 때……
저 별들의 더욱 맑음을 보올 때.

내가 가난할 때……
당신의 얼굴을 다시금 대할 때.

내가 가난할 때……
내가 육신肉身일 때.

은밀한 곳에 풍성한 생명生命을 기르시려고,
작은 꽃씨 하나를 두루 찾아
나의 마음 저 보라빛 노을 속에 고이 묻으시는

당신은 오늘 내 집에 오시어,
금은金銀 기명과 내 평생의 값진 도구道具들을
짐짓 문門밖에 내어 놓으시다!

- 《문예文藝》, 1954. 1.
- '얼굴을' (2연 2행 | 『전집』) : '얼골을' (『김현승시초』)
- '작은 꽃씨 하나를' (4연 2행 | 『전집』) : '적은 꽃씨 한알을' (『김현승시초』)

육체肉體

나의 육체肉體와 찔레나무의 그늘을 만드신
당신은,
보이지 않으나 나에게는 아름다운 시인詩人…….

내 눈물의 밤이슬과
내 이웃들의 머금은 미소微笑와
저 슬픈 미망인未亡人들의 눈동자를 만드신
당신은,
우리보다 먼저 오시어 시詩로서 지상地上을 윤택潤澤케 하신 이.

당신의 그 사랑과
당신의 그 슬픔과
그 보이지 않는 당신의 아름다운 얼굴에
나도 이제는 어렴풋이나마 육체肉體를 입혀
어루만지듯 어루만지듯 나의 노래를 부릅니다.

....
- 《한국평론韓國評論》, 1958. 9.
- '어루만지듯 어루만지듯' (3연 5행) : '어루만지듯' (『전집』)

건강체健康體

한 송이의 꽃이
그 은은한 향기로
온 들을 물들이는,

한 줄기의 빛이
그 깊은 흐름으로
온 밤을 덮어 주는,

한 방울의 눈물이
그 맑은 아침 이슬로
타는 혀끝을 적시어 주는,

나의 온몸은 그러한 광야曠野 그러한 어둠 그러한
목마름이어라!
그밖에 다른 애련哀憐이나 슬기로운 휴지休紙들은

나의 건강을 좀먹는
이제는
병病들이어라!

....

- 《현대문학》, 1960. 12.
- '은은한' (1연 2행 |『전집』) : '으는한' (『김현승시초』)
- '물들이는' (1연 3행 |『전집』) : '물드리는' (『김현승시초』)
- '슬기로운 休紙' (4연 3행 |『전집』) : '슬기로움의 休紙' (『김현승시초』)

양심良心의 금속성金屬性

모든 것은 나의 안에서
물과 피로 육체肉體를 이루어 가도,

너의 밝은 은銀빛은 모나고 분쇄粉碎되지 않아,

드디어는 무형無形하리 만큼 부드러운
나의 꿈과 사랑과 나의 비밀秘密을,
살에 박힌 파편破片처럼 쉬지 않고 찌른다.

모든 것은 연소燃燒되고 취醉하여 등燈불을 향하여도,
너만은 물러나와 호올로 눈물을 맺는 달밤……

너의 차거운 금속성金屬性으로
오늘의 무기武器를 다져가도 좋을,

그것은 가장 동지적同志的이고 격렬한 싸움!

....
• 《지성知性》, 1958. 12.

고전주의자 古典主義者

푸른 잎새들이 떨어져 버리면,
내 마음에
다수운 보금자리를 남게 하는
시간時間의 마른 가지를……

내 마음은 사라진것들의
푸리즘을 버리지 아니하는
보석상자寶石箱子——

사는 날, 사는 동안 길이 매만져질,
그것은 변함없는 시간時間들의 결정체結晶體!

지향없는 길에서나마,
더욱 오래인 동안 머물었어야 했던 일들이
지금은 애련히 떠오르는,

그것은 내 마음의 오랜 도가니— 이 질그릇 같은 것에
낡은 무늬인 양
눈물과 얼룩이라도 지워 가고자운 마음,

모든 것은 가고 말았구나!
더욱 빨리…… 더욱 아름다이……

....
- 《시연구詩研究》, 1956. 6.
- '다수운' (1연 3행 |『김현승시초』) : '다스운' (『전집』)
- '마른 가지를' (1연 4행) : '마른 가지들' (『김현승시초』, 『전집』)
- '눈물과 얼룩' (5연 3행 |『전집』) : '눈물의 얼룩' (『김현승시초』)

꿈

내가 사월四月에 피는 수선水仙을 사랑함은
내가 그대의 아름다운 눈동자
기억하여 잊지 못함도,

내 꿈의 영자影子를 어렴풋이나마
저 자연自然과 그대의 얼굴에서 바라볼 수 있기에……

내 꿈이 사라질 때,
나의 사랑도 나의 언어言語도
나의 온갖은 비인것 뿐

이렇듯 빛나고 아름다운 그곳에 서서
언제나 내 갈길을 손짓하여 주는

내 꿈은 나의 영원한 깃발
나의 영원한 품!

....
- 미상
- '아름다운' (1연 2행 『전집』) : '그 아름다운' 『김현승시초』)

내 마음은 마른 나무가지

내 마음은 마른 나무가지,
주主여,
나의 머리 위으로 산까마귀 울음을 호올로
날려 주소서.

내 마음은 마른 나무가지,
주主여,
저 부리 고운 새새끼들과,
창공蒼空에 성실誠實하던 그의 어미 그의 잎사귀들도,
나의 발뿌리에 떨어져 바람부는 날은
가랑잎이 되게 하소서.

내 마음은 마른 나무가지,
주主여,
나의 육체肉體는 이미 저물었나이다!
사라지는 먼뎃 종소리를 듣게 하소서,
마지막 남은 빛을 공중에 흩으시고
어둠속에 나의 귀를 눈뜨게 하소서.

내 마음은 마른 나무가지,
주主여,
빛은 죽고 밤이 되었나이다!

....
- 《현대문학》, 1957. 12.
- '호올로' (1연 3행 |『전집』) : '호을로' (『김현승시초』)
- '잎사귀들도' (2연 4행 |『전집』) : '잎사귀들로' (『김현승시초』)
- '발뿌리' (2연 5행 |『김현승시초』) : '발부리' (『전집』)

당신께서 내게 남기신 이 모진 두 팔의 형상을 벌려, 바람속에 그러나 바람속에 나의 간곡한 포옹抱擁을 두루 찾게 하소서.

수평선水平線

신앙信仰하지 않는 사람도
그리워할 수는 있다,
가장 구체적具體的인 것을 원하던 우리도…….

무한無限에 가까울수록
하나는 둘보다 풍성하게 머금고,

지금은 태양太陽 아래 은銀빛으로 빛나고 있지만
저것은 또 파도波濤와 같이 우람하게 밀려 올
우리들의 내일來日의 내일來日…….

사랑을 정면正面에서 거부拒否하던 사람도,
사라진것들의 뚜렷한 모습을 이렇게 멀리 측면側面에 서서
그리워할 수는 있을 것이다, 있을 것이다.

영원永遠과
추상抽象에도 또한…….

우리의 명일明日이 먼 길에 서서
아직도 무구無垢한 눈으로
우리의 오늘을 바라보듯…… 바라보듯…….

● 《사상계》, 1960. 10.

종소리

빛의 음성音聲…….

너는 울리어 나아간다,
오늘 안엔 내일來日이 일고 내일來日은 또 미래未來를 향하여
퍼지듯……
네가 아뢰는 이 시간時間도 그리하여 영원永遠에 닿을 것이다.

우리도 때로는 너의 음성音聲과 같이
깊은 의미意味와 난해難解한 사조思潮들을 모두 버리고,
그 소슬한 빛갈과 음향音響으로
푸른 하늘에 날개를 피어 본다.

머얼리 밀리어 나아가도
비인 들이나 험險한 골짜기에 흐를 때에도
너의 음성音聲은 방황彷徨하지 않는다,
너는 누구의 마음에나 작은 불빛에라도
더욱 고요히 스며들어야 할 것이다,
스며들어야 할 것이다.

너는 끝나지 않았다!
네 금속金屬의 육체肉體보다도 더 강强한
너의 여운餘韻은 또한 나의 영혼—
그리하여 그것들은 보다 정숙靜肅한 기쁨과 슬픔을
우리의 생애生涯에서 때때로 때때로 울리어 준다!

• 《사상계》, 1962. 1.

밤은 영양榮養이 풍부豊富하다

무르익은
과실果實의 밀도密度와 같이
밤의 내부內部는 달도록 고요하다.

잠든 내 어린것들의 숨소리는
작은 벌레와 같이
이 고요속에 파묻히고,

별들은 나와
자연自然의 구조構造에
질서秩序있게 못을 박는다.

한 시대時代 안에는 밤과 같이 해체解體나 분석分析에는
차라리 무디고 어두운 시인詩人들이 산다,
그리하여 토의討議의 시간時間이 끝나는 곳에서
밤은 상상想像으로 저들의 나래를 이끌어 준다.

꽃들은 떨어져 열매 속에
그 화려한 자태를 감추듯……

그리하여 시간時間으로 하여금
새벽을 향하여
이 풍성한 밤의 껍질을
서서徐徐히 탈피脫皮케 할 줄을 안다.

....
• 《현대문학》, 1961. 10.

내가 묻힌 이 밤은

오히려 가혹하게 베어 버린 절규絶叫의 단면斷面,
그 살해殺害를 끝내 버린 칼날과 같이
고요하다.

지금은 아무도 생각지 않는
먼 조상祖上들의 이름과 같이
깊은 곳에 고이는 차거운 샘물과 같이
부드러우나 굳게 다문 너의 입 모습같이
고요하다.

결의決意의 뼈속같이
아아, 도덕적道德的인 죽음과 같이
그렇다면 돌아오지 않을 내일來日과 같이
고요하다.

그러나 모든 슬픔을 안아 주는 마음과 같이
모든 허물을 불문不問에 붙이는 사랑과 같이
가장 어리석은 지혜智慧와 같이
고요하다.

그러나 추방追放된 것은 아니다!
모든 빛갈은 집합集合을 끝내고도 저항抵抗하지 않을 뿐이다,
새벽이 올 지도 모르는 그때까지……

나는 벌거벗었다!
이 어둠의 무게 앞에서는 내 수치羞恥의 의상衣裳도

한낱 바람에 나부끼는 언덕의 잎사귀일 뿐,
그리하여 나는 묻힐 것이다, 한 톨의 밀알보다 작은 내 최후最後의 고백告白으로
나는 묻혀야 할 것이다, 이 밤의 뼈속 깊이…….

아아, 네 검은 머리털에 스며드는 기름 향기
모든 언어言語에다 새로운 기능機能을 불어넣을 여기 잠든 네 호흡呼吸과 같이
그러나 공허空虛 속에 부푸는 풍선風船과 같이
내가 묻힌 이 밤은 터질 듯 고요하다!

....
• 《현대문학》, 1961. 10.

유성流星에 붙여

근착近着의 경이驚異.

내 초조한 사랑이 관대寬大한 너의 옷깃에 파묻힐 때
그것은 곧 영원永遠과 소멸消滅……

불꽃으로 다진 어느 보석寶石이
질투보다 강강强한 어느 눈물이
저렇게도 끝내 무한無限에 부딛쳐 깨어져 버릴 수 있을까.

어느 먼 나라의 치욕恥辱이
반항反抗의 헛된 시간時間들이
존재存在보다 강강强한 의욕意慾의 멀고 먼 길들이
저렇듯 찬란이 슬프도록 꼬리를 저으며 사라져갔을까.

어느 희망希望이 어느 이단異端의 우둔愚鈍이
어느 황금黃金의 날랜 옛 화살들이
저렇게도 빠르게 영원永遠을 가로질러 달려갔을까.

어두운 여름 밤
창窓을 열고 무성茂盛한 창공을 바라보면,
신神은 가 없이 넓은 저 편 — 그러기에
지상地上의 혼례婚禮란 우리들의 노래란

일순一瞬에서 일순一瞬으로 흐르는
선線과
점點.

점點,
그러나 무애無涯의 품안으로 떨어져가는
그것은 또 불멸不滅의 사랑과 같은 황금黃金의 씨앗……

• 《현대문학》, 1962. 8.

슬퍼하지 않는 것은

슬픔이나 만면滿面의 웃음 그런 것들,
그런 것들을 되도록 우리는 대면對面하지 않기다!

우리는 많이 자랐기에,
우리는 그렇게도 많이 자라고 말았기에.

우리는 슬퍼하지 않거든,
그리고 우리는 기뻐하지도 않거든……

흰 잇발로 파도波濤처럼 웃는 것을,
봉선화鳳仙花 꽃잎처럼 우는 것을,
손구락 매듭 굵은 아버지의 이름같이
우리는 되도록 피避하고 모르는 체하거든…….
이마를 살어름만큼이나 찌푸리고 이내 태연泰然할 줄 알거든,
우리는 그렇게 많이 자라고 말았거든.

탄생誕生이란
강보에 싸인 아기의 울음,
그 울음을 태우러 시간時間은 온다,
그리고 해체解體되면 우리는 추락한다 — 우리가 모르기에
그 이름을 부르는 영원永遠과 무한無限으로……

우리는 이 어려운 고비에도 존재存在할 줄 알거든,
우리는 벌리던 팔을 이내 안으로 굽힐 줄을 알거든.

초월超越한다는 것은 그 가운데 산다는 것보다도

육체肉體를 더욱 수척케 하는 것,

슬퍼하지 않는다는 것은,
밤이 되어도 우리들의 꽃밭에 이슬이 나리지 않는 것…….

....

- 《현대문학》, 1958. 9.
- '살어름만큼이나 찌푸리고' (4연 5행) : '살얼음만큼이나 찌프리고' (『전집』)

체념諦念이라는 것

이를테면 못 먹거나 헐벗는 것 말이다,
그것쯤은 육체肉體에 속하는 것이라고 비웃으려면 비웃으렸다,
그러한 것들은 저물가정책低物價政策에 호응呼應하려는 태도라고
웃으려면 웃어 넘기렸다.

그러나 미워하지 못하는 것은 사랑하지 못하는 것보다
괴로워하지 못하는 것은 즐거움을 모르는 일보다
생명生命의 밑바닥을 파헤치면 더욱 더 멍들고 말았을게다.

슬픔에 태연泰然하고, 교훈敎訓하고,
빈틈없는 웃음으로 ─ 주름잡힌 우는 웃음으로
내일來日 아닌 오늘을 섬기기란,
아직은 기도를 올리고,
모든 영광榮光은 언제나 근원根元을 향하여 거꾸로 흐르고,
식물성植物性 창자가 말갛도록 돌이키고 뉘우치기란,
참으로 참으로 나도 모르겠구나!

기다리다가 보내고
기다리다가 가고
기다리다가 모질지 못하고
기다리다가 살아 보지 못하는,

....
• 《사상계》, 1961. 5.

소리 소리조차 없이 온갖 생명生命의 정체正體를 — 열렬한 사랑을 굳센 포옹抱擁을 오만傲慢한 머리를 광희狂喜의 팔을 점유占有의 깃발을

탄식으로 오직 탄식하여 버리는,

수치羞恥의 도덕道德 — 우울한 동양東洋이여!

그냥 살아야지

생각하면 할수록 흔들리일 뿐,
그냥 살아야지……

노래하면 노래할수록 멀어질 뿐,
그것도 그냥 살아야지……

사상思想은 언제나 배고프다,
또 싸움을 준비하고 있다,
그냥 살아야지……

겨울에는 눈을 맞고
가을 밤엔 달을 보고
그런대로 이웃들과 어울리어 살아 왔다,
그냥 살고 말아야지……

그냥 살아야지,
쪼개 보면 쪼갤수록 사라져 버리는 것,

별들이 보석寶石처럼 보이는 이 거리距離 — 이 땅에서
그냥 살아야지……

새것 속엔 새것이 없다,
새것은 낡은 것의 꼬리를 물고
낡은 것은 또 새것의 꼬리를 문다,
그냥 그냥 살아야지…….

● 《사상계》, 1962. 1.

순수純粹

만일 이 강물과 저 평야平野와 산들이
모두 금은보석金銀寶石으로 만들어졌다면,
그때는 한 줌의 흙을 얻기 위하여
사람들은 오늘과 같이 싸웠을 것이다.

만일 이 거리와 저 마을들이
모두 화려한 주랑柱廊으로 두른 궁전宮殿이었다면,
그제는 한 작은 오막살이를 위하여
저녁 노을은 더욱 아름답게 저 언덕에서 빛났을 것이다.

그리고 우리가 모두
저 별 위에 깃드는 사람들이라면,
이처럼 산만散漫한 우리들의 지구地球도
거기서는 진주眞珠보다도 더 견고堅固하게 빛났을 것이다.

가치價値란 무엇인가,
결핍缺乏에서 오는 것들인가?

순수純粹란,
자기의 처지處地와 동포同胞의 문제問題를
한 줌의 흙을 사랑하듯,

씨를 뿌리며
꽃나무를 가꾸는 마음…….

....

• 《숭대崇大》 13호, 1971. 1.

이별離別에게

지우심으로
지우심으로
그 얼굴 아로새겨 놓으실 줄이야……

흩으심으로
꽃잎처럼 우릴 흩으심으로
열매 맺게 하실 줄이야……

비우심으로
비우심으로
비인 도가니 나의 마음을 울리실 줄이야……

사라져
오오,
영원永遠을 새우실 줄이야……

어둠 속에
어둠 속에
보석寶石들의 광채光彩를 길이 담아 두시는
밤과 같은 당신은, 오오, 누구이오니까!

....
- 미상
- '새우실' (4연 3행) : '세우실' (『김현승시초』, 『전집』)

내일來日

나는 이렇게 내일來日을 맞으련다.
모든 것을 실패失敗에 주고,
비방誹謗은 원수에게,
사랑은 돌아오지 못하는 날들에게……

나의 잔盞에는
천년千年의 어제보다 명일明日의 하루를
넘치게 하라.

내일來日은 언제나 내게는 축제祝祭의 날,
꽃이 없으면 웃음을 들고 가드래도……

내일來日,
오랜 역사歷史보다도
내일來日만이 진정 우리가 피고 가는
풍성한 흙이 아니냐?

- 《민성民聲》, 1946. 4.
- '가드래도' (4연 2행 | 『김현승시초』) : '가더래도' (『전집』)

어제

어제,
그 시간時間을
비에 젖은 뽀오얀 창窓밖에 넣어 보자.

어제,
그 시간時間 옆에
멀리 검은 나무를 심어 두자,
오랜 그늘을 지키는……

어제,
그 시간時間을
정한 눈물로 닦아 두자,
내게는 이제 다른 보석寶石은
빛나지 않으려니……

....
- 《예술집단藝術集團》, 1955. 12.
- '뽀오얀' (1연 3행 |『전집』) : '뽀—얀' (『김현승시초』)

제3부

가을이 오는 시간時間

우리의 마음들은 벌써 황마차幌馬車가 되어 버린다.
우리의 마음들은 벌써 구름처럼
지평선地平線가에 몰려선다.
에메랄드빛 하늘이 멀어지는 가을이 오면……

해변海邊에선
별장別莊들의 덧문을 닫고,
사람마다 사람마다
찬란턴 마음의 샨데리아를 졸리고,
저녁에 우는 쓰르라미가 되는
지금은 폐회閉會와 귀로歸路의 시간時間……

우리의 마음들은 벌써 낙엽落葉이 진다.
우리의 마음들은 남긴 것 없음을
이제는 서러워한다.
지금은 먼 길을 예비할 때—
집 없는 사람들은 돌아와 집을 세우는,
지금은 릴케의 시詩와 자신自身에
입맞추는 시간時間……

....
- 미상
- '샨데리아를 졸리고' (2연 4행) : '샨데리아를 조리고'(『김현승시초』) : '샨데리아를 졸이고'(『전집』)
- '時間' (2연 6행 | 『전집』) : '시간'(『김현승시초』)
- '입맞추는' (3연 7행 | 『전집』) : '입맞초는'(『김현승시초』)

가을의 입상立像

멀리 멀리 흘러갔던
보라빛 구름들과 바다 거품으로부터
그만 나의 연륜年輪들을 불러 들이자

나로 하여금 돌아오는 길목에 서게 하여 다오!

나의 시詩는
수요일水曜日의 기도祈禱보다 가벼웠고,
너무도 오래인 동안
나는 나의 체온體溫을 비워 두었었다.

나의 가는 목에 어느덧
바람이 차면,
저바린 꿈들의 포장지包裝紙, 지는 낙엽落葉들을 모아
지금은 나의 옛집을 바를 때……

나로 하여금 돌아오는 길목에 서게 하여 다오!

그림자와 같이 길던
한숨마다 멀리 저바리고……

·····································
- 미상
- '너무도' (3연 3행 | 『전집』) : '너머도' (『김현승시초』)
- '한숨마다' (6연 2행 | 『전집』) : '한숨마저' (『김현승시초』)

가을의 기도祈禱

가을에는
기도祈禱하게 하소서……
낙엽落葉들이 지는 때를 기다려 내게 주신
겸허謙虛한 모국어母國語로 나를 채우소서.

가을에는
사랑하게 하소서……

오직 한 사람을 택하게 하소서,
가장 아름다운 열매를 위하여 이 비옥肥沃한
시간時間을 가꾸게 하소서.

가을에는
호올로 있게 하소서……
나의 영혼,
굽이치는 바다와
백합百合의 골짜기를 지나,
마른 나무가지 위에 다다른 까마귀같이.

- 《문학예술文學藝術》, 1956. 11.
- '祈禱' (1연 2행 | 『전집』) : '기도' (『김현승시초』)
- '호올로' (4연 2행 | 『전집』) : '호을로' (『김현승시초』)

가을의 시詩

넓이와 높이보다
내게 깊이를 주소서,
나의 눈물에 해당該當하는……

산비탈과
먼 집들에 불을 피우시고
가까운 곳에서 나를 배회徘徊하게 하소서.

나의 공허空虛를 위하여
오늘은 저 황금黃金빛 열매를 마저 그 자리를
떠나게 하소서,
당신께서 내게 약속하신 시간時間이 이르렀읍니다.

지금은 기적汽笛들을 해가 지는 먼 곳으로 따라 보내소서.
지금은 비들기 대신 저 공중空中으로 산까마귀들을
바람에 날리소서.
많은 진리眞理들 가운데 위대偉大한 공허空虛를 선택하여
나로 하여금 그 뜻을 알게 하소서.

....

- 미상
- '가까운 곳' (2연 3행 | 『전집』) : '가까운 길' (『김현승시초』)
- '열매를 마저' (3연 2행 | 『전집』) : '열매들마저' (『김현승시초』)
- '비들기' (4연 2행) : '비둘기' (『김현승시초』, 『전집』)
- '호올로' (5연 3행 | 『전집』) : '호을로' (『김현승시초』)

이제 많은 사람들이 새술을 빚어
깊은 지하실地下室에 묻을 시간時間이 오면,
나는 저녁 종소리와 같이 호올로 물러가
나는 내가 사랑하는 마른 풀의 향기를 마실 것입니다.

가을의 포도鋪道

책을 잘못 읽어
굽어진 어깨가
덕수궁德壽宮의 담을 끼고 가면,

이렇게도 어울리는
지금은 수치羞恥와 겸양謙讓의 계절季節…….

누구를 시새우고 무엇을 탓하랴,
모든 사람에 앞서 내가 먼저 외로워지는
시간時間 — 포도鋪道를 걸으면,
언어言語는 낡은 자기磁器처럼 비어 있고,

추상抽象의 신神은
추상抽象의 신神들도
옛부터 이런 계절季節을 위하여 정숙靜肅히 존재存在하는가!

오후午後의 동행자同行者여,
미지未知의 세대世代여,

너를 거기 두고
나는 지금 이마큼 떨어져 포도鋪道를 걷는다!

....
• 《예술원보》, 1961. 7.

그러면 그 사이는
낙엽落葉들이 흩어져,
너와 나의 거리距離를
채워 주는…… 채워 주는……

가을은 눈의 계절季節

이맘때가 되면
당신의 눈은 나의 마음,
아니, 생각하는 나의 마음보다
더 깊은 당신의 눈입니다.

이맘때가 되면
낙엽落葉들은 떨어져 뿌리에 돌아가고,
당신의 눈은 세상에도 순수한 언어言語로 변합니다.

이맘때가 되면
내가 당신에게 드리는 가장 아름다운 선물은,
가을 하늘만큼이나 멀리 멀리 당신을 떠나는 것입니다.
떠나서 생각하고,
그 눈을 나의 영혼 안에 간직하여 두는 것입니다!

낙엽落葉들이 지는 날 가장 슬픈 것은
우리들 심령에는 가장 아름다운 것······.

• 《자유문학》, 1960. 12.

가을의 향기香氣

남南쪽에선
과수원果樹園의 임금林檎이 익는 냄새,
서西쪽에선 노을이 타는 내음……

산 위엔 마른 풀의 향기,
들가엔 장미들이 시드는 향기……

당신에겐 떠나는 향기,
내게는 눈물과 같은 술의 향기

모든 육체肉體는 가고 말아도,
풍성한 향기의 이름으로 남는
상傷하고 아름다운 것들이여,
높고 깊은 하늘과 같은 것들이여……

• 미상

가을의 소묘素描

수심水深이 깊듯 짙던 그늘이 한몫 떨어지면
하늘은 건너편 에메랄드의 산지産地……

임금林檎나무의 열매들은 소년少年의 뺨을 닮아 가고
해볕은 밭머리에서 옥수수의 여윈 그림자를 걷우어 간다.

기적소리 들녘에 길게 나는
다시금 시월十月이 오면,

언덕은 어느덧 가산家産을 헤치듯
나무잎들을 바람에 죄다 날려 보내야 하고,

하늘과 멀리 뜨는 별들마저
수우愁雨에 부슬부슬 떨어질게다.

오랜 악기樂器의 줄을 쓰는 쓰르라미는
섬돌 위에 산다山茶의 향기를 가다듬고,

참회하는 이스라엘의 여인女人처럼
누리는 이윽고 재를 무릅쓸 때…….

....
- 미상
- '걷우어' (2연 2행 | 『김현승시초』) : '거두어' (『전집』)
- '하늘과 멀리' (5연 1행 | 『전집』) : '하늘가 멀리' (『김현승시초』)

가을 넥타이

볕은
이순耳順하고,

이삭들
바람이 익는다.

아침 저녁
살갗에 묻는

요즈막의 향깃한 차거움……
사십四十은 아직도 온혈동물溫血動物인데,

오늘은
먼 하늘빛
넥타이 매어 볼까.

- 미상

가을 비

팔구비에 닿는 것
은시계銀時計처럼 차다.

세로팡으로
싸는 밤……

배암무늬 손잡이
우산雨傘을 받고 혼자 섰나.

전에는 더러
이러기도 하였던
뽀야다란 마음……

....
- 미상
- '섰나' (3연 2행 |『전집』) : '섰다' (『김현승시초』)

무등차 無等茶

가을은
술보다
차 끄리기 좋은 시절……

갈까마귀 울음에
산들 여위어 가고

씀바귀 마른 잎에
바람이 지나는,

남南쪽 십일월十一月의 긴 긴 밤을,

차 끄리며
끄리며
외로움도 향기인 양 마음에 젖는다.

....
- 미상
- '끄리기' (1연 3행 | 『김현승시초』) : '끓이기' (『전집』)
- '끄리며' (5연 1, 2행 | 『김현승시초』) : '끓이며' (『전집』)

제4부

눈물보다 웃음을

눈물은 그러리, 오히려 내게는
무거웁고 화려한 의상衣裳,
그것은 무도회舞蹈會의 밤이나 구세주救世主의 입을 옷…….

마음에 가득한 눈물도
웃음이면 내게는 족하리,
웃는 녹지대綠地帶의 가벼운 그늘로
오늘 하루와 나의 거리와 외로운 이웃들을 가리워 주리……

그것은 일치一致되기 어려운
우리들의 균형均衡을 이룩하는 온화溫和한 합창合唱 —
그것은 낙엽落葉속에 피는 최후最後의 장미 —

눈물을 가리켜 회한悔恨의 술 — 왕가王家의 깊은 계곡谿谷이라면,
그것은 들에 피는 노래와 우리들의 백합화百合花 —

옥토沃土같은 가슴들에 숨쉬는 가슴들에
무덤을 파헤치고 간,
인류人類 — 최후最後의 신뢰자信賴者이던 무기武器라는 연장들과
혈색血色없는 명석明晳들과 막다른 굳은 땅을 헤치고,

내일來日을 모르는 우리들의 고독한 신앙信仰을 위하여
웃음은 꿈에서나마 친밀한 이웃과 노래와 작은 양지陽地를
가져 오는 단서端緖이리!

발뿌리를 돌려도

발뿌리를 돌려도
따 끝마다 저무는,
진정 막막하고 고달픈 내게 맡긴 한 세대世代의 애정愛情을 위하여
나는 나의 최후最後의 시詩에서
눈물보다 간곡한 웃음의 복음福音을
호올로나마 이 어두운 허공虛空에 전傳하고 가리…….

- 《현대시現代詩》, 1957. 1.
- '발뿌리'(7연 1,2행) : '발부리'(『전집』)

박명薄明의 남은 시간時間속에서

저녁에 놓이는
수척한 그림자와도 다른,
여위어 가는 형자形姿를—향기와 꽃들의 마지막 형자形姿를 본다.

잠재潛在했던
우연偶然한 슬픔도 아닌,
절박한 얼굴들을—벽壁과 같은 얼굴들을 본다.

나의 검은 눈동자와도
그 어두운 빛을 달리하는,
산까마귀의 마지막 울음소리와도
그 그늘을 달리하는,

박명薄明의
남은 시간時間속에서 남은 시간時間속에서
소멸되어 가는 것들을 본다.

양량의 증가增加속에서
저돌猪突의 악화惡貨속에서
나의 품을 떠나 구축驅逐되어 가는 것들이 있다.

지금은 얼마 남지 않는 작은 모래알과 같은,
나의 박명薄明의 손아귀를 빠져 흐르는,
보라빛 아름다운 시간時間들이여,
신성神聖과 애정愛情의 마지막 떨리는 음성들이여,

오오, 마음이여,
나의 최후最後의 낭만주의자浪漫主義者여!

• 《자유문학》, 1956. 12.

옹호자擁護者의 노래

말할 수 있는 모든 언어言語가
노래할 수 있는 모든 선택된 사조詞藻가
소통疏通할 수 있는 모든 침묵들이 속
고갈枯渴하는 날,
나는 노래하련다!

모든 우리의 무형無形한 것들이 허물어지는 날
모든 그윽한 꽃향기들이 해체解體되는 날
모든 신앙信仰들이 입증立證의 칼날 위에 서는 날,
나는 옹호자擁護者들을 노래하련다!

티끌과 상식常識으로 충만한 거리여,
수량數量의 허다한 신뢰자信賴者들이여,
모든 사람들이 돌아오는 길을
모든 사람들이 결론結論에 이른 길을
바꾸어 나는 새삼 떠나련다!

아로사긴 상아象牙와 유한有限의 층계로는 미치지 못할
구름의 사다리로, 구름의 사다리로,
보다 광활한 영역領域을 나는 가련다!
싸늘한 증류수蒸溜水의 시대時代여,
나는 나의 우울憂鬱한 혈액순환血液循環을 노래하지 아니치 못하련다.

날마다 날마다 아름다운 항거抗拒의 고요한 흐름속에서
모든 약동躍動하는 것들의 선율旋律처럼

모든 전진前進하는 것들의 수레바퀴처럼
나와 같이 노래할 옹호자擁護者들이여,
나의 동지同志여, 오오, 나의 진실한 친구여!

....
- 《현대문학》, 1955. 1.
- '말할 수 있는' (1연 1행) : '말할 수 없는' (『전집』)
- '이른 길' (3연 4행) : '이르는 길' (『전집』)

갈구자渴求者

빵과 무기武器보다
빛과 이웃을 구求한다.

가슴들을 더욱 깊이 파,
눈물을 솟게 하고, 오늘은
척박한 황금黃金의 변방邊方에서 한 줌의 흙을 구求한다.

고립孤立된 언어言語와 핏기없는 거리를 지나,
격리隔離된 일광日光과 주택住宅들을 잊었던 목소리로 연결지워,
확장擴張하는 온정溫情의 나래들을 새로운 공기空氣속에 구求한다.

그것은 무조건無條件은 아니다,
그것은 낡아빠진 테두리는 아니다.

우리가 구求하는 것은 새로움은 아니다,
그것은 원만圓滿속에 비취는 얼굴이다.
우리가 구求하는 것은 진보進步와 속도速度보다 헐거덕거리는 진
흙 속보다,
우리가 구求하는 것은 새벽녘의 단꿈과 아침에 회복回復하는
해바라기의 심장心臟이다.

그것은 반복反復하는 것도 아니다,
그것은 가장 새로워야 할 탄생誕生이며,
최후最後에 닥뜨리는 공동共同의 깃발 같은 선연鮮姸한 운명運命이다.

전통傳統이란 까마득한 오랜 시간時間에 자개물린

가지가지 다채多彩론 예지叡知의 무늬들도,
닦아진 모든 기념할 만한 유산遺産들도,
타는 혀로 물든 여기 지옥地獄의 계절季節에선
눈물의 아침이슬 하나만 같지 못할 때,

무기武器보다 강강强한
하나의 미소微笑에서 신神의 의지意志를 구求하고,

죽음보다 강강强한 것
우리는 사랑을 구求한다.

....
- 《현대문학》, 1957. 10.
- '해바라기의' (5연 5행) : '해바라기' (『전집』)

호소呼訴

사랑하지 않고서
나는 이 길을 더 나아갈 수 없나이다,
사랑하지 아니하고서는…….

결핍缺乏된 우리의 소유所有는
새로운 가설假說들의 머나먼 항로航路가 아니외다,
길들은 엉키어 길을 가리우고 있나이다.

사랑의 기름 부음 없이
꺼져가는 내 생명生命의 쇠잔한 횃불을
더 멀리는 태워 나갈 수 없나이다,
사랑의 기름 부음 없이는…….

배불리 먹고 마시고, 지금은 깊은 밤,
모든 지식知識의 향연饗宴들은 이 따위에
가득히 버리워져 있나이다,
이제 우리를 풍성케 하는 길은
한 사람의 깊은 신앙信仰 — 사랑함으로 신神의 이름을 부르는 것이외다.

사랑하지 아니하고 어찌하리이까,
허물어진 터전, 짓밟힌 거리마다,
싸늘한 철근鐵筋만이 남은 가설假說들을 부여잡고
오늘 멍든 우리들의 가슴을 부비어야 하리이까?
부러진 우리들의 죽지를 파닥거려야 하리이까?

하염없이 무너져 나간 문명文明의 자국들 — 진보進步의 이름으로
우거진 주검의 쟝글 속에서,
지난날 지智의 관冠을 꾸미던 모든 나라의 찬란한 보석寶石보다
더욱 빛나는 것은 오늘 사랑의 한끝인 당신의 눈물이외다!

사랑하지 않고 어찌하리이까,
위대偉大한 상실喪失을 통通하여 —
숨지던 극동極東의 산맥山脈에서 디엔비안의 더운 시체屍體위에서
저므는 날 구원救援을 기다리던 북해北海의 먼 항구港口에서
오오, 마침내 형제兄弟의 의義를 맺어진 저주咀呪받은 따의 우리들,
푸른 하늘에 사는 눈동자, 타는 입술이 그렇게도 닮은 우리들 —

우리들의 처음 고향은 사랑이었나이다!
영겁永劫에도 그러할 것이외다!

....
- 《현대문학》, 1956. 4.
- '저므는' (7연 4행) : '저무는' (『전집』)
- '義를' (7연 5행) : '義로' (『전집』)

슬픈 아버지

아버지는 흙벽을 핥으며 자랐고
너는 외인부대外人部隊의 깡통을 가지고 노는구나,
라이프지誌에는 오늘도
장난감 없는 나라의 아기야, 네 이야기가 쓰여져 있다.

그것이 반드시 생명生命의 근원根源에 궁핍窮乏을 가져 오는 것도 아니련만,
그러면 나는 장난감 없는 나라의 초라한 아버지—
아기야, 오늘따라 그 값진 장난감—경쾌輕快한 에메랄드빛 세단차車와
선연한 저 수은水銀빛 날개들을 갖곶아 조르는,
못구멍 난 깡통 따위는 인제는 그만 싫증나버린
네 마음을 아버지는 알겠구나!

그러나 너를 위하여 너에게 먼저 이 잉여剩餘의 도구道具들보다
저 보랏빛 산둘레와 진달래빛 구름들을 가리키는 아버지의 마음—
그것은 떡을 달라 조르는 아들에게
돌을 쥐어 주는 모진 아버지의 쓰라림일지도 모른다.

그러나 아버지의 아들인 내 사랑하는 아기야,
너는 로우마의 폐허廢墟와 히로시마의 티끌 위에서 딩구는
한낱 깨어져 버린 장난감! 금속성金屬性의 파편破片들을 사랑하기 전
너는 먼저 저 자연自然의 완구玩具들을 사랑할 줄을 알리라!

저 구름을 보아라, 저 구름 넘어 더욱 빛나는 얼굴들을 너는

보았느냐,
 저 무지개를 보아라, 저 성문城門밖에 열린 더욱 황홀한 나라들을 너는 보았느냐,
 저 새소리를 들으라, 저 노래소리보다 더욱 약동하는
 새로운 지휘자指揮者의 호흡呼吸소리가 네 귀에는 들리지 않느냐,
 저 아지랑이를 보아라, 저 아지랑이보다 더 그윽한
 영원永遠의 시간時間들이 네 눈앞에는 바라다보이지 않느냐,
 저 아름다운 온갖 자연自然의 선물 가운데는
 아기야, 네가 그렇게 밤낮으로 조르던 그 트로이성城의 목마木馬도,
 그 연통煙筒, 고운 증기선蒸氣船도, Z기機도,
 그리고 그보다 몇 백배百倍나 되는 더 많은 장난감들이 저절로 담겨져 있느니라.
 아니, 우리가 모은 이 모든 제한制限된 보화寶貨를 저 자연自然의 풍성한 울안에 들이면,
 그것은 따에 떨어진 한낱 작은 이삭들에 지나지 않느니라!
 뿐만 아니라, 그것들은 깨어지지도 쭈그러지지도 아니하며,
 침몰沈沒하지도 그리고 침략侵略에 쓰이지도 아니하는,
 보다 견고堅固한 완구玩具들이 저 자연自然의 품안에는
 언제나 언제나 새살 돋아나며 있느니라.

 거센 절망絶望과 진통陣痛의 여울소리도
 내일來日은 자연自然의 빛나는 예지叡智로 회항回航하는 파란많은 수로水路련만—
 그러나 아기야 슬프다,
 창공蒼空에 날으는 저 강철鋼鐵의 제비들
 진격進擊하는 우람한 무쇠의 전차戰車들

저 각광脚光의 금속金屬들을 허턱 기리는 어린 너에게
외로운 산과 들에 떠있는 저 구름들의 신화神話를 손짓하여 가리키는
장난감 없는 나라의 아버지 — 네 아버지의 마음은
웬일일까, 웬일일까, 아직은 좀더 외로웁고 슬퍼야 하는구나!

- 《현대문학》, 1957. 8.
- '모운' (5연 11행) : '모온' (『전집』)
- '따에' (5연 12행) : '땅에' (『전집』)

인간人間은 고독孤獨하다

나로 하여금
세상의 모든 책을 덮게 한
최후最後의 지혜智慧여,
인간人間은 고독하다!

우리들의 꿈과 사랑과
모든 광채光彩있는 것들의 열량熱量을 흡수吸收하여 버리는
최후最後의 언어言語여,
인간人間은 고독하다!

슬픔을 지나,
공포恐怖를 넘어,
내 마음의 출렁이는 파도波濤 깊이 가라앉은
아지 못할 깨어진 중량重量의 침묵沈默이여,
인간人間은 고독하다!

이상理想이란 무엇이며
실존實存이란 무엇인가,
그것들의 현대화現代化란 또 무엇인가,
인간人間은 고독하다!
로우마가 승리勝利하던 날 — 로우마는 끝나고 말았다.

너의 이름은
가장 겸손한 최후最後의 수습자收拾者 —
무화과無花果나무의 그늘로 즐기던 상하常夏의 계곡溪谷과
그 경쾌輕快한 회랑도로廻廊道路에서

너의 이름은 지금 그들의 술과 그들의 전쟁戰爭이란
　　흉작凶作의 몇몇 이삭들을 줍고 있을 뿐,

　　가장 아름답던 꿈들의
　　마지막 책장을 넘기며
　　우리는 깨어진 보석寶石들의 남은 광채光彩를 쓸고 있는
　　너의 검은 그림자를 바라본다.
　　그리하여 모든 편력遍歷에서 돌아오는 날 우리에게 남은 진리眞理는
　　저녁 일곱시의 저무는 육체肉體와
　　원죄原罪를 끌고 가는 영혼의 우마차牛馬車,
　　인간人間은 고독하다!

　　신앙信仰을 가리켜 그러나 고독에 나리는 축복祝福이라면
　　깊은 신앙信仰은 우리를 더욱 고독으로 이끌 뿐,
　　내 사랑의 뜨거운 피로도 너의 전체全體를 녹일 수는 없구나!

　　　추상抽象으로도 육체肉體로도
　　용해溶解되지 않는,
　　오오, 너의 이름은 모든 애정愛情과 신앙信仰을 떠나
　　　내 마음의 왕국王國에서 자유自由와 독립獨立을 열렬히 호소呼訴하는구나!

　　그러면 우리를 고독케 히는 것들은 무엇인가?
　　잃어버린 지평선地平線 — 저 풍요豊饒하던 창고倉庫들인가,
　　헬렌의 슬픈 이야기를 우리에게 들려 준 호우머의 시詩들인가,

아니면 사랑이 가고 지혜智慧가 오기 전 무성턴 저 무화과無花果 나무의 그늘들인가.

비록 그것들에 새로운 시간時間의 수액樹液을 흐르게 하여,
현재現在와 미래未來의 꿈많은 여정旅程을 주어,
시詩를 산문散文으로 종합綜合을 분석分析으로, 결핍缺乏을 생산生産으로
성장成長케 한들 그것은 또한 무엇인가?

나로 하여금
세상의 모든 책을 덮게 한 고독이여!
비록 우리에게 가브리엘의 성좌星座와 사탄의 모든 저항抵抗을 준다 한들
만들어진 것들은 고독할 뿐이다!
인간人間은 만들어졌다!
무엇하나 이 우리들의 의지意志 아닌,

이 간곡한 자세姿勢 ― 이 절망絶望과 이 구원救援의 두 팔을
어느 곳을 우러러 오늘은 벌려야 할 것인가!

• 《현대문학》, 1957. 4.

신성神聖과 자유自由를

봄빛이 스머드는 썩은 원수의 살더미 속에
탄흔彈痕을 헤치고 신생新生하는 금속金屬의 거리와 광장廣場들에
부활復活을 의미하는 참혹한 마지막 시간時間에
일으켜야 할 제목題目은
신성神聖과 자유自由이다.

불꺼진 높은 곳의 추억追憶에 등대燈臺들에
영광榮光의 도시都市 — 허물어진 첨탑尖塔과 향상向上의 계단階段들에
일으켜야 할 별들은
신성神聖과 자유自由이다.

무덤같이 음산한 십대十代의 가슴들에
희망을 잃은 노병老兵들의 두 눈에
일으켜야 할 노래는
신성神聖과 자유自由이다.

내일來日이면 꽃이 피고,
후일後日에 자라선 애인愛人들이 될,
더 자라면 지도자指導者와 엄격한 부모父母들이 될,
오늘의 눈물 — 방황하는 세대世代들에
일으켜야 할 신앙信仰은
신성神聖과 자유自由이다.

구원救援을 호소하던 부다페스트 — 마지막 떨리던 음파音波들에
항거抗拒하는 평범平凡한 영웅英雄들에

굴복屈服을 모르는 아세아亞細亞와 구라파歐羅巴의 용감한 지역地域들에
일으켜야 할 동맥動脈의 손길은
신성神聖과 자유自由의 힘이다.

침략자侵略者들의 말굽소리보다
모든 독재자獨裁者들의 쇠사슬소리보다 더욱 큰 분노憤怒로
일으켜야 할 제목題目은
신성神聖과 자유自由이다.

골짜기에
벼랑에
무기武器보다 빵보다
앞서 가야 할 우리들의 긴밀한 보급로補給路는
신성神聖과 자유自由의 마음들이다.

보라, 피로 물든 강江기슭에
이그러진 황토黃土 산비탈에
눈물로 세우는 모든 십자가十字架의 경건한 제목題目도,
그리고 들으라,
우리들의 온갖 사랑과 정열情熱과
모든 절망絶望과 몸부림과 싸움의 동기動機를 역설力說하여 주는
폭탄爆彈같은 외침도
신성神聖과 자유自由이다.

오오, 지상地上의 가장 아름다운 수확收穫이여,

너를 위하여 흘릴 우리들의 피는
아직도 동서남북東西南北에 넉넉히 출렁이고 있다!
의욕意慾은 출발出發의 북소리처럼 팽창하고,
새 아침이 열리는 곳 — 구비도는 해안선海岸線과 저 산맥山脈들
그리고 아득한 지평선地平線마다
그윽히 울리는 생명生命있는 것들의 합창合唱소리도 그러하다!

일찍이 미래未來를 땅위에 가져 오던 정확正確한 눈으로 바라보라,
이글거리는 저 태양太陽의 광채光彩와 열의熱意도
오늘은 그것을 더욱 밝히 보여 주는
거꾸로 타오르는 하늘의 심장心臟이 아니냐!

- 《현대문학》, 1960. 11.
- '收獲' (9연 1행) : '收穫'의 오기로 보인다.

일천구백육십년一九六○年의 연가戀歌

샤론의 들꽃 짙은
가나안을 향하여
이스라엘 사람들을 바로의 강퍅한 손아귀에서 건져내신,
 불란서佛蘭西 자유민自由民의 외침을 불꽃 가운데 벨단의 성벽城壁에서 들으신,
 오만傲慢한 포구砲口와 침략侵略의 궁전宮殿을 무찔러
 물밀듯 동경東京으로 가는 길위에 철갑鐵甲의 수레바퀴를 올려놓으신
 창조創造의 신神, 자비慈悲의 신神, 전능全能의 신神이여,
 오늘 아침 따에 엎드려 드리는 나의 노래를 들으소서!

 당신이 지으시고 선善히 여겨 그 안에 거하시는
 넓은 궁창穹蒼과 빛나는 성좌星座에 비기오면
 여기는 지극히 낮은 곳 ― 당신의 사랑과 풍성을 길이 따르지 못할
 여기는 빵을 만들고, 아이들은 울음 우는 지역地域 ―
 주검의 그림자 세차게 부는 날은 검은 까마귀 떼 녹슨 총칼더미 흩어져 구으는 초토焦土이오나,
 그러나 당신이 한계限界를 지어 우리에게 주신 땅 ― 여기는 선조先祖의 뼈를
 묻은 우리의 오랜 강토彊土이로소이다!

 당신을 모르고 생명生命의 줄기찬 더운 피를 모르는,
 그것들의 슬픔이나 괴로움은 더군다나 아지 못하는,
 저 피문은 붉은 발톱 아래
 저 자유自由를 움켜쥐는 톱니바퀴 속에

결단코 결단코 휘몰려 들어가 버리지는 않을,
세에느강江이 어느 화려한 도심都心보다도
우크라이나의 어느 기름진 밀밭보다도
여기는 우리에게 더 살이 되는 땅— 갈라지고 찢기우고 허물어진
우리의 조국祖國이로소이다!

오늘의 포연砲煙과 내일의 창공蒼空 아래 이 땅을 지키고
당신의 영원한 음성을 이 땅에 이어 가기 위하여,
기드온의 팔을 이스라엘 진중陣中에 높이 드신 당신은
우리를 위하여 당신의 새로운 시간時間의 사자使者— 황금黃金보다 더
빛나는 일천구백육십년一九六〇年의 아침을 보내셨나이다!
그는 위대偉大한 승리勝利의 용사勇士—
펄럭이는 깃발과 새벽구름 속에 그를 실어 우리의 마을과 집집에 보내심은,
그와 우리가 무엇을 위하여 싸웠는가를 다시 한번 알게 하려 하심이외다,
그와 우리가 가진 공동共同의 깃발을 다시 찾게 하려 하심이외다,
바커스로 하여금 우리가 드는 축배祝盃에 정월正月의 새술을 가득 붓게 하려 하심이외다.
자연自然의 모든 것은 당신이 정하시고 또한 당신이 바꾸시는 것이오매 그를
우리에게 보내심은 가장 높은 당신의 뜻이외다!

그는 다시 날랜 아킬레스보다 강강强强한 용사— 그의 과거過去는 열대熱帶의 사진砂塵과

지중해地中海의 드높은 파도波濤와 피레네의 험험險한 산정山頂을 넘어,
저므는 라인강江가의 헐벗은 과부寡婦와 소년少年들을 지키던 용사勇士 —
역사歷史의 이름으로 촉루髑髏가 된 그의 전우戰友들은
백마고지白馬高地와 단장능선斷腸稜線에서 지금은 자유自由를 지키는 절규絶叫보다 강강强한 정적靜寂
그는 또한 경건하고 털 많은 손을 피의 제단祭壇에 얹고
새 아침의 기름 부음을 받은,
번영하는 자유세계自由世界의 형자形姿없는 원수元首 —

그를 축복祝福하소서!
그로 하여금 옷입듯 당신의 가 없는 지혜智慧 가운데 젖게 하소서,
그로 하여금 럭키산맥山脈에 피는 장미꽃과 북악산北岳山에 지는 진달래꽃의 아름다움이
다르지 않음을 알게 하소서,
빛갈과 모습은 당신이 지으신 대로 서로이 다르나
그 심장心臟에 넘치는 붉은 피마저 다르오리까,
자유自由를 사랑하는 최선最善과 최후最後마저 다르오리까,
그로 하여금 와서 진리眞理의 소재所在를 밝히 보게 하소서!

빵을 부르짖는 아들에게 돌을 주지 않으시는 자비慈悲의 신神이여,
해방解放의 더운 눈물이 마르기도 전에 당신은 삼팔선三八線의 검은 장막帳幕을
우리 이마 위에 두루 치셨나이다,
찬 겨울의 갈까마귀 떼처럼 형제兄弟들을 남북南北으로 흩으셨나

이다,
　그러나 당신은 선善하오이다!
　우리를 위하여 당신이 택하시는 길은 일만 가지가 옳으오이다,
　우리는 다만 오늘의 시련試鍊을 거쳐 새로운 신앙信仰을 창조創造하여 나아갈 뿐,
　이것만이 당신의 결의決意를 따라 전진前進하는 우리의 모습이외다!

　어제는 저격능선狙擊稜線이었던 허울좋은 오늘의 휴전선休戰線에서
　어제는 가난한 여인女人들의 애인愛人이었던 오늘의 백골白骨을 안고
　지금 우리는 당신을 향하여 마른 나무가지의 팔을 벌리오니
　창조創造의 신神, 전능全能의 신神, 자비慈悲의 신神이여,
　이 길 위에 우리를 구름같이 밀어 신록新綠의 산마루로 다시금 우리를 다가오르게 하소서!
　그 길이 멀고 고단할 때,
　우리의 꿈은 더욱 더 높은 곳에 빛나오리다!
　그것은 우리의 조국祖國과 하늘의 뭇 별과 우리의 자손子孫들이 길이 버리지 못할 팽창하는 꿈의 열매이오니……

• 《현대문학》, 1960. 3.
• '저므는' (5연 3행) : '저무는' (『전집』)
• '빛갈' (6연 5행) : '빛깔' (『전집』)

우리는 일어섰다

우리의 조국祖國은 둘이며 하나이다,
자유自由와 그에의 애수哀愁!

우리는 일어섰다, 참혹한 사월四月이 지나간 맑은 새아침,
모든 시내 모든 강물 위에 흘러 가는 그 소리와
모든 골짜기 모든 산비탈에 울려 가는 그 노래와
동서東西로 가는 남북南北으로 뻗은 모든 길 위에 통하는
이 우리들의 제목題目을 위하여…….

우리는 일어섰다, 사월四月이 지나간 유월六月에도,
북소리와 같이 멀리서도 들리는
우리네 젊은 심장心臟의 고동鼓動,
그리고 제목題目은 오직 하나— 미소微笑하는 눈짓과
우리네 하늘에 자유自由로이 날으는
모든 생명生命있는 것들의 우짖음과
먼 산등에까지 울리는 그리운 공명共鳴의 메아리를 위하여…….

우리는 일어섰다!
쓰라린 눈물과 어제 위에 남긴 동지同志들의 발자국—
자유自由에의 거치른 이정표里程表와,
해마다 피어나는 피빛 진달래— 그네들의 부활復活과
그네를 지키는 천국天國과 영원한 그네의 조국祖國을 위하여,

- 《자유문학》, 1961. 6.
- '銃뿌리' (5연 2행) : '銃부리' (『전집』)

우리들 젊은 지혜智慧의 눈동자는
총銃뿌리와 같이 겨누고 있다!
　어둠을 깨뜨리는 새벽 — 일천구백육십년一九六〇年의 저편을 향하여…….

석간夕刊을 사서 들다

러시·아워에 사 드는
석간夕刊의 기름 냄새는
요즈막의 바욜렡 향기香氣보다도 더 짙다!
시각視覺으로 밀려드는
조판미술造版美術의 강强한 자외선紫外線과 자외선紫外線들……

혼돈과 반발反撥과 아우성 속에서도
굽이도는 꿈의 난간欄干 달린 층계를 향하여
영원히 정지停止할 줄 모르는
신문은 젊은 공화국共和國의 커다란 신장身長과 체중體重들이다.

신경세포神經細胞와 같이
소중한 육호활자六號活字와 활자活字 사이에서,
우리는 오늘도 회복기回復期에 들어선
쓰라린 상처傷處의 그라브선線을 읽는다!
신앙信仰과 이지理智 의지意志와 동정同情의 갈등과, 운명運命과 개척開拓의
　이 모든 유기체有機體의 발랄한 지향선志向線과
　또 그 윤락淪落의 슬픈 몸짓들을…….

어느 치열한 전선戰線보다도
신문은 또 민주진영民主陣營의 넓은 포문砲門이다!
그것은 팽창하는 어린 공화국共和國의 자유自由론 가슴이다.

신문이 가진 지극히 불행不幸한 운명運命은
시장市場과 거리 어귀에서

비만肥滿한 햄과 샌드위치의 응급포장지應急包裝紙로
조음噪音과 먼지 속에 휩쓸려 짓밟히고 말지도 모른다.

그러나 거대巨大한 윤전기輪轉機의 속도速度는,
이윽고 역사歷史의 수레바퀴와 같이
이 모든 티끌과 손실損失과 파편破片들을 모아
또다시 명일明日의 시간時間을 창조創造하여 가기에 바쁘다.

우리는 오늘도 어두울 무렵에 외치는
소년少年들의 고사리 같은 손에서
나 어린 공화국共和國의 석간夕刊을 사서 든다,
그리고 분노憤怒와 실망失望은 말끔히 가시지 않았다.
아직도 조국祖國을 사랑하는 시민市民들의 얼굴에는······.

- 미상

견고한 고독

堅固한 고독

堅固한 고독 **펴낸날** 1968년 1월 20일 | **당시 가격** 200원

제1부

길

나의 길은
발을 여이고,
배로 기어 간다
오월五月의 가시밭을.

너의 길은
빵을 잃고,
마른 혀로 입맞춘다
칠월七月의 황톳길을.

그대의 길은
사랑을 잃고,
꿈으로만 떠오른다
시월十月의 푸른 하늘을.

우리의 길은
머리를 잃고,
가는 꼬리를 휘저으며 간다
산하山河에 머홀한 구름 속으로.

- 《기독교시단》, 1965. 10.

무형無形의 노래

빛이 잠드는
따 위에
라일락 우거질 때,
하늘엔 무엇이 피나,
아무것도 피지 않네.

산을 헐어
뚫은 길,
바다로 이을 제,
하늘엔 무엇을 띄우나,
아무런 길도 겐 보이지 않네.

바람에 수런대는
아름다운 깃발들
높은 성城을 에워쌀 제,
하늘엔 무슨 소리 들리나,
겐 아직 빈 터와 같네.

나도 모를 나의 푸른 길 — 내 바래움의 기름진
흙일세!

고국故國에서나
이역異域에서도
그 하늘을 내 검은 머리 위에
고요한 꿈의 이바지같이
내게 딸린 나의 풍물風物과 같이

이고 가네
이고 넘었네.

• 《현대문학》, 1964. 7.

견고堅固한 고독

껍질을 더 벗길 수도 없이
단단하게 마른
흰 얼굴.

그늘에 빚지지 않고
어느 햇볕에도 기대지 않는
단 하나의 손발.

모든 신神들의 거대巨大한 정의正義 앞엔
이 가느다란 창끝으로 거슬리고,
생각하던 사람들 굶주려 돌아오면
이 마른 떡을 하룻 밤
네 살과 같이 떼어 주며,

결정結晶된 빛의 눈물,
그 이슬과 사랑에도 녹쓸지 않는
견고堅固한 칼날― 발 딛지 않는
피와 살.

뜨거운 햇빛 오랜 시간時間의 회유懷柔에도
더 휘지 않는
마를 대로 마른 목관악기木管樂器의 가을
그 높은 언덕에 떨어지는,
굳은 열매
씁쓸한 자양滋養
에 스며 드는

에 스며 드는
네 생명生命의 마지막 남은 맛!

• 《현대문학》, 1965. 10.

겨울 까마귀

영혼의 새.

매우 뛰어난 너와
깊이 겪어 본 너는
또 다른,

참으로 아름다운 것과
호을로 남은 것은
가까와질 수도 있는,

언어言語는 본래
침묵으로부터 고귀高貴하게 탄생한,

열매는
꽃이었던,

너와 네 조상祖上들의 빛갈을 두르고.

내가 십이월十二月의 빈 들에 가늘게 서면,
나의 마른 나무가지에 앉아
굳은 책임責任에 뿌리 박힌
나의 나무가지에 호을로 앉아,

저무는 하늘이라도 하늘이라도
멀뚱거리다가,

벽에 부딪쳐
아, 네 영혼의 흙벽이라도 덤북 물고 있는 소리로,
까아욱 —
깍 —

• 《신동아新東亞》, 1965. 1.

병病

믿음이 많은 사람들은 가벼운 날개를 달고
하늘 나라로 사라져 가는데,

저녁 나절의 구름들은
저 지평선의 가느다란 허리를
꿈많은 손으로 안아 주는데,

나는 문門을 닫고
시들시들 나의 병을 앓는다.

나의 창窓 가에서 까맣게 번지는
부드러운 꽃잎의 가장자리여,
네 서느럽고 맑은 이슬과 같은 손도
나를 짚는 이마 위에선 힘을 잃는다!

나의 병이 네 부드러운 살갗에 한번 스며들면
네 가느다란 손구락 마디의 보석寶石들도
그 아름다운 눈빛을 잃을 수밖에,

바람에 실려 네품안으로 가던
꿈의 쭉지도 청동靑銅과 같이 녹쓸어
무거운 공중에 걸리고 만다.

꽃들의 주둥이가
젖줄을 빠는 기름진 흙의 나라에서

순금純金의 무게가 백년가약百年佳約으로
가슴 깊이 그 머리를 파묻는 흙의 향기에서
내 목숨의 가시덤불은 시들시들 마른다!

어둠을 기다려
박쥐빛 날개로 내 사랑의 메마른 둘레를
한 바퀴 돌고서는,
다시 돌아와 내 안의 문門을 닫고
시름시름 나의 병을 나 혼자 앓는다.

• 《시문학詩文學》, 1966. 8.

제목題目

떠날 것인가
남을 것인가.

나아가 화목할 것인가
쫓김을 당할 것인가.

어떻게 할 것인가,
나는 네게로 흐르는가
너를 거슬러 내게로 오르는가.

두 손에 고삐를 잡을 것인가
품 안에 안길 것인가.

허물을 지고 갈 것인가
허물을 물을 것인가.

어떻게 할 것인가
눈이 밝을 것인가
마음이 착할 것인가.

어떻게 할 것인가
알아야 할 것인가
살고 볼 것인가.

필 것인가
빛을 뿌릴 것인가.

간직할 것인가
바람을 일으킬 것인가.

하나인가
그 중의 하나인가.

어떻게 할 것인가
뛰어 들 것인가
뛰어 넘을 것인가.

파도波濤가 될 것인가
가라앉아 진주眞珠의 눈이 될 것인가.

어떻게 할 것인가,
끝장을 볼 것인가
죽을 때 죽을 것인가.

무덤에 들 것인가
무덤 밖에서 뒹굴 것인가.

• 미상

어린것들

너희들의 이름으로
너희들은 허물할 것이 없다.

너희들의 아름다움은
그 측은한 머리와 두려워하는 눈동자,
연약한 팔목과 의지함에 있다.

너희들의 귀여움은,
대숲에서 자고 나오는 아침 참새들처럼
재재거리는 그 소리와,
이유理由없는 기쁨과 너희들이 깍는 연필鉛筆심과 같이
까아만 너희들의 눈동자에 있다.

너희들이 슬프게도 아아 슬프게도
달리는 흉기兇器 그 앞 바퀴에 깔려
너희의 고사리 같은 손을 아스팔트에 던지고
쓸어졌을 때,
나는 너희들의 이름이 애끊는 이름이
저 지옥地獄으로 떨어진다고 생각할 수는 없다!

나는 눈물이 너무 많아서
나는 아무래도 천국天國으로 갈 수는 없겠다!

너희들은 햇빛을 햇빛이라 부르고
서슴치 않고 배고픔을 배고픔이라고 말한다.
그리하여 너희들의 깨끗한 한국어는

가장 강強한 노래의 샘물이 된다.

빈틈없는 어른들의 교훈敎訓보다
어설픈 너희들의 이상한 꿈과 말의 지껄임,
그 처음의 생명生命 속에서
너희들은 종교宗敎보다 한 걸음 앞서서
언제나 이 세상에 태어난다.

• 미상

제한制限의 창窓

우리 모두의 것인
이 시간時間과 저 바다는,
또 아무런 누구의 것도 아니다.
내가 나의 이름으로 나를 아끼고 또 제한制限하듯
나의 머리맡에 창窓을 연 것은 한갖 그러한 데서다.

네 모난 되로 마치
내게 알맞은 식량食糧을 사 들이듯……
나의 이웃들도 아마 그렇게 하였나부다.

때마다 구월九月이 닥아 오는 하늘에선
내 마음은 날즘생이 되어 끝없이 날아 간다 하기로
그 하늘을 가이 없이 차지할 순 없다.
나는 내 말을 아끼고 수집듯
겸허謙虛하게 내 작은 창窓을 열어 놓는다.

그러면 그 가없는 꿈은 내 부동산不動産의 연액緣額 속으로
한층 더 또렷하고 풍성하게 모여 든다.

하신스 그라지오라스 산국화山菊花 이월매화二月梅花
이름들이야 많고도 많지만,
구슬 무늬 백자白磁에 구름 무늬 청자青磁에
그를 안아 줄 이름들 또한 많기야 하지만,
나는 오늘 아침 해맑은 유리병에 담아
청초한 나의 신부新婦 코스모스의 한 가지를
맞이한다 나의 창窓가에.

사랑은 네게도 있고 내게도 있는 법
포도주는 너도 마시고 나도 마신다.
그러나 무한無限의 바다에선
그것들의 단 맛은 썰물에 스며 밀려가고 말 것이다.
닥아 오는 가을 저녁의 창窓가에서
지금 네 안에 깊이 스며 들고 있는
네 술의 달고도 씁쓸한 맛과도
그것은 그것은 또 다를 밖에…….

....
- 《현대문학》, 1964. 12.
- '네 모난' (2연 1행) : '네모난' (『전집』)
- '닥아 오는' (3연 1행, 6연 5행) : '다가오는' (『전집』)

희망希望이라는 것

희망.
희망은 분명 있다.
네가 내일의 닫힌 상자箱子를
굳이 열지만 않는다면…….

희망.
희망은 분명히 빛난다.
네가 너무 가까이 가서
그 그윽한 거리距離의 노을을 벗기지만 않으면…….

희망.
그것은 너의 보석寶石으로 넉넉히 만들 수도 있다.
네가 네 안에 너무 가까이 있어
너의 맑은 눈을 오히려 가리우지만 않으면…….

희망.
희망은 스스로 네가 될 수도 있다.
다함없는 너의 사랑이
흙 속에 묻혀,
눈물 어린 눈으로 너의 꿈을
먼 나라의 별과 같이 우리가 바라볼 때…….

희망.
그것은 너다.
너의 생명生命이 닿는 곳에 가없이 놓인
내일의 가교架橋를 끝없이 걸어 가는,

별과 바람에도 그것은 꽃잎처럼 불리는
네 마음의 머나먼 모습이다.

• 《시문학詩文學》, 1965. 4.

마음의 집

네 마음은
네 안에 있다 하지만,
나는 내 마음 안에
있다.
마치 달팽이가 제 작은 집을
사랑하듯…….

나의 피를 뿌리고
살을 찢던
네 이빨과 네 칼날도
내 마음의 아늑한 품 속에선
어린아이와 같이 잠들고 만다.
마치 진흙 속에 묻히는
납덩이와도 같이.

내 작은 손바닥처럼
내 조그만 마음은
이 세상 모든 영광榮光을 가리울 수도 있고,
누룩을 넣은 빵과 같이
아, 때로는 향기롭게 스스로 부풀기도 한다!

동양東洋의 지혜智慧로 말하면
가장 큰 것은 없는 것이다.
내 마음은 그 가없음을
내 그릇에 알맞게 주려 넣은 듯,
바래움의 입김을 불면 한없이 커진다.

그러나 나의 지혜는 또한
풍선風船처럼 터지지 않을 때까지만 그것을…….

네 마음은
네 안에 있으나
나는 내 마음 안에 살고 있다.
꽃의 아름다움은 제 가시와 살보다
제 뿌리 안에 더 풍성하게 피어나듯…….

• 《현대문학》, 1967. 2.

시詩의 맛

멋진 날들을 놓아 두고
시詩를 쓴다.
고궁古宮엔 벚꽃,
그늘엔 괴인 술,
멋진 날들을 그대로 두고
시詩를 쓴다.

내가 시詩를 쓸 때
이 땅은 나의 적은 섬,
별들은 오히려 큰 나라.

멋진 약속約束을 깨뜨리고
시詩를 쓴다.
종아리가 곧은 나의 사람을
태평로太平路 이느가 프라스틱 지붕 아래서
온종일 기다리게 두고,
나는 호을로 시詩를 쓴다.

아무도 모를 마음의 빈 들
허물어진 돌 가에 앉아,
썩은 모게 껍질에다 코라도 부비며
내가 시詩를 쓸 때,
나는 세계의 집 잃은 아이
나는 이 세상의 참된 어버이.

내가 시詩를 쓸 땐

멋진 너희들의 사랑엔
강원도풍江原道風의 어둔 눈이 나리고,
내 영혼의 벗들인 말들은
까아만 비로도 방석에 누운
아프리카산産 최근最近의 보석寶石처럼
눈을 뜬다.
빛나는 눈을 뜬다.

- 《현대문학》, 1966. 6.
- 『김현승시전집』(1974년 刊)에서는 4연과 5연을 한 연으로 묶어 전체 5연으로 구성하였다.

참나무가 탈 때

참나무가 탈 때,
그 불꽃 깨끗하게 튄다.
보석寶石들이 깨어지는 소리를 내며
그 단단한 불꽃들이 튄다.

참나무가 탈 때,
그 남은 재 깨끗하게 고인다.
참새들의 작은 깃털인 양 따스하게 남는 재,
부드럽고 빤질하게 고인다.

까아만 유리 너머
소리없이 눈송이가 나리는 밤.
호올로 참나무를 태우며
물끄러미 한 사람의 그림자를 바라본다.

짧은 목숨의 한 세상,
그 헐벗은 불꽃 속에
언제나 단단하고 깨끗하게 타기를 좋아하던,
지금은 내 마음의 파여·풀레스 안에
아직도 깨끗하고 따스하게 고여 있는,
어리석은 한 사람의 남은 재를 생각한다.

- 《기독사상》, 1967. 6.
- '호올로' (3연 3행) : '호올로' (『전집』)

돌에 사긴 나의 시詩

돌아와 젖은 눈으로
바라보는
희고
맑은
그의 이마

그 잔잔한 주름에 떨리며 닿을 때,
내 뜨거운 입술은
오히려 꽃잎처럼 지고 말 것이다.

아름다운 것들은 피가 없다!
그를 바라보는 나의 사랑도
영원의 눈에선 그러하다.

죽음이란 썩을 것이 썩는 곳 —

햇빛은,
그 다음 날,
무덤에서 얻은 나의 새 이름을
차거운 돌 — 그 깨끗한 무늬 위에
견고堅固하게 견고堅固하게 아로새겨 줄 것이다.

....
- 미상

영혼과 중년中年

바람에 불 일던 나의 나이,
지금은 창문 앞 잔디처럼
깎이었네,
내 코 밑 수염이 되어
이제는 잔잔히 깎이었네.

바람에 물 일던 나의 나이,
지금은 연액緣額 속
동정호冬庭湖의 치운 쪽빛같이
고요히 머무네,
고요히 머물 수 있네.

가락엔 으레이
눈물을 섞던 나의 나이,
이제는 쑥스러워
휘바람도 못 부네
휘바람도 못 부네.

산 그늘도 하루를
반半이나 남아 지웠네.
오늘도 스틱을 휘청이며 걷는 종점부근終點附近…….
씀바귀 마른 잎에
바람이 스치는
나의 영혼 — 식물성植物性 나의 영혼일세.
....
- 《기독교시단》, 1965. 3.
- '으레이' (3연 1행) : '으레이' (『전집』)
- '휘바람' (3연 4,5연) : '휘파람' (『전집』)

겨우살이

마른 열매와 같이 단단한 나날,
주름이 고요한 겨울의 가지들,
내 머리 위에 포근한 눈이라도 내릴
회색灰色의 가란진 빛갈,
남을 것이 남아 있다.

몇 번이고 뒤적거린
낡은 사전辭典의 단어單語와 같은……
쥬잉·껌처럼 질근질근 씹는
스스로의 그 맛,
그리고 인색한 사람의 저울눈과 같은 정확正確,
남을 것이 남아 있다.

낡은 의자椅子에 등을 대는
아늑함,
문 틈으로 새어 드는 치운 바람,
질긴 근육筋肉의 창호지,
책을 덮고 문지르는 마른 손등,
남을 것이 남아 있다.

뜰 안에 남은
마지막 잎새처럼 달려 있는

- 《사상계》, 1967. 1.
- '가란진 빛갈' (1연 4행) : '가랁은 빛깔' (『전집』)
- '쥬잉' (2연 3행) : '츄잉' (『전집』)

나의 신앙信仰,
그러나 구약舊約을 읽으면
그나마 바람에 위태로이
흔들린다
흔들린다.

제2부

파도波濤

아, 여기 누가
술 위에 술을 부었나.
잇발로 깨무는
흰 거품 부글부글 넘치는
춤추는 땅―바다의 글라스여.

아, 여기 누가
가슴들을 뿌렸나.
언어言語는 선박船舶처럼 출렁이면서
생각에 꿈틀거리는 배암의 잔등으로부터
영원히 잠들 수 없는,
아, 여기 누가 가슴을 뿌렸나.

아, 여기 누가
성性보다 깨끗한 짐승들을 몰고 오나.
저무는 도시都市와
병든 땅엔
머언 수평선水平線을 그어 두고,
오오오오 기쁨에 사나운 짐승들을
누가 이리로 몰고 오나.

아, 여기 누가
죽음 위에 우리의 꽃들을 피게 하나,
어름과 불꽃 사이,
영원과 깜작할 사이
죽음의 깊은 이랑과 이랑을 따라

물에 젖은 라이락의 향기 ―
저 파도波濤의 꽃 떨기를 칠월七月의 한때
누가 피게 하나.

....
- 《현대문학》, 1967. 10.
- '잇발로' (1연 3행) : '이빨로' (『전집』)
- '깨끗하' (3연 2행) : '깨끗한'의 오기이다.
- '라이락' (4연 6행) : '라일락' (『전집』)

보석寶石

사랑은 마음의
보석寶石은 눈의
술.

어느것은 타오르는 불꽃과 밤의 숨소리가
그 절정絶頂에서 눈을 감고.

어느것은 영혼의 의미意味마자 온전히 빼어버린
깨끗한 입술.

그것은 탄소炭素 빛 탄식들이 쌓이고 또 쌓이어
오랜 기억의 바닥에 단단한 무늬를 짓고.

그것은 그 차거운 결정結晶 속에
변함없이 빛나는 애련한 이마아쥬.

그리하여 탄환彈丸보다도 맹렬한 사모침으로
그것은 원만圓滿한 가슴 한복판에서 터진다.

나는 이것들을 더욱 아름답고 더욱 단단한
하나의 취醉함으로 만들기 위하여,
불붙는 태양太陽을 향하여 어느 날
이것들을 던졌다!

그러나 이 눈의 눈동자, 입을 여는 혀의 첫 마디,
이 적敵과 같이 완강頑强한 빛의 맹서盟誓는

더 무너질 길이 없어,
날마다 날마다 그 빛의 뜨거운 품안에서
더욱 더 새롭게 타는 것이다.

- 《현대문학》, 1961. 5.
- 『김현승시전집』(1974년 刊)에서는 7연과 8연을 한 연으로 묶어 전체 7연으로 구성하였다.

산포도山葡萄

너를 채우는
네 영혼의 자양滋養…….

네 육체肉體의 맑은 글라스에
도취陶醉의 빛갈과
무르익은 산포도의 난만한 향기로.

너는 그 풍성한 맛을 얻어
비로소 한 개의 잔盞이 된다.
내가 마시는 사랑의 잔盞이 된다.

그리하여 여름은 나의 피 속에서 뜨겁게 탄다
그 열매 속에 스며 들던 태양太陽으로…….

그리하여 그 그늘은 나의 눈에 가을을
가져 온다,
그 살의 열매를 기르던 맑은 바람으로…….

• 《현대문학》, 1963. 8.

제3부

삼월三月의 시詩

내가 나의 모국어母國語로 삼월三月의 시詩를 쓰면
이 달의 어린 새들은 가지에서 노래하리라,
아름다운 미래未來와 같이
알 수 없는 저들의 이국어異國語로.

겨우내 어버이의 사랑을 받지 못한
아이들이 이제는 양지陽地로 모인다,
그리고 저들이 닦는 구두 콧뿌리에서
삼월三月의 윤潤이 빛나기 시작한다!

도심都心엔 시청市廳 지붕 위 비들기들이
광장廣場의 분수탑噴水塔을 몇 차렌가 돌고선
푸라타나스 마른 뿔 위에 무료無聊히 앉는
삼월三月이기에 아직은 비어 있다.

그러나 영○ 속에 모든 수數의 신비가
묻쳐 있듯,
우리들의 마음은 개구리의 숨통처럼
벌써부터 울먹인다. 울먹인다.

그러기에 지금
오랜 황금黃金이 천리千里에 뻗쳐 묻혔기로
벙그는 가지 끝에 맺는
한 오라기의 빛만은 못하리라!

오오, 목숨이 눈뜨는 삼월三月이어

상자箱子에 묻힌 진주眞珠를 바다에 내어 주라,
이윽고 술과 같이 출렁일 바다에 던지라!

그리하여 저 아즈랑이의 요정妖精과 마법魔法을 빌려
피빛 동백冬栢으로
구름빛 백합百合으로
다시 살아나게 하라!
다시 피게 하라!
출렁이는 마음― 그 푸른 파도波濤 위에…….

....
- 미상
- '三月이어' (6연 1행) : '三月이여' (『전집』)
- '아즈랑이' (7연 1행) : '아지랭이' (『전집』)

삼월생三月生

눈보다 입술이 더 고운
저 애는,
아마도 진달래 피는 삼월三月에 태어났을 거야.

삼월三月이 다하면 피는 튜우립들도
저 애의 까아만 머리보다
더 귀엽지는 못할 거야.

저 애는 자라서
아마 어른이 된 후에도,
푸라타나스 눈이 틀 때
타고난 그 마음씨는 하냥 부드러울 거야.

그렇지만 저 애도
삼월三月이 가고 구월九月이 가까우면
차츰 그 가슴이 뿌듯해 올 거야,
어금니처럼 빠끔이 터지는
그 여린 가슴이…….

겨울은 가도
봄은 아직 오지 않는
야릇한 꿈에서 서성일지도 모를 거야.

- 미상
- '가도' (5연 1행) : '가고' (『전집』)

수선화水仙花 새 순 같은 삼월생三月生,
저 애는 돌맞이 앞니같이 맑은
삼월생三月生.

한국의 오월五月

모든 것은
오월五月을 지나 아름다와진다.
적어도 한국의 하늘과
땅에서는······.

장미는 장미가 되고
미소微笑는 비로소 미소微笑가 된다.

혼魂은 사랑으로 변하고
침묵沈默은 바뀌어 노래가 된다.

모든 것은
오월五月을 지나 자라간다,
적어도 한국의 하늘과
땅에서는······.

어설픈 사월四月에서 돌아와
바람은 따뜻한 모성母性을 되찾고,
언덕 위의 수풀들
영웅英雄의 팔을 벌린다.

오월五月은
나의 운명運命보다 내가 사는 달이다!
나의 팔이
나의 눈이
나의 가슴이.

오월五月은 내가 한국에 태어났음을
또다시 감사하는 달이다!

- 미상

가을이 오는 달

구월九月에 처음 만난 네게서는
나푸타링 냄새가 풍긴다.
비록 묵은 네 양복洋服이긴 하지만
철을 아는 너의 넥타인 이달의 하늘처럼
고웁다.

그리하여 구월九月은 가을의 첫 입술을
서늘한 이마에 받는 달.
그리고 생각하는 혼魂이 처음으로
네 육체肉體 안에 들었을 때와 같이
상수리나무 아래에서
너의 눈은 지금 맑게 빛난다.

이 달엔
먼 수평선水平線이
높은 하늘로 서서徐徐이 바꾸이고,
뜨거운 햇빛과
꽃들의 피와 살은
단단한 열매 속에 고요히 스며들 것이다.

구월九月에 사 드는 책冊은 다 읽지 않는다.
앞으로 밤이 더욱 길어질 터이기에
앞으론 아득한 별들에서
가장 가까운 등불로
우리의 눈은 차츰 옮아 올 것이다.

들려 오는 먼 곳의 종소리들도
이제는 더 질문質問하지 않는다.
이제는 고개 숙여 대답할 때다.
네 무거운 영혼을 생명生命의 알맹이로 때려
얼얼한 슬픔을 더 깊이 울리게 할 것이다.

그리고 구월九月이 지나 우리의 마음들
갈가마귀처럼 공중에 떠 도는 시월十月이 오면,
이윽고 여름의 거친 고슴도치는
산과 들에 누워
제 털을 호을로 뽑고 있을 것이다.

• 미상

가을 저녁

긴 돌담 밑에
땅거미 지는 아스팔트 위에
그림자로 그리는 무거운 가을 저녁.
짙은 크레파스의 가을 저녁.

기적은 서울의 가장자리에서
멀리 기러기같이 울고.
겹친 공휴일公休日을 반기며
먼 곳 고향들을 찾아 가는
오랜 풍속의 가을 저녁.
사는 것은 곧 즐거움인 가을 저녁.

눈들은 보름달을 보듯 맑아 가고
말들은 꽃잎보다 무거운 열매를 다는,
호을로 포키트에 손을 넣고 걸어가도
외로움조차 속내의內衣처럼 따뜻해 오는
가을 저녁.

술에 절반
무등차無等茶에 절반
취하여 달을 안고,
돌아가는 가을 저녁 — 흔들리는 뻐스 안에서,

....
- 《경향신문》, 1967. 9.
- '뻐스' (4연 4행) : '버스' (『전집』)

그러나 가을은 여름보다 무겁다!
시간時間의 잎새들이 떨어지는
내 어깨의 제목題目 위에선⋯⋯⋯⋯.

가을의 비명碑銘

봄은 입술로 말하더니
가을은 눈으로 말을 한다.

말들은 꽃잎처럼 피고 지더니
눈물은 내 가슴에
보석寶石과 같이 오래 남는다.
밤 이슬에 나아와
시월十月의 이마 위에 손을 얹어 보았는가,
대리석代理石과 같이 찰 것이다.
그러나 네 영혼의 피를 내어
그 돌에 하나의 물음을
새기는 이만이,

굳은 열매와 같이
종자種子 속에 길이 남을 것이다!

- 미상

겨울의 입구入口에서

땅에서 나는
꽃들이 아무리 어여뻐도,
하늘에서 나리는 첫눈만큼
땅을 사랑하진 못한다.

그의 마른 손등에 입맞추고,
그의 여윈 어깨를 가득히 안아 주고,
그리고 나선 사라져
마지막엔 그의 뼈속까지 깊이 깊이
스며 들진 못한다.

오월五月의 풀밭이
아무리 알뜰하여도,
십이월十二月의 흙만큼 다숩고 깨끗하진 못하다.

오랜 친구를 위하여
포도주의 단 맛을 지하실地下室에
깊이 깊이 숨겨 두고,
어린 씨앗들의 머리를
어둠 속에 쓰다듬어 주고,

- 미상
- '다숩고' (3연 3행) : '다숩고' (『전집』)
- '한푸어치' (5연 2행) : '한푼어치' (『전집』)

그리고 나서
한푸어치 개구리의 할딱이는
숨통 마저도,
뛰는 너의 맥脉처럼 조심성스럽게
품어 주진 못한다.

크리스마스와 우리집

동청冬靑 가지에
까마귀 열매가 달리는
빈 초겨울 저녁이 오면
호롱불을 켜는 우리 집.

들에 계시던 거친 손의 아버지,
그림자와 함께 돌아오시는
마을 밖의 우리 집.

은銀 접시와
이층二層으로 오르는 계단은 없어도,
웃는 우리 집.
모여 웃는 우리 집.

소와 말과
그처럼 착하고 둔한 이웃들과
함께 사는 우리 집.

우리 집과 같은
베들레헴 어느 곳에서,
우리 집과 같이 가난한
마음과 마음의 따스한 꼴 위에서,

....
- 《기독교문학》, 1967. 12.
- '크리스마스와우리집' (제목) : 크리스마스와 우리 집 (『전집』)

예수님은 나셨다.
예수님은 나신다.

겨울 나그네

내 이름에 딸린 것들
고향에다 아쉽게 버려 두고
바람에 밀리던 푸라타나스
무거운 잎사귀 되어 겨울길을 떠나리라.

구두에 진흙덩이 묻고
담장이 마른 줄기 저녁 바람에 스칠 때
불을 켜는 마을들은
빵을 굽는 난로같이 안으로 안으로 다수우리라.

그곳을 떠나 이름 모를 언덕에 오르면
나무들과 함께 머리 들고 나란히 서서
더 멀리 가는 길을 우리는 바라보리라.

재잘거리지 않고
누구와 친하지도 않고
언어言語는 그다지 쓸데없어 겨울 옷 속에서
비만肥滿하여 가리라.

눈 속에 깊이 묻힌 지난 해의 낙엽落葉들같이
낯설고 친절한 처음 보는 땅들에서
미신迷信에 가까운 생각들에 잠기면
겨우내 다수운 호올로에 파묻치리라.

어름장 깨지는 어느 항구港口에서
해동解凍의 기적 소리 기적奇蹟처럼 울려와

땅 속의 짐승들 울먹이고
먼 곳에 깊이 든 잠 누군가 흔들어 깨울 때까지.

....
- 미상
- '다수우리라' (2연 4행) : '다스우리라' (『전집』)
- '다수운' (5연 4행) : '다스운' (『전집』)

해동기解凍期

이월二月과 삼월三月이 바뀌는 때가 되면
꿈은 고달프게 달고,
붕! 다수운 증기선蒸氣船의 뽀얀 기적 소리
먼 하늘 먼 바다의 어름장을 깨뜨린다.

이월二月과 삼월三月이 바뀌는 때가 되면
안개 자주 끼는 공중엔 가느다란 가지들
어금니 빠긋이 터지는 잇몸처럼 아파 오고,
연한 뿔 삐죽이 나오는 염소 새끼처럼
바람 끝에 시달린다.

이월二月과 삼월三月이 바뀌는 때가 되면
기적奇蹟은 처음부터 믿지도 않았지만,
풀리는 기억의 단층斷層에 들먹이는 숨소리같이
마른 풀잎에 다수운 입김같이 밀려 오는 것 있어,
먼 따 끝에 안부安否라도 묻고 싶다.

이월二月과 삼월三月이 바뀌는 때가 되면
오랜 보석寶石에도 금이 가는가,
사람들은 소망의 풋내기
굳은 맹세도 변하고야 말겠다.

이월二月과 삼월三月이 바뀌는 때가 되면
사람들은 사랑의 풋내기,
우리 안에 맺힌 설음
묵은 한恨의 저 땅들도

네 사랑 내 소망에
풀리고야 말테지 풀리고야 말테지.

....
- 미상
- '붕! 다수운' (1연 3행) : '부웅! 다스운' (『전집』)
- '설음' (5연 3행) : '설움' (『전집』)

형광등螢光燈

나의 책상 머리에서
말이 적은 불빛
나에게 언제나 더 많은 말을
깨닫게 하려고.

나의 어지러운 거리에서도
음수율音數律을 지키는 등불
퇴계로退溪路나 충무로忠武路를 돌아
너희들은 너희들은 삼사三四조나 사사四四조로 흐른다.

서울의 거리를 허덕이며
오갈 때마다
우리들 마음에는 무엇인가 잊은 게 있어
누군가가 그 기억을 목관악기木管樂器에 담아
부드럽게 불어준다.
귀를 가진 사람에게는.

그 소리를 너희들은 밤마다
빛갈로 담아 보드러운 눈매로 보게 한다.
우유牛乳를 담은 관管에다가
예전의 달빛을 조금만 섞은
그런 빛갈로………….

- 《문예수첩》, 1966. 7.
- 제목은 같으나 내용이 다른 시가 시집 『날개』에 수록되어 있다.

제4부

너를 세울지라

마침내는 너를 세울지라,
묻는 것도 너
대답도 너밖에 없는
너를 세울지라.

바람에 물미는 수액樹液들
가지를 뻗쳐 꽃을 피우고,
그 꽃들 시들면 뿌리로 돌아와 더욱 살찌는,
네게로 돌아오는 너를 세울지라.

지심地心은 너의 자양滋養을 위하여
이 오랜 우리의 강토疆土에서 그렇게 불타고,
너의 두 팔의 자유自由를 위하여
꿈의 이마를 닿음이 없이
하늘은 푸르러 저렇듯 무한無限하다.

너의 머리는 사랑과 정복征服의 사이를
헤매이는 검은 깃발!
너를 더욱 높이 세울지라.

너를 세울지라.
저희 피로 목을 적시는
가시 박은 선인장仙人掌이 피는 땅—너를 세우기 위하여
네가 설 땅 너의 세계는 빈들이어도 좋을지라!
전쟁戰爭이 살을 밀고 간 목숨의 바닥에서도
너의 뼈는 호올로 남은 잔인한 콩크리트—

멍멍한 쭉지를 펴고 캄캄한 거리에
너를 세울지라.

내일來日은 영원永遠 속에 빛나며
끊임없이 오늘에 빛을 던진다.
그 빛의 뜨거운 복판이나 가장 먼 가녁에서도
너를 찾아 헤맬지라,
묻는 것도 너, 대답도 너밖에 없는
너를 찾아 헤맬지라―우리의 저무는 시간時間이여!

....
- 《숭대崇大》 10호, 1965. 2.
- '헤매이는' (4연 2행) : '헤매는' (『전집』)
- 『김현승시전집』(1974년 刊)에서는 2연과 3연을 한 연으로 묶어 전체 5연으로 구성하였다.

조국祖國의 흙 한 줌

조국祖國의 흙 한 줌
멀리 계신 어머님께 드리지 말고,
네가 앉아 생각하는
책상 서랍에 넣어 둘지니.

조국祖國의 흙 한 줌
멀리 있는 벗에게 보내지 말고,
내가 심는 꽃나무
그 뿌리 밑에 묻어 두리니.

조국祖國의 흙 한 줌
온 세계의 황금黃金보다
부드럽고 향기롭게
그대의 살을 기르리니.

조국祖國의 흙 한 줌
가슴에 품던 그 따뜻함
코에 스미던 그 짙은 내음을
오늘의 우리는 잃어 가고 있나니.

- 미상

아벨의 노래

여기까지 오면
바위의 마른 이리떼 눈앞에 울부짖고
여기까지 오면
숲 속의 종소리도 멍들고 깨어져
더 갈 데가 없다.

저 무겁고
키 작은 별 없는 공중에
옛 청동青銅과 같이 녹쓸어 걸려 있는
저것은 바람을 타고 사랑의 언덕을 넘던
이 겨울 우리들 영혼의 지겨운 쪽지다.

가슴 울렁이는 반구班鳩의 소리 들으며,
오월五月의 향기와 수선水仙의 빛갈을 풍길 수도 있었던
거기서는 시민市民들은 신神의 얼굴을 닮아
그 어버이의 첫 사랑을 받을 수도 있었던,

우리들의 도시都市 ─ 그러나 생명生命의 어여쁜 강물은
그 눈물과 그 노래의 빛나는 줄기는,
지금은 한 도시都市의 불붙는 자유自由 안에서
이같이 찰박거리며 뜬 구름이 되어 간다.

이른 아침의 맑은 공기는 그 놀램과
산을 바라보던 눈들은,
파종播種의 노래를 잃고,
광야曠野의 거친 주둥이와 그 뿌리 깊은 잇발은

우리의 가슴 연약한 토지土地를 깨물고 있다.
성낸 입모立毛의 파도와도 같이
각각으로 우리의 발밑을 기어들고 있다.

여기까지 오면
우리의 시詩와 그 가녈픈 억양抑揚도 더 울릴 데가 없어,
애오라지 생명生命을 바라보는 가뿐 숨소리만이
찢어진 우리의 꿈 최후最後의 깃발보다도
더 작은 면적面積 안에서
우리와 우리의 어린것들을 가까스로 가까스로 지키고 있다. 지키고 있다.

....

- 《동아춘추東亞春秋》, 1967. 5.
- '녹쓸어' (2연 3행) : '녹슬어' (『전집』)
- '잇발' (5연 4행) : '이빨' (『전집』)
- 『김현승시전집』(1974년 刊)에서는 6연 6행의 끝 구절 '지키고 있다.'를 별행으로 하여, 6연을 7행으로 구성하였다.

시詩의 겨울

반세기半世紀 하고도
십년十年을 더 지나고서,
서울 아가씨의 밍크 종아리는
한결 곧아졌는데,

한국 시詩의 허리는
철사처럼 가늘어졌다.

서릿발 치운 이 겨울
언어言語와 침묵의 가지 끝에는
피가 흐르지 않는다.
허파의 더운 피가 미치지 않는다.

아아 어설푼 날
시청市廳 광장廣場에 불이라도 피우자.
모닥불이라도 활활 피우자!

그리고 차가운 하늘에 뿔뿔이 떠돌던
갈가마귀 같은 시인詩人의 영혼들
검은 울음 울며
모여 들어,

차가운 손들을 문지르며
볼이라도 부비자.

서로 서로 껴안고

이 어설푼 날
수염 까칠한 볼들이라도 부벼 보자!

....
- 《문예文藝》, 1945. 8.
- '어설푼' (4연 1행, 7연 2행) : '어설픈' (『전집』)

형설螢雪의 공功

반딧불을 모아
눈을 비칠 수는 있으나,
눈을 녹일 수는 없다.

그 눈을 모아
너의 언어言語를 읽을 수는 있으나.
너의 언어言語를 태울 수는 없다.

이 치운 겨울에
말들은 왜 심장心臟에 뿌리를 두지 않는다.

어름꽃은 햇볕에 아름다우나
어름꽃은 햇볕에 녹아 버릴 것이다.

형설螢雪로 배운
너희들의 언어言語는
추상抽象에서 아름다움으로 뒤바뀜질을 한다.

끓는 핏속으로 들어가
보대끼는 금속金屬처럼 불꽃을 튕기지는 못한다.
젊잖은 수염을 바라보며
자못 머뭇거리고 있다.
공원公園의 아이들과 어울려 노래하지 않는다.

왜 타지 못할까?
왜 태울 줄을 모르는가?

너희들의 언어言語는 기교技巧의 가지 끝
서릿발로 치운 이 겨울에………….

....
- 《세대世代》, 1966. 1.
- 『김현승시전집』(1974년 刊)에서는 3연과 4연을 한 연으로 하고, 7연 1행 '왜 타지 못할까?'를 앞 연의 끝행으로 붙였다.

나의 심금心琴을 울리는 낡은 제목題目들

너희들은 항상 새것을 찾으나
나는 구태여 그것에 얽매이지 않노라.

낡은 악기樂器와 같이 오랜 세월에도 휘지 않는
오랜 술과 같이 묵은 해를 더욱 달게 만드는
낡은 제목題目들의 음향과 그윽한 향기를
나는 사랑하노라.

너희들의 손,
허무한 공간에
그 손들은 한결 가벼야우나,
시간時間의 촉수觸手들인 양 작은 바람에도 재빨리 떨긴 하나,
이미 수액樹液이 그 야윈 가녁에까지 넘치진 못하리라.
그 흔들리는 가지 끝에 탐스런 열매는
무르익지 않으리라.

너희들이 외면外面하는 낡은 제목題目들은
그러므로 시간時間의 썩은 흙 속에 파묻혀 버리리라.

그러나 나는 그 어둡고 낡은 땅 속에서
금은金銀보다 더 빛나는 애정愛情을 캐어 내어,
뜨거운 나의 가슴 속에 넣으리라!
무거운 세월에 눌려 깊이 파묻힌 제목題目들 ―
그 뿌리와 뿌리의 매장埋葬에선
석탄石炭보다 단단한 새로운 불꽃을 튀게 하리라!

너희들의 손은 두루 새것을 찾아 휘저으나
우리와 너희는 실상 말할 것을
거이 말하여 버렸느니라.
말하여 버렸느니라.

....
- 《사상계》, 1963. 11.
- '거이' (6연 3행) : '거의' (『전집』)

책冊

어느것은 세루팡으로 싸고
어느것은 금박金箔으로 물들였다.
진리眞理는 그를 아끼고 사랑하고 가꾸는 이만이
아는 것이다.

어느것은
아, 돌아가신 어머님 영전靈前에 드린다.
어머님의 사랑만큼 오래 가는 언어言語도
이 세상엔 그다지 흔하지 않을 것이다.

역사歷史는 승리자勝利者의 편에 서서
발을 굴리고 칭얼거린다.
그러나 어느것은 아직도
연약한 눈물의 꿈을 속사기어 주고,

어느것은 내일來日의 싹을 기르는
봄비의 그 고요한 소리이기도 하다.

책冊을 읽는 날 밤엔
눈이라도 나릴 듯 영혼의 하늘은 포근하고,
형광등螢光燈의 불빛은 한결 눈에 부드럽다!

우리는 지금 잠들기 전
덧없이 보낸 하루를 생각한다.
그러나 책冊을 읽는 사람의 마음은 가난하지 않고,

세계는 지금 거칠게 자라도,
책冊은 그들의 머리를 양羊떼와 같이 먼 내일來日의
언덕으로 이끌고 갈 것이다.

....
- 미상
- '세루팡' (1연 1행) : '셀로판' (『전집』)
- '속사기어' (3연 4행) : '속삭이어' (『전집』)
- '연덕' (7연 3행) : '언덕' (『전집』)의 오기이다.
- 이 시와 제목이 같지만 내용이 다른 시가 『날개』에 수록되어 있다.

추억追憶
── 광주문화방송국개국기념시光州文化放送局開局紀念詩

산줄기에 올라 바라보면
언제나 꽃처럼 피어있던 광주光州는 나의 도시都市.

거기선 젊은이들 자유自由를 위하야
지난날 공중에 꼬친 칼날처럼 강强하게 싸우던
거기선 무등無等의 푸른 산기슭도
친구와 주고 받던 맑은 웃음으로 다사롭고 그윽하던

지금은 기름진 평야平野를 다지며
검은 연기煙氣 새로운 전파電波들에 실려 북北쪽과 동東편으로
전진前進하는 그 넓은 주변周邊들.

지금은 언덕과 수풀 위에 새로운 안테나와 빛 고운 지붕들
문화文化의 촉수觸手인 양 솟아 올라,
학문學問과 시詩와, 밤중의 실험관實驗管들이
무형無形의 드높은 탑塔을 쌓아올리는 그 상아象牙의 또렷한 음향들.

산줄기에 올라 바라보면,
언제나 꽃처럼 피어있던, 광주光州는 나의 고향.
길들은 가로수街路樹 사이 사이 유월六月의 넥타이를 풀고,
낯익은 차방茶房과 서점書店과 이발소理髮所와
잔잔한 시냇물과 포플라의 푸른 그늘들은
충장로忠壯路와 금남로錦南路에서 낯선 이웃들을 서로이 손잡게 하여 주던………

그리고 아침과 저녁에
공동共同으로 듣는 넓은 세계의 전파電波들은
멀고 먼 곳으로 우리들의 꿈과 타고난 욕망欲望을
나래 펴게 하던………….

아아 시름에 잠길 땐 지금도, 내 마음 속 무등無等의 산줄기에 올라
노래를 부르고,
늙으면 돌아가 추억追憶의 안경眼鏡으로 멀리 바라다볼
사랑하는 나의 도시都市 ― 후반기後半期의 문화文化가,
유월六月의 수풀처럼 자라가는, 나의 고향이어!

- 미상
- 시집 『옹호자의 노래』에 수록된 「산줄기에 올라 ― K都市에 바치는」의 개작이다.
- 『김현승시전집』(1974년 刊)에는 수록되어 있지 않다.

후기後記

    제이시집 『옹호자의 노래』를 출간한 뒤, 오륙 년 동안에 써서 발표한 시편들 중에서 삼십오 편을 골라 이 시집을 엮었다.
    경험으로나 연령으로나 내 일생에선 가장 중후한 시기에, 나는 이 시집에 형상화된 언어를 통하여 생명의 내부를 내가 체득한 진실대로 이야기하고자 하였다. 산다는 것 그 자체가 내게는 즐거움이 아니라, 근심이며 하나의 심각한 병이다.

일천구백육십팔년 일월 오일

절대고독

絶對고독

絕對고독　**펴낸날** 1970년 11월 1일 ｜ **당시 가격** 400원

자서自序

  제삼시집 『견고한 고독』 이후에 쓰여진 시편들 가운데서 사십 편을 골라 이 시집을 엮었다.
  제일부에는, 내 시 생애의 최후의 추구가 될지도 모르는 고독을 주제로 한 시편들을,
  제이부에는 경험을 거쳐 차츰 생명에 대하여 반성하고 깨달아져 가는 것들을,
  그리고 제삼부에는 수시로 쓰여졌던 것을 묶어 놓았다. 수시로 쓰여진 것들이라고 하지만 이러한 작품들에도 나의 고독의 자세가 어떻든 스며 있으리라고 생각한다.
  고독 속에 파묻히는 것은 감상이나 위축이 아니다. 고독을 추구하는 것은 허무의식과도 그 색채가 다르다.
  고독을 표현하는 것은 나에게는 가장 즐거운 시 예술의 활동이며, 윤리적 차원에서는 참되고 굳세고자 함이 된다. 고독 속에서 나의 참된 본질을 알게 되고, 나를 거쳐 인간 일반을 알게 되고, 그럼으로써 나의 대사회적 임무까지도 깨달아 알게 되므로.
  이 시집 출판에 쾌히 응낙해 준 이성우 사장께 깊은 사의를 표한다.

일천구백칠십년 구월 오일

제1부

고독

너를 잃은 것도
나를 얻은 것도 아니다.

네 눈물로 나를 씻어 주지 않았고
네 웃음이 내 품에서 장미처럼 피지도 않았다.
그러나 그것도 아니다.

눈물은 쉬이 마르고
장미는 지는 날이 있다.
그러나 그것도 아니다.

너를 잃은 것을
너는 모른다.
그것은 나와 내 안의 잃음이다.
그것은 다만……

- 《창작과비평》, 1964. 봄.

검은 빛

노래하지 않고,
노래할 것을
더 생각하는 빛.

눈을 뜨지 않고
눈을 고요히 감고 있는
빛.

꽃들의 이름을 일일이 묻지 않고
꽃마다 품 안에 받아들이는
빛.

사랑하기보다
사랑을 간직하며,
허물을 묻지 않고
허물을 가리워 주는
빛.

모든 빛과 빛들이
반짝이다 지치면,
숨기여 편히 쉬게 하는 빛.

그러나 붉음보다도 더 붉고
아픔보다도 더 아픈,

빛을 넘어

빛에 닿은
단 하나의 빛.

....
- 《현대문학》, 1968. 8.
- '숨기여' (5연 3행) : '숨기어' (『전집』)

고독의 풍속風俗

매아미의 노래가 남긴 껍질을, 네 손으로 열매처럼 주서 본 일이 있는가.

잠 안 오는 밤, 네 벽에서
단 한번 치는 시곗소리를
맹랑하게 들어 본 일이 있는가.

나는 내 장치를
엄지로 튕기쳐,
손바닥 도툼한 곳에서 딱 소리를 내어,
내 고독에 돌을 던져 본다.

어머니가 돌아가셨을 때
왜 울지를 않았는가?

나는 너를 사랑하였다기보다
나의 빈 무덤을 따뜻하게 채웠으며,

단 한 마디를
열 두 권에 나누어
고요한 불빛 아래 아름답게 꾸며 낸
책들을 너는 읽어 보았는가.

새 옷을 떨쳐 입고
거리를 한 바퀴 휘저어 돌아온 나의 하루—
그 끝에서 소낙비와 같이 뚝 그쳐 버린 내 춤의 둥근 속도速度.

박수拍手의 날개들은 메추라기 떼와 같이
빈 공중으로 흩어질 때,
나는 이처럼 고독에 악惡하다.

생애生涯는 남은 것도 없고 또 남기지도 않았다.

- 미상

군중群衆 속의 고독

많으면 많을수록
적어지는 ─ 그리하여 사라지고 마는,

크면 커갈수록
가리워지는 ─ 그리하여 그리워지는,

군중群衆 속의 고독이 있다.

즐거우면 즐거울수록
나를 잊는 ─ 그리하여 내가 남이 되는,

흐르면 흐를수록
거대巨大해지는 ─ 마침내 거대巨大하게 마시고 따라서 웃는,

군중群衆 속의 고독이 있다.

남이 입은 옷으로 내 몸에 옷을 입고
남이 세운 어깨에 열심히 팔을 걸친
빌딩 위의 반달이여.

타인他人들의 불빛에 조심스레 담배를 붙여 물고
기껏 돌아서는,
희뿌연 빌딩 틈의 반달이 있다.

....
• 《월간문학》, 1970. 6.

고독의 순금純金

하물며 몸에 묻은 사랑이나
짭쫄한 볼의 눈물이야.

신神도 없는 한 세상
믿음도 떠나,
내 고독을 순금純金처럼 지니고 살아 왔기에
흙 속에 묻힌 뒤에도 그 뒤에도
내 고독은 또한 순금純金처럼 섞지 않으런가.

그러나 모르리라.
흙 속에 별처럼 묻혀 있기 너무도 아득하여
영원의 머리는 꼬리를 붙잡고
영원의 꼬리는 또 그 머리를 붙잡으며
돌면서 돌면서 다시금 태어난다면,

그제 내 고독은 더욱 굳은 순금이 되어
누군가의 손에서 천千년이고 만萬년이고
은밀한 약속을 지켜 주든지,

그렇지도 않으면
안개 낀 밤바다의 보석寶石이 되어
뽀야다란 밤고동 소리를 들으며
어디론가 더욱 먼 곳을 향해 떠나가고 있을지도……

．．．．．．．．．．．．．．．．．．．．．．．．．．．．．．

- 《시인》, 1969. 12.
- '섞지' (2연 5행) : '썩지' (『전집』)

절대絶對고독

나는 이제야 내가 생각하던
영원의 먼 끝을 만지게 되었다.

그 끝에서 나는 눈을 비비고
비로소 나의 오랜 잠을 깬다.

내가 만지는 손끝에서
영원의 별들은 흩어져 빛을 잃지만,
내가 만지는 손끝에서
나는 내게로 오히려 더 가까이 다가오는
따뜻한 체온을 새로이 느낀다.
이 체온體溫으로 나는 내게서 끝나는
나의 영원을 외로이 내 가슴에 품어 준다.

그리고 꿈으로 고이 안을 받친
내 언어言語의 날개들을
내 손끝에서 이제는 티끌처럼 날려 보내고 만다.

나는 내게서 끝나는
아름다운 영원을
내 주름 잡힌 손으로 어루만지며 어루만지며
더 나아갈 수도 없는 나의 손끝에서
드디어 입을 다문다―나의 시詩와 함께.

● 《세대》, 1968. 12.

고독의 끝

거기서
나는
옷을 벗는다.

모든 황혼이 다시는
나를 물들이지 않는
곳에서.

나는 끝나면서
나의 처음까지도 알게 된다.

신神은 무한히 넘치어
내 작은 눈에는 들일 수 없고,
나는 너무 잘아서
신神의 눈엔 끝내 보이지 않았다.

무덤에 잠깐 들렀다가,

내게 숨막혀
바람도 따르지 않는
곳으로 떠나면서 떠나면서,

내가 할 일은
거기서 영혼의 옷마저 벗어 비린다.

....
 • 《현대문학》, 1970. 4.

고독한 싸움

그 어느 얼굴보다도
더욱 외롭고,
그 어느 손보다도
가장 깨끗한,

싸움의 한복판에서,

너는 사랑할 때보다도
더 아름답고,
너는 태어났을 때보다도
더욱 새롭다.

너는 거짓을 모른다
너는 부끄러움을 모른다
지금 떨리는 네 주먹은 벗은 네 전신全身보다
더 정직正直하다!

너는 지금 춤춘다
가장 아름답게 네가 빼앗을 네 제목題目을.
너는 지금 고백한다
세계世界보다 강한 네 목숨을.

너는 피와 같은 꿈을 흘린다
너는 이미 뜻은 아니다
너는 지금 꽃과 같이 피어 있다!

지금 사람들은 너를 피한다
너에게서 차츰 멀어져 간다
너는 우뚝 서 있다
너는 오직 너와 함께 모든 바람을
벌판에서 거느리고……

지금 떠날 사람은 떠나 가고
남아야 할 남은
너는 오직 싸움이다!
오오, 네 안의 고독과 네 안의
뜨거운 사랑을 위하여 오직.

- 《시인》, 1969. 12.

고독한 이유理由

고독은 정직正直하다.
고독은 신神을 만들지 않고,
고독은 무한無限의 누룩으로
부풀지 않는다.

고독은 자유自由다.
고독은 군중群衆 속에 갇히지 않고,
고독은 군중群衆의 술을 마시지도 않는다.

고독은 마침내 목적目的이다.
고독하지 않은 사람에게도
고독은 목적目的 밖의 목적目的이다.
목적目的 위의 목적目的이다.

• 《현대문학》, 1970. 4.

어리석은 갈대

천국天國에서도 또 지옥에서도
가장 멀고 먼
내가 묻힌 흙에서,
한 줄기 마른 갈대가
바람에 불리며,
언젠가는 모르지만
돋아날 것이다.

그 갈대를 꺾어
목마른 피리를 만들어,
내 살과 내 꿈으로 더듬던
한 노래를 그 입부리로
빈 하늘 가에 불어 주는 사람이 있다면,
어리석게도 먼 훗날에 있다면,

그는 내게서 가장 처음으로
가장 저를 잊고 태어난,
내 영원의 까마득한 새 순筍일게다.

• 《창작과비평》, 1968. 봄.

빈 손바닥

여기 나를 바스락거리는
내 빈 손바닥.
내 손의 마른 잎사귀.

여기 붙잡고
또 내어 준
내 빈 손바닥.
내 마른 뺨으로 어루만지는
내 빈 손바닥.
내 뺨의 눈물을 닦아 주던
내 눈물의 눈물을 닦아 주지 못한,
내 눈의 햇빛을 가리워 주던
내 햇빛의 눈을 가리워 주지 못한
내 빈 손바닥.

내 얼굴을 바라보게 하는
내 빈 손바닥.

여기 주먹을 힘있게 쥐었으나
주먹은 주먹 속에서 모래처럼
새어 버린,
내 빈 손바닥 — 하나를 펴고
지금은 내 마지막 시詩를 그 위에 쓴다.

....
- 《시인》, 1969. 12.

부재不在

나는 네 눈동자 속에
깃들여 있지도 않고,

나는 네 그림자 곁에 따르지도 않고
나는 네 무덤 속에 있지도 않다.

나의 말은 서툴러
나는 네 언어言語 속에 무늬 맺어
남지도 않고,
나는 내 꿈 속에 비치지도 않는다.

네가 나를 찾았을 때
나는 성전聖殿에 있지 않았고,
나는 또 돌을 들어 떡을 만든 것도 아니다.

나는 많은 사람들 가운데
내 튼튼한 발목으로 뛰어 내리지도 않았고,
나는 나의 젊음 곁에
암사슴처럼 길게 누워 있지도 않았다.

나는 끝내 어디에 있는가.
나는 내가 한 줌의 재로 뿌려지는
푸른 강가 흐린 물 속에 있는가.
그 흐르는 강물을
한 개의 별빛이 되어
물끄러미 나는 바라볼 것인가.

나는 어디에 있는가.
나는 내 단단한 뼈 속에 있지도 않고,
비 내리는 포도鋪道의 한때마저
나는 내 우산雨傘 안에 있지도 않았다.

• 《사상계》, 1968. 3.

당신마저도

애오라지 나의 살결을 사랑할 뿐
당신은 나의 뼈를 사랑하지 않는다.
당신은 잿속에서 나의 뼈를 추리지만
당신은 그 속에서 내 속삭임을 추릴 수는 없다.

당신마저도 나의 곁을 스쳐 가고 만다,
나를 사랑하지 못한다,
당신의 팔은 짧아서 나의 목을 겨우 두르고 만다.

당신은 나의 입술을 지나
나에게 뜨겁게 입맞출 줄을 모른다.
당신은 내 무덤 위에 꽃을 얹지만
당신의 나는 언제 고요히 눈을 감았던가?

당신은 끝내 나의 곁을 어루만지고 만다,
나를 사랑하지 못한다.
당신의 팔은 나의 가는 허리를 두르고 있다.

살과 뼈를 붙일 수 없는
살과 뼈에 가로막힌 나는
당신의 사랑이 그리워 오늘도 당신의
집 앞을 지나고 있다.
허전한 바람과 같이 나는
당신의 집 앞을 맴돌고 있다.

● 《현대문학》, 1968. 11.

연鉛

나는 내가 항상 무겁다,
나같이 무거운 무게도 내게는 없을 것이다.

나는 내가 무거워
나를 등에 지고 다닌다,
나는 나의 짐이다.

맑고 고요한 내 눈물을
밤이슬처럼 맺혀 보아도,
눈물은 나를 떼어 낸 조그만 납덩이가 되고 만다.

가장 맑고 아름다운
나의 시詩를 써 보지만,
울리지 않는다―금金과 은銀과 같이는.

나를 만지는 네 손도 무거울 것이다.
나를 때리는 네 주먹도
시원치는 않을 것이다.
나의 음성
나의 눈빛
내 기침소리마저도
나를 무겁게 한다.

내 속에는 아마도
납덩이가 들어 있나부다,
나는 납을 삼켰나부다,

나는 내 영혼인 줄 알고 그만 납을
삼켜 버렸나부다.

• 《현대문학》, 1969. 7.

완전完全겨울

섰다.

입을 다물었다.

사라졌다.

빈 하늘만이
나의 천국天國으로 거기 남아 있다.

사랑과 무더운 가슴으로 쓰던
내 시詩의 마지막 가지 끝에……

• 《현대문학》, 1970. 4.

신년송新年頌

단 한 마디를
열 마디와
백 마디로
이윤利潤을 남기면서,

오십五十도 넘도록
나는 천국天國의 노래를 불렀다.
보석寶石과 눈물과
하얀 치아齒牙가 반짝이는
이방異邦의 시詩를 썼다.

그 백 마디를
이제는 열 마디와
한 마디로
겸손을 배우면서,
모든 언어言語의 재산을 팔아
나의 마지막 침묵을 지키는
내 언어의 과부寡婦가 되고저.

• 《현대문학》, 1970. 4.

제2부

절대신앙 絶對信仰

당신의 불꽃 속으로
나의 눈송이가
뛰어 듭니다.

당신의 불꽃은
나의 눈송이를
자취도 없이 품어 줍니다.

• 《세대》, 1968. 12.

나의 한계限界

우리는 누구나
나에게서 그치고,
나는
그에게서 그치고 만다.

그이가 그이 되게 한
그이다.

그이는 대답이다.
그이의 대답에서 우리의
모든 의문이 나올 뿐,

그이는
곧 그이의 대답이다.

자유自由란 기껏
그이와 나 사이에서
헤매는 헤매임이다.

믿음은 언제나
그 뒤에 오는 행동이다.

....
• 《창작과비평》, 1968. 봄.

믿음은 언제나
꽃의 자유가 그 뿌리 밑에 떨어질 때,
그 뿌리를 보며
내 안에 맺는 열매이다.

나의 지혜知慧

나는 등불을 켠다.
내 방안 내 발 밑에서
밝은 등불을 켠다.

나는 그 등불을 가지고
밖으로 나간다.
그리고 가없는 들을 비춘다.
거기서 길을 찾으려 한다.

바람과 구름 속에 묻힌 길을
내 깜박이는 등불로 찾으려 한다.

나는 또 불을 피운다.
내 손끝을 녹여 주는
불을 피운다.

나는 그 불꽃을 옮기어
밖으로 나간다.
그리고 넓으나넓은 들의 가녘까지를
이 불꽃으로 따뜻하게 품어 주려 한다.

내 입술로 부는 불꽃으로
까마득한 들의 가녘까지를
나는 따뜻하게 품어 주려 한다.

- 《시인》, 1969. 12.
- '넓으나넓은' (5연 3행) : '넓으나 넓은' (『전집』)
- '입술로' (6연 1행) : '입속으로' (『전집』)

나의 진실眞實

나는 꿈이려는 꿈이 아니다.

나는 사랑하려는 사랑이 아니다.

나는 믿으려는 믿음도 아니다.

나는 때때로 별처럼 눈을 뜬다,
그러나 나는 구름처럼 눈을 감는다.

너의 착함과 나의 약함,
너의 기쁨과 나의 눈물, 그리고 해와 그늘,
나는 으례 나이면서
나는 또 너이려고 한다.

나는 네가 있을 때까지는
나도 살아가며 너를 먹는다.
아름다운 과실 네 아름다운 맛을 벌레먹는다.

....
• 미상

아침 식사食事

내 아침상 위에
빵이 한 덩이,
물 한 잔.

가난으로도
나를 가장 아름답게
만드신 주主여.

겨울의 마른 잎새
한 끝을,
당신의 가지 위에 남겨 두신
주主여.

주主여,
이 맑은 아침
내 마른 떡 위에 손을 얹으시는
고요한 햇살이시여.

- 미상

겨울 실내악室內樂

잘 익은
스토브 가에서
몇 권의 낡은 책과 온종일
이야기를 나눈다.

겨울이 다정해지는
두꺼운 벽의
고마움이여.
과거過去의 집을 가진
나의 고요한 기쁨이여.

깨끗한 불길이여,
죄를 다시는 저지를 수 없는
나의 마른 손이여.

마음에 깊이 간직한
아름다운 보석寶石들을 온종일 태우며,
내 영혼이 호올로 남아 사는
슬픔을 더 부르지 않을
나의 집이여.

• 《현대문학》, 1970. 4.

평범平凡한 하루

파초잎은 파초잎일 뿐,
그 옆에 핀
칸나는 칸나일 뿐,
내가 넘기는 책장은 책이 되지 못한다.

의자는 의자일 뿐,
더운 바람은 바람일 뿐,
내가 누워 있는 집은 하루 종일
집안이 되지 못한다.

그늘은 또 그늘일 뿐,
매미 울음은 또 매미 울음일 뿐,
하루 종일 비치는 햇볕이
내게는 햇빛이 되지 못한다.

넝쿨장미엔 넝쿨장미가,
담은 담일 뿐,
차라리 벽이라도 되지 않는가.
나는 그만큼 이제는 행복하여졌는가.

- 《월간중앙》, 1969. 10.
- 『김현승시전집』(1974년 刊)에서는 '절대 고독' 편에 수록되지 않고, '날개' 편에 실려 있다.

목적目的

I
우리가 그 곳에 닿았을 때
그 곳엔 목적目的이 없었다.
우리는 가면서 목적目的을 다 써 버린 것이다.
장미는 피고 있을 때 가장 아름다왔다.

II
살기 위하여 죽기도 하지만
죽기 위하여 살기도 한다.
목적目的은 옳을 뿐 아니라,
목적目的은 눈물겨웁다.

III
우리는 빵을 먹기 위하여 만든 후에
우리는 또 만들기 위하여 빵을 먹는다.
생명의 둥근 테이블은 둥글기만
목적目的은 다하지 않는다.
끝은 또 처음을 낳을 뿐.

IV
뼈는 부드러운 네 살 속에
아름다운 맛은 단단한 껍질 속에
그리고 네 목적目的은

....
• 《신동아新東亞》, 1968. 2.

네 근심과 네 피곤한 숨결 속에
감초여 스미게 하라.
네 목적目的을 네 등 뒤에 지고서도
온 길을 찾아 너를 헤매게 하라.

선線을 그으며

내가 긋는 선線은
아무리 가느다라도
넓이는 그냥 남는다.

네가 가는 칼날은
아무리 날카로와도
무게는 아직도 남는다.

그렇지 않을 수 없다.
사랑은 끝났는데
사랑은 어찌하여 머뭇거리고
마음 한구석 어딘가 바늘구멍으로
나는 눈물을 흘린다.

그럴 수밖에 없다.
밤이 오는데
별은 빛나고,
장미는 네 밝은 웃음 그 한복판에
벌레를 재운다.

우리는 그럴 수밖에 없다.
온전이란
국어 가운데 국어일 뿐,

• 《세대》, 1968. 12.

우리는 선線을 긋기는 하여도
우리는 선線의 정의定義를 긋지는 못한다.
나의 착한 친구들이여.

불완전不完全

더욱 분명히 듣기 위하여
우리는 눈을 감아야 하고,

더욱 또렷이 보기 위하여
우리는 우리의 숨을 죽인다.

밤을 위하여
낮은 저 바다에서 설탕과 같이 밀물에 녹고,

아침을 맞기 위하여
밤은 그 아름다운 보석寶石들을
아낌없이 바다 속에 던진다.

죽은 사자의 가슴에다
사막의 벌떼는 단꿀을 치고,

가장 약한 해골은
승리의 허리춤에서 패자의 이름을 빛낸다.

모든 빛과 어둠은
모든 사랑과 미움은
그리고 친척과 또 원수까지도,
조각과 조각들은 서로이 부딪치며

- 《창작과비평》, 1968. 봄.

커다란 하나의 음악이 되어,
우리들의 불완전不完全을 오히려 아름답게
노래하여 준다.

일요일日曜日의 미학美學

노동은 휴식休息을 위하여
싸움은 자유自由를 위하여 있었듯이,
그렇게 일요일日曜日은 우리에게 온다.
아침 빵은 따뜻한 국을 위하여
구워졌듯이.

어머니는 아들을 위하여
남편은 아내를 위하여 즐겁듯이,
일요일日曜日은 그렇게 우리들의 집에 온다.
오월五月은 푸른 수풀 속에
빨간 들장미를 떨어뜨리고 갔듯이.

나는 넥타이를 조금 왼쪽으로 비스듬히 매면서,
나는 음부音符에다 불협화음不協和音을 간혹 섞으면서,
나는 오늘 아침 상사上司에게도 미안치 않은
늦잠을 조을면서,
나는 사는 것에 조금씩 너그러워진다.
나는 바쁜 일손을 멈추고
이레만에 편히 쉬던 신神의 뜻을 이제야 알 것 같다.

나의 남이던 내가,
채찍을 들고 명령하고
날카로운 호루라기를 불고
까다로운 일직선一直線을 긋는 남이던 내가,
오늘은 아침부터 내가 되어 나를 갖는다.

내가 남이 될 수도 있고
또 내가 될 수도 있는
일요일 日曜日을 가진 내 나라 — 이 나라에
태어났음을 나는 언제나 아름다워한다.

....
- 《한국일보》, 1965. 5.
- '호루라기' (4연 3행) : '호르라기' (『전집』)
- '아름다워한다' (5연 4행) : '아름다와 한다' (『전집』)

제3부

미래未來의 날개

검은 잿빛
혼돈에 물드는 어스름 저녁빛
우리들의 이마즈 ― 시인詩人들의 날개여,

우리는 새낏 적부터
검게 타 버린 시간時間에서 일어나,
우리의 살갗을 그 태양太陽 가까이
남은 불꽃에 태우며,
저무는 산하山河를 품에 안고
빙빙 돌다가,

오늘은 한 마리
겨울 까마귀가 되어,
그 부리로 얼어붙은 공기를 쪼으며
사라져 버리지만
멀리 사라져 버리지만,

검은 잿빛
혼돈에 물드는 어스름 저녁빛
우리들의 이마즈 ― 시인詩人들의 날개여,

사라진 그 허공에서
그러나 밤이 되면,
아름다운 별들이 떠오를 것이다!

그 허공에서

우리들의 노래가 보내 주던 빛나는 별들을
미래未來의 높은 언덕들은 바라볼 것이다.

- 《창작과비평》, 1968. 봄.
- '공기를' (3연 3행) : '고기를' (『전집』)

치아齒牙의 시詩

네 미끄러운 혀보다도
네 부드러운 입술보다도
네 이빨로 말하는
너의 시詩가 나를 깨문다.

질긴 고기를 가래어 찢는
네 모진 이빨로 말하는
너의 시詩가 나를 깨문다.

네 영혼을
칼 위에 세우고,
머뭇거리는 네 영혼을 몰아
칼날 위에 세우고,

너를 동여 감은 사슬을 성한 밧줄을
온종일 물어 뜯으며
물어 뜯으며,
네 아픈 이빨로 말하는
너의 시詩가 나를 깨문다.

문법文法도 질서도 음악音樂도
으깨져 사라져 버린,
네 마지막 숨소리와도 같이
토막토막 끊어지는,

네 소리를

네 소리의 피를
나는 듣는다,
내 영혼의 비록 아둔한 귀일지라도.

- 《현대문학》, 1968. 7.

상상법想像法

나무 위에는
나무의 뿌리를 보고
가끔 그 뿌리에 붙은 굼벵이도
보아라.

사월四月은
오월五月보다 먼저 오는 달이다,
그러나 사월四月은
오월五月이 간 뒤에도 오지 않는다,
영원히 안 올지도 모른다……그 피는.

돌을 주물러
떡을 만드는 거리.
이 기적의 거리.
그 떡을 먹고 돌이 된
만원滿員 뻐스의 시민市民들을 보라,
사월四月이 되면 개나리도 활짝 피는데…….

꽃은 겨울에 피고
열매는 사월四月에 진다,
사월四月이 벌판의 묘지墓地를 돌아
다시 우리게로 가까이 다가올 때…….

....

- 《동아일보》, 1968. 4.
- '굼벵이' (1연 3행) : '굼벵이' (『전집』)
- '뻐스' (3연 5행) : '버스' (『전집』)

나의 시詩

비록 짧기로서니
그럴 바엔,
외국外國 손님 시곗주머니 속에
호락호락 들어가는
아홉 카라트짜리 금강석이라도 되든지.

그럴 바엔
꼭지를 뗀 수류탄手榴彈이 되어
베트콩의 땅굴이라도 부수든지.
그렇지도 못할 바엔,
종일 지중해地中海의 물결 위에 떠 있는
오나시스의 요트라도 된 것처럼
가장 기쁘게 출렁거려야 할 텐데.

그래야 사람의 땟국 냄새라도 풍길 텐데,
나의 시詩는 풀냄새도 나지 않는 바람이 되어
뽀얀 보래가 되어
더 나아갈 수도 없는 나의 따끝에서
까마득히 불고 있다
까마득히 불고 있다.

• 《세대》, 1968. 12.

시詩는 없다

날카로운 펜의
촉을 가진,
잉크의 독毒을 묻혀
쏘는 화살.
그래서 그래서 얼빠진 짐승이라도 잡으려고?

이른 아침마다 닦는
치아齒牙와 같이 고른 언어言語,
때로는 심장心臟에 맞춰 뛰는 리듬,
때로는 눈물에라도 흠뻑 적시는
목마른 입술,
그래서 시詩는 곧 사람이다.

그러나 시詩가 호올로 꽃피는 땅엔
사람도 짐승도 없다
그들의 더운 숨소리조차도 들리지 않는다!

눈물은 한갓 염분塩分과 수분水分으로 갈라지고
심장은 세파드에게서도 받아오고
백지白紙 위엔
마른 잉크가 바래어 있을 뿐,
시詩가 호올로 메아리하는 곳에
시詩는 없다 시詩는 없다!

....
- 《세대》, 1968. 12.
- '호올로' (3연 1행) : '호올로' (『전집』)
- '塩分' (4연 1행) : '**鹽分**' (『전집』)

아버지의 마음

바쁜 사람들도
굳센 사람들도
바람과 같던 사람들도
집에 돌아오면 아버지가 된다.

어린것들을 위하여
난로에 불을 피우고
그네에 작은 못을 박는 아버지가 된다.

저녁 바람에 문을 닫고
낙엽을 줍는 아버지가 된다.

바깥은 요란해도
아버지는 어린것들에게는 울타리가 된다.
양심良心을 지키라고 낮은 음성으로 가르친다.

아버지의 눈에는 눈물이 보이지 않으나,
아버지가 마시는 술에는 눈물이 절반이다.

아버지는 가장 외로운 사람들이다.
가장 화려한 사람들은
그 화려함으로 외로움을 배우게 된다.

- 미상

아버지의 자장가

아기야 어서 자거라
아기야 잘 자거라.
네가 잠이 들면
꿈이 든 이쁜 상자를 네게 주마.
잠이 들면 볼 수 있는
이상한 꿈상자를 네게 주마.

부드러운 어머니와
굳센 어머니가 겹친
두 얼굴……
그 둘레를 떠도는 비누방울들,
잔잔한 미소와 고운 눈물로 아롱진 비누방울들……
문득 나타난 천사天使들은
너의 두 어깨에 가벼운 나래를 달아 주고,
네 손의 장난감들을
하늘과 바다와 먼 나라로 날게 하는
꿈의 상자를 네게 주마.

아기야, 어서 자거라
아기야 잘 자거라.
네가 잠이 들면,
젖보다도 달콤한 꿈상자를 네게 주마.
네 꿈을 키우는 네 꿈상자를 네게 주마.

아기야 어서 자거라
아기야 단 꿈을 꾸어라.

어른이 되면 어른들은 꿈을 잃어버린단다,
어른들은 자꾸 꿈을 잃어버린단다.

아기야 어서 자거라,
아기야 잘 자거라,
고기들은 물 속에
뿌리는 땅 속에서
너희들은 꿈 속에서 자란단다, 자란단다.

• 미상

내 마음 흙이 되어

이름 모를 동東과 서西,
또 남南과 북北,
그 빈 하늘에 쫓던 내 마음의 날개,
이제는 땅에 내려와
아주 가까운 땅이 되어 버려,
내게는 처음이 될지도 모르는
이 마지막 봄비에 소리없이 젖어 보고 싶다.

저어 가도 끝없는 추상抽象의 바다,
거칠은 사상思想의 물결 위에
이리저리 흔들려 조각조각 깨어진
내 마음의 거품들,
이제는 땅에 올라와
든든한 땅에 발을 딛고,
내게는 처음이 될지도 모르는
이 마지막 봄기운에 단 한 알의 꽃씨라도
내것으로 품어 보고 싶다.

그 큰 희망希望을 보석寶石으로 조려
별을 안던 내 마음,
바람에도 흐르고 구름에도 가리우던 내 마음,
이제는 나를 낳은 땅에 내려다,
이 봄이 오는 내 조국祖國의 산하山河에

• 《자유공론自由公論》, 1968. 4.

이름 없이 딩구는
하나의 풀잎과 한 개의 돌멩이로
어루만지며 어루만지며 살고 싶다.

사랑하는 여인女人에게

우리의 창이 되어
고요히 닫힌
그러한 눈.

보석寶石보다
별을 아끼는
그러한 손—왼 손.

우리의 뜻을
밝게도 장밋빛으로 태우는
그러한 가슴—둥근 가슴.

목소리 우리의 노래인
맑은 목소리.

우리의 기도를 다소곳이
눈물에 올리는
깨끗한 무릎.

그러한 여인女人을
아내와 어미로 맞는,
남자들의 기쁨.
남자로 태어난 기쁨.

....
- 미상
- 『김현승시전집』(1974년 刊)에서는 '절대고독'에 수록되지 않고, '날개'에 실려 있다.

지평선地平線

이 눈이 끝나는 곳에서
그 마음은 구름이 되고,

이 말이 끝나는 곳에서
그 뜻은 더 멀리 감돈다.

한세상 만나던 괴롬과 슬픔도
그 끝에선 하나로 그리움이 되고,
여기선 우람한 기적도
거기선 기러기 소리로 날아간다.

지나가 버린 모든 시간,
잊히지 않는 모든 기억,
나는 그것들을 머언 지평선地平線에 세워 두고
바라본다,
노을에 물든 그 모습들을.

....
- 미상
- 『김현승시전집』(1974년 刊)의 '절대고독' 편에 이 작품이 그대로 수록되어 있는 한편, '날개' 편에 도 수록하였는데 1~3연을 한 연으로 하여 전체 2연으로 구성하고, 부분적으로 구절을 고친 부 분이 있다.

누가 우리의 참 스승인가

우리의 어린것들을 우리는 아무에게나
바칠 수 없다.
날마다 눈 밝아지고 가슴 커 가는
우리의 어린것들을
우리는 아무에게나 바칠 수 없다.

발톱을 깎지 않는 털 많은
거친 짐승의 발 아래 바칠 수 없지만,
빨갛게 반짝이는 열 손가락을 가진
매끄러운 손톱 밑에도 바칠 수는 없다.

우리는 가난한 나라에서
금金과 은銀으로 우상偶像을 만든다.
그러나 그러한 제단祭壇 앞에
우리의 어린 것들을 제물로 바치지는 않을 것이다.

공문서公文書에 어김없이 도장을 찍고
꼬박꼬박 일지日誌를 쓰고
그리고 조을며 낡은 책장을 넘기는
안경 쓴 그러한 스승에게도 우리는 바치지 않을 것이다.

우리는 바치지 않을 것이다,
아침 저녁 같은 길을 근엄하게 걷고
도시都市의 주변周邊에다 주택住宅을 사들이고
그리고 정년퇴직금停年退職金을 계산하는
정직正直한 사람에게도 우리는 바치기를

꺼릴 것이다.

우리는 바치지 않을 것이다.
밝은 영전榮轉의 얼굴 앞에
번질한 설교說敎와 열변熱辯 앞에,
그러나 거칠은 파도波濤를 헤치고
외로운 섬마을을 향하여 찾아 가는
반짝이는 등대燈臺 앞에 ― 용감한 사람 앞에
우리는 우리의 자녀子女들을 바칠 것이다!

그의 사랑 앞에 그의 눈물 앞에,
언제나 그의 채찍으로
오히려 그의 살과 그의 뼈를 때리는
그의 정열情熱 앞에 우리는
우리의 어린것들을 즐겁게 바칠 것이다.

아침마다 눈을 떠
저 높은 새벽 구름을 바라보는
그이 앞에,
머언 산하山河에서도 겨레의 은근한 맥박을
역력히 듣는 그이 앞에,
그의 귀에 그의 눈에 우리는
우리의 어린것들을 바칠 것이다!

아아, 우리의 더운 피와 우리의 마른 살을
떼어 나눈 우리의 어린 것들―.

우리가 죽어 땅에 묻히면
그 썩은 흙에서 꽃을 꺾어
우리의 강산江山을 대대代代로 빛내 줄
우리의 어린것들에게,
보석寶石보다도 아름다운 희망希望을
황금黃金보다도 빛나는 명예名譽를
힘차게 힘차게 쥐어 주는,

날마다 밝아 가는 그 눈들에
그것들을 보게 하고
날마다 커 가는 그 가슴들에
그것들을 껴안게 하는,

그이에게 그이들에게
우리의 어린것들을— 아아, 귀엽고 소중하여
죽고 못 사는, 우리의 꽃봉오리들을
우리는 바칠 것이다, 바칠 것이다!

....
- 미상
- 『김현승시전집』(1974년 刊)에서는 5연과 6연을 한 연으로 구성하였다.

우주인宇宙人에게 주는 편지

　불의 용龍 같기도 한 거대巨大한 로키트에 실려, 구름 또 구름을 뚫고, 끝없이 끝없이 맑고 푸르기만 한 저 기류를 저어 가는 그대는 하늘의 컬럼버스.

　그대는 지금 한 나라의 국민으로서, 아메리카 합중국合衆國의 주민으로서도 또는 지상地上에서는 그렇게도 싸우기를 좋아하던 쏘비에트 연방聯邦의 한 인민으로서도 가는 것이 아니다.

　그저 한 아버지인 채, 오피스에서 돌아와 시장할 때는 사랑하는 아내가 끓여 주는 스우프를 그렇게도 맛있게 뜨던 한 남편인 채로, 그리고 장미를 볼 때에는 아지 못할 신비를 그 속에서 깨닫고, 눈을 들어 별들을 바라볼 때면 저 크낙한 누리를 누가 만들었나 신기하게 뜨던 눈으로 그 눈으로, 아득한 길을 찾아 천국天國에까지 섬돌을 놓으려고, 하나 하나 닦아 놓고야 말려고, 그 놀라운 눈동자와 불같은 손으로 가장 먼저 가장 외롭게 별을 보고 가는 것이다.

　그대는 너무도 아득한 구만리 창공 위에서 우리가 달을 보듯, 조고맣게 단결된 보석寶石처럼 빛나는 지구를 내려다본다. 그리고 생각할 것이다. 그대와 우리가 저 달나라에 이르렀을 때에는, 아무런 나라의 국기도 거기엔 꽂지 않는 계수나무와 옥토끼가 사는 꿈속의 나라를 사사조四四調에 맞춰 거기선 그대로 노래하며 만들어 보자고……

- 《현대문학》, 1969. 4.

우주시대宇宙時代에 붙여

하나 하나의 별에서
우리는 당신을 만나는 것이 아니라,
하나 하나의 별에서 그 빛과 함께
우리는 당신을 빼앗기고 있다.

우리가 찾은 하나 하나의
섬과 대륙大陸에서
꽃피는 땅들에서
우리는 당신의 미소와 얼굴을 바라본 것이 아니라,
우리는 당신의 그 아름다움을
먼 곳으로 날려 보내고 있다.

우리는 당신을 먼 하늘에 계신
신神의 이름으로만 모시고 말았다.
외로운 건 우리보다도 당신이었다.
당신은 우리의 억센 팔 안에도 달콤한 숨결 속에도
뜨거운 피 뜨거운 땀방울 속에도
계시지 않았다.

그러나 이제는 그 하늘에서마저
당신은 더 아득한 곳으로 밀려 나가고 있다.

당신을 넓혀 가는 하늘의 별들은
수천 수만으로는 헤일 수조차 없고
우리는 이제야 그 한 별에 건너뛰려고
발돋움을 하고 있다.

그러나 우리가 그 별에 닿으면
당신은 우리에게 쫓겨 더 다른 별로
옮기셔야 할지도 모른다.

아니, 우리에게 차례로 쫓길 것을
미리 알고 당신은 그처럼 많은 별을
창공에다 미리 널려 놓기라도 한 것처럼…….

지금 우리는 우주시대宇宙時代에 알맞게
우리의 낡은 계획과 논리論理와 섹스와
수명壽命까지도 헐뜯고,
이 새로운 구조構造에 나사를 조이고 있다.
그러나 당신의 눈에는 그것들이
당신의 시체屍體를 담기에 좀더 넓은 관棺으로 보일지도 모른다.

당신은 우리를 만나기 위하여,
문을 굳게 닫은 회의會議에서 선언宣言과 메시지의
혀끝에서 가난한 골방에서
오른팔의 손을 얹은 경건한 심장에서,
우리를 만나는 기쁨을 위하여,
그처럼 많은 별들을 하늘에 숨겨 두고
우리로 하여금 하나 하나 찾게 하지만,
우리는 그러나 당신을 찾지 않는다.

당신의 얼굴을 바라보게 하려고
당신은 이슬에 젖은 장미를 만들었지만,

우리는 그 얼굴을 모른다.
우리는 당신의 장미꽃에서
기껏 코티분(粉)의 짙은 냄새를 맡고 만다.

- 《시인》, 1969. 12.

김현승시전집(1974년 刊)

金顯承詩全集

金顯承詩全集　**펴낸날** 1974년 5월 25일 | **장정** 서정주 | **당시 가격** 3,800원

1974년에 발간된 『김현승시전집』은 기존에 나온 시집의 작품들과
김현승 시인이 해방 전에 쓴 초기 시 중 15편의 시를 '새벽 교실'이란 제목으로 묶어 간행하였다.
이 시전집의 앞부분에 『김현승시초』, 『옹호자의 노래』, 『견고한 고독』, 『절대고독』이 나오므로 이 장에는 포함시키지 않고
『날개』와 『새벽 교실』의 작품들로만 구성하였다.

서문序文

　일천구백삼십사년 ― 나의 숭실전문崇實專門 이학년 때부터 일천구백칠십삼년 초까지 그동안에 시집으로는 『김현승시초』, 『옹호자의 노래』, 『견고한 고독』, 『절대고독』, 『날개』 등 오 권을 엮어 내었는데, 이 시전집에서는 『김현승시초』의 시편들을 『옹호자의 노래』 속에 편의상 포함시켜 놓았다. 이 다섯 개 시집의 출판 순서는, 나의 시인으로서의 성장 과정이었다고 말할 수 있다.
　그리고 해방 전에 쓴 나의 초기 시편 가운데 내가 간직할 수 있었던 약 십오 편의 시를 '새벽 교실'이란 제목으로 이 시집의 맨 마지막 부분에 수록하였다. 근 십사 년이 지난 오늘의 안목으로 보면 미숙하고 거친 대목이 분명히 없지 않지만, 나는 이러한 미숙에서 출발하여 오늘에 이르렀음을 거울삼기 위하여 버리지 않고 여기에 수록하였다.
　사십 년이면 일생의 삼분지이三分之二에 해당하는 세월이다. 나는 이 동안에 일제 말기의 칠팔 년간을 빼어놓고는 줄곧 시詩를 생각하고 시를 썼다. 시를 사랑하고 시를 괴로워하면서도 시에게서 위로를 받으며 살아왔다. 그리고 생명을 거두는 날까지 나는 또 이러한 시를 쓸 것이다. 나의 생애에서 시를 빼어버리면 나의 일상생활은 빈 껍질과 같은 것들이다.
　이 시집 속에 내 생명의 알맹이가 얼마만큼 여물어 있는지 나로서는 저으기 불안할 따름이다. 그러나 나의 생애에서 시를 쓸 때만큼 이와 같이 사무사思無邪하려고 몸부림친 적은 다른 모든 일에서는 일찍이 없었다.
　나는 이 시집에 대하여 다만 이 고백으로 만족할 수밖에 없고, 이 시집에 대하여 내가 할 수 있는 말의 전부도 이것이다.

일천구백칠십사년 삼월

날개

질주疾走

터지는 출발出發에서
꺾여 버릴 끝까지 —
당겼다 힘껏 놓은 강철처럼
칼에 찔린 힘줄처럼
도끼날에 튀는 통나무처럼
아름답게 아름답게 일그러진 그 얼굴.
아낌없이 내어민 그 가슴 — 외려 부족한 가슴.
숨을 죽인 숨을 죽인
아아, 단 한번의 오늘 속에
불을 쟁여,
쏘는 너의 하루
영원의 내일일 아아, 너의 하루.

- 《조선일보》, 1971. 6. 8.

그 날개

방아쇠를 당길 때
썩은 심장을 향해 수직垂直으로 태어난 눈.

창끝에 독毒을 묻을 때
가장 불쌍한 약자弱者에게 태어난 그 부리.

목숨이 탈 때
목숨이 지글거릴 때,
갈라진 땅바닥 엉겅퀴를 움켜쥐며
태어난 그 발톱.

그러나 그러나,
새끼를 부를 때
벼랑 위에 피는 새끼를 부르며,
먼 하늘가에서
라일락 수풀처럼 내려오는 그 날개…….

• 《한국일보》, 1969. 5.

사탄의 얼굴

흐릿한 별빛을
불타는 혀로
까마득히 핥으며,

사자獅子의 머리로
우는
바위들.

새벽녘 종소리도 예까지 오면
쇳덩이로
깨어져 버리고.

나는 보았다.
무거운 공중에 걸려 있는
슬프게도 커다란 쭉지를.
청동青銅과 같이 녹슬어 무겁게 걸려 있는
하늘의 푸른 쭉지를.

한 조각 구름도 가고
여우도 숨어 버렸다.

예레미아는 엉겅퀴를 밟고
이 길로 다시 오진 않는다!

너의 오른 뺨으로
너의 왼 뺨에 입맞추며 가라,

너의 기름진 땅— 광야曠野의 거친 주둥이로
거룩한 피의 남은 한 방울 자죽마저
두루 핥으며 핥으며…….

• 미상

산까마귀 울음 소리

아무리 아름답게 지저귀어도
아무리 구슬프게 울어 예어도
아침에서 저녁까지
모든 소리는 소리로만 끝나는데,

겨울 까마귀 찬 하늘에
너만은 말하며 울고 간다!

목에서 맺다
살에서 터지다
뼈에서 우려낸 말,
중에서도 재가 남은 말소리로
울고 간다.

저녁 하늘이 다 타 버려도
내 사랑 하나 남김 없이
너에게 고하지 못한
내 뼈속의 언어로 너는 울고 간다.

• 《창작과비평》, 1972. 봄.

재

나는 나의 재로
나의 모든 허물을 덮는다.
나의 모든 기쁨과 슬픔을
나는 한 줌의 재로 덮고 간다.

그러나 까마귀여,
녹슨 칼의 소리로 울어 다오.
바람에 날리는 나의 재를
울어 다오.

나의 허물마저 덮어 주지 못하는
내 한줌의 재를
까마귀여,

모든 빛깔에 지친
너의 검은 빛—통일의 빛으로
울어 다오.

• 《70년대年代》, 1972. 11.

사행시四行詩

사랑의 두 눈이었던 곳에 빗물이 고이고
꿈은 미역냄새 풍기며 바다로 밀려 간다,
하루는 백년百年보다 길게 땅거미로 물들지만
나는 목발로 걸어가며 내 발을 잃는다.

떡을 떼어 살을 먹고
술을 딸아 피를 마신다.
너는 아직도 시詩를 쓰고 있다.
밖에는 눈이 나려 성탄절聖誕節을 꾸민다.

가시마다 입맞추고 걸음마다 땅을 핥는다.
그래도 어디선가 뻐꾸기가 울고 있다.
마음은 손발을 떠나 모질게도 사는데
손발은 마음을 두고서는 살 수도 없다.

나는 무엇보다 재로 남는다
바람만 불지 않으면 재로 남는다.
무덤도 없는 곳에 재로 남아
나는 나를 무릅쓰고 호을로 엎드린다.

- 《지성知性》, 1972. 1.

나의 독수리는

아름다운 모든 천사天使
모든 꽃송일
그 날개로 쓸어 버리고,
목이 메이도록
깨끗이 쓸고,

거친 발톱으로 하늘가에 호을로 앉아,
목이 타는 짐승들을 기다린다.
비틀거리며 아직도 꿈을 쫓는 시체들을
기다린다.

아름다운 모든 노래
흐느끼는 눈물들을
그 견고堅固한 날개로 쓸어 버리고,
뉘우침도 없이
말끔히 쓸어 버리고,

끊어진 절벽絶壁 위에 호을로 올라,
벼락에 꺾인 가지 위에 집을 짓는다.
천길 낭떠러지에
외로운 목숨의 새끼들을 기른다.

● 미상

가상假像

저녁 해가 지면서
나의 지도地圖를 펼쳐 놓은
나의 그림자.
서울을 빼앗긴 작은 나라의 지도地圖처럼……

저녁 해가 지면서
나의 마지막 검은 연기 깔리는,
저녁 해가 지면서
까맣게 나의 재로 나를 덮는
나의 그림자.

가냘픈 아무런 뿌리도 없이
다만 햇빛에 기대어 섰다가,
이보다도 더 먼 발치에서 애매로운 시詩를 쓰고
날이 저물면,
날이 저물면,

이 풀라토닉한 도시都市로부터
공화도시共和都市로부터
더욱 멀리 쫓겨
더욱 멀리 사라질
이 가상假像의 이미저리들…………

- 《월간문학》, 1972. 9.

전환轉換

이제는
밝음의 이쪽보다
나는 어둠의 저쪽에다
귀를 기울인다.

여기서는
들리지도 않고
보이지도 않는
어둠의 저쪽에다 내 귀를 모두어 세운다.
이제는 눈을 감고
어렴풋이나마 들려 오는 저 소리에
리듬을 맞춰 시詩도 쓴다.
이제는 떨어지는 꽃잎보다
고요히 묻히는 씨를
내 오랜 손바닥으로 받는다.

될 수만 있으면
씨 속에 묻힌 까마득한 약속約束까지도…….

그리하여 아득한 시간에까지도 이제는
내 웃음을 보낸다,
순간들 사이에나 떨어뜨리던 내 웃음을
이제는 어둠의 저 편
보이지 않는 시간에까지
모닥불 연기처럼 살리며 살리며…….

● 《문학사상》, 1972. 11.

고백告白의 시詩

나도 처음에는
내 가슴이 나의 시詩였다.
그러나 지금은 이 가슴을 앓고 있다.

나의 시詩는
나에게서 차츰 벗어나
나의 낡은 집을 헐고 있다.

사랑하는 것과
사랑을 아는 것과는 나에게서는 다르다.
금金빛에 입맞추는 것과
금金빛을 캐어내는 것과는 나에게서 다르다.

나도 처음에는 나의 눈물로
내 노래의 잔을 가득히 채웠지만,
이제는 이 잔을 비우고 있다.
맑고 투명한 유리빛으로 비우고 있다.

나는 무엇을 생각하고 있는가,
얻으려면 더욱 얻지 못하는가,
아름다운 장미도 아닌
아름다운 장미와 시간의 관계도 아닌
그 장미와 사랑의 기쁨은 더욱 아닌 곳에,
아아 나의 시詩는 마른다!
나의 시詩는 잠을 이루지 못한다!

나의 시詩는 둘이며 둘이 아닌
오직 하나를 위하여,
너와 나의 하나를 위하여 너에게서 쫓겨나며
나와 함께 마른다!
무덤에서도 캄캄한 너를 기다리며…….

• 《심상心象》, 1974. 4.

평범平凡한 하루

파초芭蕉는 파초芭蕉일 뿐,
그 옆에 핀
칸나는 칸나일 뿐,
내가 넘기는 책장은 책이 되지 못한다.

의자椅子는 의자椅子일 뿐,
더운 바람은 바람일 뿐,
내가 누워 있는 집은 하루 종일
집안이 되지 못한다.

그늘은 또 그늘일 뿐,
매미 소리는 또 매미 소리일 뿐,
하루종일 비취는 햇볕이
내게는 태양太陽이 되지 못한다.

넝쿨장미엔 넝쿨장미가
담은 담일 뿐
차라리 벽壁이라도 되지 않는다.
나는 그만큼 이제는 행복幸福하여져 버렸는가?

• 《월간중앙》, 1969. 10.

사실事實과 관습慣習
— 고독 이후以後

나는 차를 앞에 놓고
고즈넉한 저녁에 호을로 마신다.
내가 좋아하는 차를 마신다.
그러나 이것은 다만 사실事實일 뿐,
차의 짙은 향기와는 관계 없이
이것은 물과 같이 담담한 사실事實일 뿐이다.

누구의 시킴을 받아
참새 한 마리가 땅에 떨어지는 것도 아니고
누구의 손으로 들국화를 어여삐 가꾼 것도 아니다.
차를 마시는 것은
이와 같이 스스로 달갑고 가장 즐거울 뿐,
이것은 다만 사실事實이며 또 관습慣習이다.
나의 고즈넉한 관습慣習이다.

물에게 물은 물일 뿐
소금물일 뿐,
앞으로 남은 십년十年을 더 살든지 죽든지
나에게도 나는 나일 뿐,
이제는 차를 마시는 나일 뿐,

이 짙은 향기와는 관계도 없이
차를 마시는 사실事實과 관습慣習은
내가 아는 내게 대한 모든 것이다.
그리고 모든것에 대한 모든것도 된다.

....
• 《창작과비평》, 1970. 가을.

사는 것

사는 것 그것은
살고 있는 것도 아니고
살아 버린 것도 아니다.

살기를 바라는 것도 아니고
살려면 못 사는 것도 아니다.

사는 것
그것은 살려는 것이다.
내가 아니며 나이려 하고
네가 아니며
너의 옷을 입어 본다.

복숭아 속에
복숭아인
오직 복숭아의 씨로,
복숭아가 되게 한다.

사는 것 — 그것은
살지 않는 것이다.
나를 위하여 둘이 되지 않으며,
너를 위하여
너의 슬픔이 되지 않는다.

살기 전에
죽기도 하고,

살기 전엔
끝내 살지도 않는다.

• 미상

인간人間의 의미意味

아는 것은 신神
알려는 것은
인간人間이다.

마침내 알면
신神의 탄생 속에서
나는 죽어 버린다.

사랑은 신神,
사랑하는 것은
인간人間이다.

인간人間은
명사名詞보다
동사動詞를 사랑한다.
나의 움직임이 끝날 때
나는 깊은 사림辭林 속에서
그러기에
핏기 없는 명사名詞가 되고 만다.

아는 것은 신神
알려는 것은 인간人間이다.
알려는 슬픔과

....
• 미상

알아 가는 기쁨 사이에서
나는 끝없는 길을 간다.
나의 길이 끝나는 곳은
나를 끝내고 만다.

인내忍耐

원수는
그 굳은 돌에
내 칼을 갈게 하지만,

인내는
이 어둠의 이슬 앞에
내 칼을 부질없이 녹슬게 하지 않는다.

나는 내 칼날을 칼집에 꽂아 둔다.
이 어둠의 연약한 이슬이
오는 햇빛에 눈부시어 마를 때까지……

- 《창작과비평》, 1972. 봄.

무기武器의 의미意味 I

빼지 않은 칼은
빼어 든 칼보다
더 날카로운 법

빼어 든 칼은
원수를 두려워하지만
빼지 않은 칼은
원수보다 강한
저를 더 두려워한다.

빼어 든 칼은
이 어두운 밤 이슬에
이윽고 녹슬고 말지만
빼어 들지 않은 칼은
저를 지킨다.
이 어둠의 눈물이
소금이 되어 우리의 뺨에서 마를 때까지……

- 미상

무기武器의 의미意味 Ⅱ

가장 날카로운 칼과
가장 날카로운 고백告白은
다르지 않다.

가장 날카로운 칼은
그 칼날에
그리하여 저의 낯을 비춰 본다.

그리하여
가장 날카로운 칼은
꽃잎 앞에도 무릎을 꿇고,
그 꽃잎은
그 칼을 쥔 손목에
입을 맞춘다.

그리하여
칼집 속에
칼을 잠들게 하고서
우리는 승리勝利를 얻는다.

밤 이슬에 녹슬지 않는 그 빛나는
이름으로
우리는 누구의 승리勝利도 아닌…….

....
• 미상

꿈을 생각하며

목적은 한꺼번에 오려면 오지만
꿈은 조금씩 오기도 하고
안 오기도 한다.

목적은 산마루 위 바위와 같지만
꿈은 산마루 위의 구름과 같아
어디론가 날아가 빈 하늘이 되기도 한다.

목적이 연을 날리면
가지에도 걸리기 쉽지만,
꿈은 가지에 앉았다가도 더 높은 하늘로
어디론가 날아가 버린다.

그러기에 목적엔 아름다운 담장을 두르지만
꿈의 세계엔 감옥이 없다.

이것은 뚜렷하고 저것은 아득하지만
목적의 산마루 어디엔가 다 오르면
이것은 가로막고 저것은 너를 부른다.

우리의 가는 길은 아― 끝 없어
둥글고 둥글기만 하다.

• 《세대》, 1971. 3.

보존(保存)

무릎을 꿇고 다소곳이 절하기란
머리를 숙여 아끼고 받들기란,
낡은 것도 새롭게 만들기란,
새 것을 낡은 것으로 만들기보다
우리들의 세상에서 더욱 어렵다.

사랑의 품 속엔
사랑하는 이가 없고,
사랑하는 사람들에게도
사랑은 없다.

어버이의 따뜻한 품은
아직도 따뜻하지만,
아들들의 문 밖에서 오히려 떨고 있다.
아침 안개와 저녁 바람에 떨고 있다.
내일의 품 안엔
바라는 이가 없으니,
사람들의 품 안에도
내일은 보이지 않는다.

우리가 살고 있는 이 세상에선
다사로움엔 빵과 같이 굶주리고
새로움엔 술과 같이 저마다 취한다.

모든 땅이
새로움으로 황색(黃色)과 같이 차갑게 빛날 때,

어디 가서 한줌의 흙을 찾을까,
그 흙 속에 가난하게 핀
한 송이의 들꽃을 어디 가서 입맞출 수 있을까. 입맞출 수 있을까.

∙ 미상

책冊

가장 고요할 때
가장 외로울 때
내 영혼이 누군가의 사랑을 기다리고 있을 때,
나는 책을 연다.

밤 하늘에서 별을 찾듯
책을 연다.
보석상자寶石箱子의 뚜껑을 열듯
조심스러이 책을 편다.

가장 기쁠 때
내 영혼이 누군가의 선물을 기다리고 있을 때,
나는 책을 연다.

나와 같이 그 기쁨을 노래할
영혼의 친구들을,
나의 행복을 미리 노래하고 간
나의 친구들을 거기서 만난다.

아— 가장 아름다운 영혼의 주택住宅들
아— 가장 높은 정신의 성城들
그리고 가장 거룩한 영혼의 무덤들……
그들의 일생一生은 거기에 묻혀 있다.

나의 슬픔과 나의 괴롬과
나의 희망을 노래하여 주는

내 친구들의 썩지 않는 영혼을
나는 거기서 만난다— 그리고 힘주어 손을 잡는다.

- 미상
- 제목은 같으나 내용이 다른 시가 시집 『견고한 고독』에 수록되어 있다.

시인詩人들은 무엇하러 있는가

슬픔을 기쁨으로
그들의 꿈으로써 바꾸기 위하여
그 기쁨을 어린 아이보다
더 기뻐하기 위하여

그들은 가장 춥고
그들은 가장 뜨겁게 있다.

시인詩人들은 무엇하러 있는가
그들은 땅속에 묻힌 황금黃金잎보다도
그들은 저 하늘 위의 별을 찾으며
무엇하러 있는가
그들은 소리로써 노래하지만
그들은 말로써
침울하고 듣기 위하여 있다.

겨울에는 마지막 잎새로
봄에는 또한 첫눈으로 터지면서……

- 미상

형광등螢光燈

갑자기 밝아지면
스스로도 눈이 부신 듯,
깜빡깜빡 몇 번이고 망설이다가 켜지는……

더 밝으면서도
밝음과
겸양謙讓의
수줍은 이 불빛.

달빛을 떠난 지 오래이면서도
아주까리 호롱불보다도
더 달빛에 가까이 가려는
파르스럼한
정교한 손으로 만든 이 불빛.

번쩍번쩍 먼 데서 높은 데서
다만 비춰 준다고 여기보다는,
고요히 다정히 언어言語 속에 스며들며
가을밤을 더 깊어 가게 하는……

기쁨 속에 슬픔이 스며 들고
슬픔 속에 기쁨이 스며 들어,
다만 참되고 아름다운 하나의 언어言語만이
되게 하는……

상傷하기 쉬운

영혼을 간직하기 위하여
팔리지 않는 책을 사랑하고,
그 책을 사랑하기 위하여
또 눈을 보호하여 주는,
이 부드러운 — 내 책상 머리에서
나와 함께 이 밤을 지키는 불빛……．

- 《월간중앙》, 1972. 5.
- 제목이 같으나 내용이 다른 시가 시집 『견고한 고독』에 수록되어 있다.

감사

감사는
곧
믿음이다.

감사할 줄 모르면
이 뜻도 모른다.

감사는
반드시 얻은 후에 하지 않는다.
감사는
잃었을 때에도 한다.
감사하는 마음은
잃지 않았기 때문이다.

감사는
곧
사랑이다.

감사할 줄 모르면
이 뜻도 알지 못한다.

사랑은 받는 것만이 아닌
사랑은 오히려 드리고 바친다.

몸에 지니인
가장 소중한 것으로—

과부는
과부의 엽전 한푼으로,
부자는
부자의 많은 보석寶石으로

그리고 나는 나의
서툴고 무딘 눌변訥辯의 시詩로…….

• 《크리스챤신문》, 1972. 1.

이 꽃과 같이

이 땅 위의 모든 선善함도
한 사랑의 뿌리로부터 피어나지만,
이 사랑도 나의 눈엔
이 꽃 하나만 같지 못하다.

이 꽃엔 이름을 붙일 수 없다!
이 꽃의 얼굴을 그 이름으로 가리우고 마는……

시인詩人들의 언어言語로
시詩를 가리울 수는 없다,
저자著者들의 진리眞理로도 진리眞理를 헐 수는 없다.

이 꽃과 같이
다만 이 꽃과 같이,

네 눈으로도
네 입술로도
입맞추지 말게 하라!

- 미상

동체시대 胴體時代

우리는 짧아졌다
우리는 통나무가 되었다.
우리는 배와 배꼽 아래께서
한여름의 생선처럼
토막나 버렸다.

배는 먹고 또 씨앗을 보존하면서
우리는 마른 통나무로
쌓여 가고 있다.

넝쿨장미가 그 가슴에서 순돋아
아름다운 어깨 위로 저 구름에까지
자라가기는 틀렸다.
깊이 생각할 뿌리는 말라,
우리와 우리의 어린것들에게도
남아 도는 유희가 없다.

우리는 지금
도끼 옆에 놓여 있다!
통나무가 부르는
가장 친근한 이미지는
도끼다.
손바닥에 침 뱉는
든든한 도끼다.

....
• 미상

잠이 안 온다

땅거미 지는 쪽
미네르바의 부엉이도 아닌데,
제목題目의 심장을
겨누고 있는 것도 아닌데,
밤이면 밤 밖에서
겨울 가랑잎 소리처럼
몇 번이고 몸을 뒤채긴다.

나이가 많아지는 탓일까?
잘만치 잠도 할일없이 자 버린 탓일까?
세계를 그의 품 안에
안을 수 없는 사람들은,
생각을 고쳐 먹고
세계의 품 안에 안겨
아예 단잠이라도 자야 한다.

그 즐거운 요람 속에 따뜻이 흔들리며
음악이 끝나는 아슴프레한 끝에서
코라도 부드럽게 골면서
이 세상 편안한 잠을 들어야 하는데,

이제는 나이가 많아지는 탓일까,
이제야 이 세상의 애비가 되어가는 탓일까,

....
● 《주간조선週刊朝鮮》, 1971. 2. 21.

밤이면 밤 밖에서
밤 안에 묻히지도 못한 채
몇번이고 몸을 뒤채긴다,
이 겨울 마른 가랑잎 소리처럼…….

불을 지키며

맨 처음 불을 켠 손은
맨 나중엔
불을 지른 손이 되었다.

떨리는 갈대 끝으로 붙인 밝은 불이
바람과
기름을 부으며,
메마른 욕망의 바다 — 잠기는 미래未來의 저
마스트 끝까지 태울 줄은 몰랐다.

이처럼 아름답게
햇빛을 끄고,
장미빛으로 — 마지막 장미빛으로
타오를 줄은 몰랐다.

거대巨大한 불덩이 — 불의 신神이
빵처럼 까맣게 부스러져
반달형形 네 눈썹 위에서
가느다란 숯 검정으로 이렇게 남을 줄은
아무도 몰랐다.
한 세상 불을 지키며 살아가는 길 —
열매는 꽃 속에
법法은 사랑 속에 있지만,
칼은 칼 속에
불은 불씨 속에 있는 것을······.

....
• 《지성》, 1972. 1.

이 손을 보라

쉬임 없는,
불꽃 같은,
진흙에서 꺼낸.

네 볼의 눈물을 닦으며
불에 구워
따뜻한.

흔들리는 갈대 끝에
불을 붙이며,
가슴에 숨은 별을 꺼내어
하늘에다 일일이 못을 박는
해질 무렵에도 바쁜
우리의 손.

떠는 첫 입술에 거칠게 내어 밀던
그러나 깨끗하게, 헤어지던,
땀을 쥔,
거친 종이 된,

그러나 어느 주인主人의 명령에도
두 무릎 사이에 끼고
비비꼬지 않는,
어느 슬픔의 진흙 속에서도
땅을 치지 않는,
연약한 아내의 뺨을 취하여 후려치지 않는.

기쁨을 웨치면
언제나 우리의 머리보다
더 높이 흔드는,

두꺼비 같은
엉컹퀴 같은
손으로,
손들을 웅켜 잡는 우리의 손.

이 어두운 밤을 더듬어 더듬어
손바닥으로 걸어가며,
거둘 수 없는 거두어 들일 수 없는
우리의 손—기구한 손.

•《지성》, 1972. 1.

자유自由의 양식糧食

감옥의 벽을 깨뜨리고
빵을 얻은 우리가
빵 없는 감옥으로 걸어 들어갈 때,

손목의 모진 사슬을 끊은 우리가
고리없는 사슬에 두 손을 내어밀 때,
우리는 자유自由를 얻는다.
우리는 비로소 완전한 자유自由를 얻는다.

우리의 절규絶叫가
고요한 마음 진흙 깊이
서서히 가라앉을 때,
우리의 기쁨이
기쁨의 불꽃에 재가 될 때,
우리는 자유自由를 얻는다.

사랑에게서 멀리 떨어져
친구로부터 버림을 받으며,
우리는 비로소 자유自由를 즐긴다.
비로소 자유自由를 사랑하게 된다.

눈을 감고
저 깃발들의 물결을 바라보며
저 퍼지는 종소리들에 귀를 막으며
가장 외롭게 자유自由를 얻는다
우리는 자유自由의 벙어리가 된다.

가장 높은 수치羞恥 위에서
가장 높은 형틀 위에서
가장 높은 별 위에서
자유自由는 자유自由를 저버린다!
자유自由는 자유自由에게 버림을 받는다!

얼은 꿈을
다시 깨뜨리며,
얼은 자유自由를
차마 반환反還하며,
자유自由에서
자유自由의 우리로 돌아와,
역사歷史에서
역사歷史의 손으로 돌아와,
그 손으로 굶주림의 기를 올린다!
배반背叛의 종을 울린다!

자유自由의 따뜻한 양식을 얻기 위하여…….
싸우기 위하여…….

• 《창조創造》, 1971. 9.

한여름 밤의 꿈

조간朝刊을 사서 드는
한여름의 푸른 서울.
그 하늘 위로 한 점 흰 구름이
핑퐁알처럼 가볍게 떠오르더니,
갑자기 커지면서
요즘 국제극장에서 바라본 공룡恐龍의 얼굴로 뒤집혔다.

나는 그 때 고속도로高速道路 연변
푸른 풀밭에 누워
앞으로 나아가는 하늘을 쳐다보고 있었지만
갑자기 외신外信에서 쏟아지는
검은 소낙비를 머리에 쓰고
나는 어느새 닉슨의 처마 밑에 엉거주춤 서 있었다.
생쥐처럼 젖은
한국인의 내 어깨를 툭툭 털며
나는 어느새
오랜 우기雨期로 접어드는
서울의 뿌연 안개를 바라보고 있었다.

- 미상

민족의 강자強者

생각하는 조국祖國이여,
침 뱉고 저주할 이유理由를 먼저 주소서
노래 아니할 이유理由를 먼저 주소서
사랑 아니할 이유理由를 먼저 주소서.

그러므로
그 얼굴에 여인女人처럼 입맞추게 하소서
그 이름에 새처럼 노래하게 하소서
그 품에 벌레처럼 파묻히게 하소서.

생각하는 조국祖國이여,
노래로써 노래하지 않은 사람은
사랑으로써 사랑하지 않은 사람은
죽음으로써 죽지 않은 사람은,
우리가 사는 이 서울 안엔
한 사람도 없오이다!
제주도濟州島까지도 없오이다!

국토國土라도 고속도로高速道路가 끝나는 곳에서
저 푸른 하늘까지 넓히면 모르지만……

• 《창작과비평》, 1972. 봄.

가을이 아직은 오지 않지만

한 해의 육체_{肉體}를
우리는 팔월_{八月}까지 다 써 버리고,
이제는 영혼의 절반만이
우리에게 남아 있다.

가을이 아직은
오지 않지만,
두고 온 쪽빛 먼 바다엔
구름들이 바캉스를 떠나며
흰 손수건을 바람에 흔든다.

가을이 아직은
오지 않지만,
검은 살갗 검은 눈으로 바라보면
파란 하늘 저쪽
다정한 벗들의 흰 얼굴이 떠오른다.

가을이 아직은
오지 않지만
한결 고요해진 달빛 위에
초저녁 쓰르라미 첫 울음을 얹으면

일년_{一年}의 저울 추는
햇빛에서
그늘로
잔에서

잔의 탄식으로
조금씩 기울어져 간다.

● 미상

다형茶兄

빈 들의
맑은 머리와
단식斷食의
깨끗한 속으로

가을이 외롭지 않게
차를 마신다.

마른 잎과 같은
형兄에게서
우러나는

아무도 모를
높은 향기를
두고 두고
나만이 호올로 마신다.

- 《신동아新東亞》, 1970. 10.

가을

봄은
가까운 땅에서
숨결과 같이 일더니

가을은
머나 먼 하늘에서
차가운 물결과 같이 밀려 온다.

꽃잎을 이겨
살을 빚던 봄과는 달리
별을 생각으로 깎고 다듬어
가을은
내 마음의 보석寶石을 만든다.

눈동자 먼 봄이라면
입술을 다문 가을

봄은 언어言語 가운데서
네 노래를 고르더니
가을은 네 노래를 헤치고
내 언어言語의 뼈마디를
이 고요한 밤에 고른다.

....
• 미상

겨울 보석寶石

이 겨울은
저 별의 보석寶石 하나로 산다.

끝까지 팔지 않고
멀리 차갑게 떤다.

갈가마귀 녹슨 칼의
울음 소리도 지나
더욱 멀리 분별없이 흐르는
저 이방異邦의 눈물……

울음 소리도 지나
더욱 멀리 분별없이 흐르는
저 이방異邦의 눈물……
더 멀리 오르는 검은 북쪽에서
얼음장 가늘게 깨어지는 그 소리의 빛……

이렇게 거친 땅에서는
오직 꿈 하나로 말하는데,

저렇게 막막한 하늘에서는
별 하나로 말을 다하면서.

- 미상

우수憂愁

가을이 긴 나라
그 나라의 저녁참은
까닭없이 바람 속에 설레이고,

가을이 긴 나라
그 나라의 여인女人들은
수심 깊은 눈망울에 저녁 해를 받고 있다.

가을이 긴 나라
그 나라의 정情든 마음
길고 긴 한恨을 남겨 잠잠히 이어 보내고

가을이 긴 나라,
그 나라의 늦은 새들
해지는 먼 따끝까지 쭉지로 울고 간다.

- 미상

가을에 월남越南에서 온 편지

밤하늘의 별들을
가장 흠없이 바라볼 수 있는
이 가을.

아득한 초원草原으로
끝없이 달리다가
포탄砲彈에 패인 물웅덩이에 문득
얼굴을 비춰 본다.
자연自然 아닌 피가 섞여 고인 물에
싸우는 내 얼굴을 바라본다.
이렇게 쓰고 나서

감나무 잎들이 또르르 말아진 채
떨어져 쌓여 있는 뒷 산
등이 벗겨져 황토가 드러난,
오래 묵은 무덤,

덜거덕거리며 노을에 잠긴
마을로 들어가는
빈 달구지의 그림자가
이 가을엔 새삼 그리워진다고 하였다.

....
• 《창작과비평》, 1972. 봄.

슬픔을 아는 사람만이
전쟁의 뜻도 분별하리라며
이역에 나오면
가을이 긴 조국의 땅이
유난히 그리워진다고 하였다.

정복자征服者들에게
─ 월세계月世界에 첫발을 디딘

눈을 드높이 들어
인류의 위대偉大한 자유自由를
저 아득한 하늘에서 보아라─세계는 커졌다.
사나이들의 불 같은 손으로─그들을 도운
나사못처럼 긴밀한 인간들의 근육筋肉과 머리로,
세계는 장엄하게 커졌다!

일찌기 정의正義와 자유自由를 사랑한
푸로메듀스의 갈대 끝에 맺힌
가냘픈 불꽃이 타오르고 타올라
온 누리에 이처럼 번져갈 줄이야!

한편에서 말하는
불안不安과 절망과는 아랑곳 없이,
한 구석에서 흘리는
눈물과 불평을 까마득이 넘어
위대偉大한 사람들은 시간마다 전진前進한다!
지금 나라와 나라 사이는
아름다운 별과 별 사이의 빛으로 이어지며
인류의 가슴에서 더욱 위대偉大하게 커진다!

지금 아득한 달나라 거친 현무암玄武岩 위에
밤장막을 펴는,
지금 무한無限에의 섬돌을 하나 하나 허공에 튼튼하게 놓는
너무도 외롭고 너무도 용감한
지구地球의 사나이들이여, 인류의 아들이여,

그대와 우리의 꿈을 더욱 높이라
그대들이 정복한 무한無限한 세계에서 —
그대들이 파는
아득한 프라마우로 고지高地 속에 협조協調와 평화平和의 씨앗을 뿌리고,
무사히 돌아오라,
축복의 꽃다발 홍수洪水처럼 쏟아지는
정다운 지구地球의 거리로,
불붙는 철갑鐵甲의 용龍머리를 타고 돌아오라!
하늘의 콜룸부스 — 칠십년대七○年代의 영웅들이여

조용히 그러나 침착하게 웃고
케이프케네디를
새벽의 휴스톤을 떠난
서민풍庶民風의 영웅들이여!

• 미상

새해 인사

오늘은
오늘에만 서 있지 말고,
오늘은
내일과 또 오늘 사이를 발굴러라.

건너 뛰듯
건너 뛰듯
오늘과 또 내일 사이를 뛰어라.

새 옷 입고
아니, 헌 옷이라도 빨아 입고,
널 뛰듯
널 뛰듯
이쪽과 저쪽
오늘과 내일의 리듬 사이를
발굴러라 발굴러라.
춤추어라 춤추어라.

....
• 미상

가을 치마

서둘러 봄을 나서던
한국의 여인女人들도
가을에 닿으면 애틋한 마음을 깨닫나 부다.

그래서 휘장 저고리는
봄날의 꽃소식처럼 짧게 입고
그래서 열두 폭 치마는 굽이굽이
긴긴 가을밤처럼 늘이어 두루나 부다.

한국의 맑은 눈들이여
그 마음을 지키는 눈들이여!
이 가을엔 미니로 더럽힌
차가운 무릎을 덮고
저 파란 하늘빛으로 긴긴 가을치마를 늘이어지이다.
그 끝 자락엔 그리고 귀뚜라미 맑은 울음으로
가을의 보석寶石이라도 달아지이다.

• 미상

지평선地平線

이 눈이 끝나는 곳에서
그 마음은 구름이 피고
이 말이 끝나는 곳에서
그 뜻은 더욱 멀리 감돈다.
한 세상 만나던 괴롬과 슬픔도
끝에선 하나로 그리움이 되고
여기선 우람한 기적汽笛도
거기선 기러기 소리로 날아간다.

지나가 버린 모든 시간時間,
잊히지 않는 모든 기색
나는 그것들을 머언 지평선地平線에 세워 두고
노을에 물든 그 모습으로

....
- 미상
- 1970년에 발간된 시집 『절대고독』에서는 1연의 1, 2행, 3, 4행, 5~8행을 각각 독립된 연으로 구분되어 있고, 2연 2행의 '기색'은 '기억'으로, 2연 끝행은 '바라본다./노을에 물든 그 모습들을.'이라고 되어 있다.

내 마음은 오직 하나

이 세상엔
많은 슬픔 많은 괴롬이 있지만,
내 마음은 오직 하나—
이 마음으로 오늘을 사는 하나이 된다.

이 세상엔
많은 친구와 벗들이 있지만,
내 마음은 오직 하나—
이 마음으로 오직 하나인 너에게
더욱 가까이 간다.
보조개도 둘
눈도 둘이지만,
너를 바라볼 때면 이 마음으로
한 눈같이 웃고
한 눈같이 바라본다.

이 마음으로
아름다운 보석寶石도
가장 알맞은 하나만을 몰래 지니인다.

너희들의 불평은 많고
너희들의 성깔은 모두 다르지만,
너희에게 보내는

- 미상

내 마음은 오직 하나—
이 마음 이 사랑으로 너희들을
하나같이 기른다 하나같이.

사랑하는 여인女人에게

우리의 창窓이 되어
고요히 닫힌
그러한 눈.

보석寶石보다
별을 아끼는
그러한 손. ― 왼 손.
우리의 뜻을
밝게도 장미빛으로 태우는
그러한 가슴 ― 둥근 가슴.
목소리 ― 우리의 노래인
맑은 목소리.

우리의 기조를 다소곳이
눈물에 올리는
깨끗한 무릎.

그러한 여인女人을
아내와 어미로 맞는
남자의 기쁨.
남자로 태어난 기쁨.

....
- 미상
- '기조' (3연 1행) : '기도'의 오기로 보인다.

새벽 교실

쓸쓸한 겨울 저녁이 올 때 당신들은

아침 해의 축복祝福과 사랑을 받지 못하는 크고 작은 유리창琉璃窓들이
순간瞬間의 영광榮光답게 최후最後의 찬란燦爛답게 빛이 어리었음은
저기 저 찬 하늘과 추운 지평선地平線 위에 붉은 해가 피를 뿌리고 있습니다.
날이 저물어 그들의 황홀恍惚한 심사가 멀리 바라보이는
광활廣闊한 하늘과 대지大地와 더불어 황혼黃昏의 묵상默想을 모으는 곳에서
해는 날마다 그의 마지막 정열情熱만을 세상에 붓는다 합니다.
여보세요. 저렇게 붉은 정열情熱만은 아마 식을 날이 없겠지요.
아니 우랄산山 골짜기에 쏟아뜨린 젊은 사내들의 피를 모으면 저만 할까?

그렇지요. 동방東方으로 귀양간 젊은이들의 정열情熱의 회합會合이 있는 날
아! 저 하늘을 바라보세요.
황금창黃金窓을 단 검은 기차汽車가
어둡고 두려운 밤을 피하여 여명黎明의 나라로 화살같이 달아납니다.
그늘진 산山을 넘어와 광야曠野의 시인詩人 — 검은 까마귀가 성읍城邑을 지나간 후
어두움이 대지大地에 스며들기 전에
열차列車는 안전지대安全地帶의 휘황輝煌한 메트로 폴리스를 향하여
흑암黑暗이 절박切迫한 북부北部의 실원雪原을 탈출脫出한다 하였읍니다.
그러면 여보! 이 날 저녁에도 또한 밤을 피하지 못하는 사람들

이 있지 않습니까?

　적막한 몇 가지 일을 남기고 해는 졌읍니다그려!
　참새는 소박素朴한 깃을 찾고,
　산 속의 토끼는 털을 뽑아 둥지에 찬바람을 막고 있겠지요.
　어찌 회색灰色의 포플러인들 오월五月의 무성茂盛을 회상回想하지 않겠읍니까?
　불려 가는 바람과 나려오는 서리에 한평생 늙어 버린 전신주電信柱가
　더욱 가늘고 뾰죽해질 때입니다.
　저녁 배달부配達夫가 돌아다닐 때입니다.
　여보세요. 쓸쓸한 겨울 저녁이 올 때 허다한 사람들에게
　행복幸福한 시간時間을 프레센트하는 우편물郵便物입니까?

　해를 쫓아 버린 검은 광풍狂風이 눈보라를 날리며 개선행진凱旋行進을 하고 있읍니다그려!
　불빛 어린 창窓마다 구슬피 흘러 나오는 비련悲戀의 송가頌歌를 듣습니까?
　쓸쓸한 저녁이 이를 때 이 땅의 거주민居住民들이 부르는 유전遺傳의 노래입니다.
　지금은 먼 이야기, 여기는 동방東方
　그러나 우렁차고 빛나던 해가 서西쪽으로 기울어지던 날
　오직 한마디의 비가悲歌를 이 땅에 남기고 선인先人의 발자취가
　어두움 속으로 영원永遠히 사라졌다 합니다.
　그리하여 눈물과 한숨, 또한 내어버린 웃음 위에
　표랑漂浪의 역사歷史는 흐르는 세월과 함께 쓰여져 왔다 합니다.

그러면 여보, 이러한 이야기를 가진 당신들!
쓸쓸한 저녁이 올 때 창窓밖에 안타까운 집시의 노래를 방송放送하기엔
── 당신들의 정열情熱은 너무도 크지 않습니까?
표랑漂浪의 역사歷史를 그대로 흘려 보내기엔
── 당신들의 마음은 너무도 비분悲憤하지 않습니까?
너무도 오랫동안 차고 어두운 이 땅,
울분의 덩어리가 수천數千 수백數百 강렬强烈히 불타고 있었읍니다그려!
마침내 비련悲戀의 감정感情을 발끝까지 찍어 버리고
금金붕어 같은 삶의 기나긴 페이지 위에 검은 먹칠을 하고
하고서, 강强하고 튼튼한 역사歷史를 또다시 쌓아 올리고
캄캄하던 동방산東方山 마루에 빛나는 해를 불쑥 올리려고
밤의 험로險路를 천리千里나 만리萬里를 달려 나갈 젊은 당신들 ──
정서情緖를 가진 이, 일만 사람이 쓸쓸하다는 겨울 저녁이 올 때
구슬픈 저녁을 더더 장식裝飾하는 가냘픈 선율旋律 끝에 매어 달린 곡조曲調와
당신의 작은 깃을 찾는 가엾은 마음일랑 작은 산새에게 내어주고
선색線色 등잔 아래 붉은 회화會話를 그렇게 할 이웃에게 맡기고
여보! 당신들은 맹렬猛烈한 바람이 부는 추운 거리로 나아가야 하지 않겠읍니까?
소름찬 당신들의 일을 하여야 하지 않겠읍니까?

....
• 《동아일보》, 1934. 5. 25.

어린 새벽은 우리를 찾아온다 합니다

새까만 하늘을 암만 쳐다보아야 어딘지 모르게 푸르러터니
그러면 그렇지요, 그 우렁차고 광명光明한 아침의 선구자先驅者인 어린 새벽이
벌써 희미한 초롱불을 들고 사방四方을 밝혀 가면서
거친 산山과 낮은 들을 걸어오고 있었습니다그려!
아마 동리에 수탉이 밤의 적막寂寞을 가늘게 찢을 때
잠자던 어느 골짜기를 떠나 분주히 나섰겠죠.

여보세요. 당신은 쓸쓸한 저녁이 올 때 얼마나 슬퍼하였읍니까?
당신이 사랑하는 해가 거친 산정山頂에서 붉은 피를 쏟고
감상시인感想詩人인 까마귀가 황혼黃昏의 비가悲歌를 구슬피 불러
답답한 어두움이 방방곡곡坊坊谷谷에 숨어들 때
당신은 끊어져 가는 날의 숨소리를 들으며 영원永遠한 밤을 슬퍼하지 않았읍니까?
그러기에 당신은 또한 절망絶望을 사랑하기에 경솔輕率하고,
감정感情을 달래기에 퍽도 이지理智가 둔鈍하였다는 말이요.
지구地球의 구석까지 들어 찰 광명光明을 거느리고, 용감勇敢스러운 해는
어둡고 험준險峻한 비탈과 절벽絶壁을 또다시 기어오르고 있다는 걸요.
이제 그 빛난 얼굴을 동방산東方山 마루에 눈이 부시도록 내어놓으면
모든 만물萬物은 환호歡呼를 부르짖고
새로운 경륜經綸을 이루어 나간다 합니다.
힘있고 새로운 역사歷史가 광명光明한 그 아침에 쓰여진다 합니다!

저것 보아요. 어두운 밤을 지키고 있던 파수병정把守兵丁인 별들
은 이제 쓸데 없고요.
그리고 당신이 작은 낙천가樂天家라고 부르는 고 얄미운 참새들이
어느새 해를 환영歡迎하겠다면서 어린 이슬들이 밤새도록 닦아
놓은
빨래줄 위에 아주 저렇게 줄지어 앉았겠죠.
평생 지껄여야 무슨 이야기가 저렇게도 많은지.

그러면 글쎄, 참새들은 지금
이른 아침 새벽 정찰偵察 나온 구름의 이야기를 하고있읍니다그려!
저걸 좀 보아요. 우렁차고 늠름한 기상을 가진 흰 구름들이 동
방東方에서 일어나
오늘은 벌써 서부원정西部遠征의 새벽 정찰偵察을 하고 있지 않
습니까?
―― 지나간 여름에 저 구름들이 황하연안黃河沿岸을 공격하였을 때
너무도 지나친 승리勝利를 하였다고 합니다그려.
그러니 어찌, 감상시인感想詩人인 까마귀들만이 그냥 있을 수 있
어야지요.
아마 황혼黃昏에 읊을 시재詩材를 얻기 위為하여 지금 저렇게 산山
을 넘어
거칠고 쓸쓸한 광야曠野로 나가는가 봐요.

동東편에선 언제나 가장 높은 체하는 험상궂은 산山봉우리가
아직도 해를 가리우며 내어 놓지를 아니하는데
그 얌전성 없는 참새들은 못 기다리겠다고 반듯한 줄을 흩으리고
그만 다들 날아가 버리겠지요.

그러나 그 차고 넘치는 햇발들이 사방四方으로 빠져 나오고 있지 않습니까?

그러기에 어제밤 당신을 보고 말하지 않았읍니까?

밤을 뚫고 수천數千 수백리數百里를 걸어 나가면 광명光明한 아침의 선구자先驅者인 어린 새벽이

희미한 등불을 들고 또한 우리를 맞으러 온다고 말하지 않았읍니까?

- 《동아일보》, 1934. 5. 25.

너와 나

너의 눈은 사월四月이 데리고 온 꾀꼬리의 노래와 같이 명랑明朗하고나.
너의 모양은 가을의 코스모스같이 청초淸楚하고나.
너의 웃음은 황혼黃昏의 언덕을 넘는 양羊 떼와 같이 고요하고나.
너의 뜻은 바위를 때리는 파도波濤의 한 조각같이 위대偉大하고나.
너의 추억追憶은 처녀處女들의 상상想像같이 아름답고나.
너의 하루는 소 떼를 몰고 돌아오는 저물녘의 농부農夫와 같고나.
너의 노래는 오월五月의 호수湖水와 같이 맑고 푸르고나.
너의 웃음은 한 입 덥썩 깨문 능금같이 선명鮮明하고나.
너는 늠름한 대지大地를 찾는 지평선地平線의 처녀광處女光같이 기껍구나.
너의 희망希望은 하늘 위에 빛나는 별과 같고나.
너의 이야기는 밤비 오는 봄날과 같고나.
너의 잔에는 붉은 술이 넘쳐 흐르는고나.
너는 휴전休戰의 나팔 소리를 듣는 병사兵士와 같고나.

나의 눈은 까마귀의 소리와 같이 거칠고나.
나의 모양은 압록강鴨綠江의 흘러가는 뗏목과 같고나.
나의 마음은 회오리바람 부는 장터와 같이 어수선하고나.
나의 뜻은 파도波濤를 맞는 바위의 울음과 같고나.
나의 추억追憶은 북빙양北氷洋의 얼음장 찢어지는 소리와 같이 서글프고나.
나의 하루는 아들을 때리고 난 아버지의 마음 같고나.
나의 노래는 칠월七月의 홍수洪水와 같고나.
나의 웃음은 한 입 덥썩 깨문 풋감과 같이 괴롭고나.
나는 지평선地平線에 떨어지는 붉은 태양太陽의 솟는 ×와 같고나.

나의 희망希望은 땅 위에 곤두박질하는 유성遊星과 같고나.
나의 잔에는 ×××가 넘쳐 흐르는고나.
나는 개전開戰의 호외號外를 받은 시민市民과 같고나.

• 《조선중앙일보》, 1935. 6.

황혼黃昏

해안海岸의 황혼黃昏은 임신부姙娠婦의 고요함과 근심스러움 같습니다.
언덕 위의 프레젠트—바다의 진주眞珠와 산호珊瑚와 신선新鮮한 생선生鮮을 내어 버리고 피곤한 태양太陽은 바다의 푸른 침실寢室로 들어갔읍니다.

자색紫色에 물든 안개는 황혼黃昏의 정조貞操
만종晩鍾의 머리맡에서 포구浦口의 돛대가 묵도默禱를 올립니다.

무인無人 고도孤島에 탐험探險갔던 작은 물새가 돌아왔건만
밀려 오고 스치는, 스치고 떠나가는 물결의 외로움.
멀리 수평선水平線 우으로 감상感傷이 군집群集할 때,
구름은 쓸쓸히 황혼黃昏의 숙박소宿泊所를 찾고 있읍니다.

황혼黃昏을 보고 싶다 하여 해안海岸을 찾아온 당신은 어찌하여 말이 없읍니까?
곱고 아름다운 듯하나 가슴을 쪼개는 황혼黃昏이기에 말입니까?

....
• 《조선중앙일보》, 1934. 7.

아침과 황혼黃昏을 데리고 갈 수 있다면

 수탉의 울음소리 고요한 하늘에 오르고
 집 위와, 공중空中과, 먼 산山에 선명鮮明한 침묵沈默이 안개와 같이 기어다닐 때
 당신은 일찌기 아침을 아름다와하였읍니까?
 산山봉우리에 피어 오르는 처녀광處女光과 함께 이슬을 물고 날아가며, 서며, 혹은 놓여 있는
 투명透明한 아침의 모든 족속들이.

 그러나, 침실寢室을 암시暗示하는 곳—낮은 하늘과 초지草地와 머언 인가人家와 또한 황토黃土 언덕과 삼림森林과 강江 건너는 늙은 나룻배 위에
 진달래빛과 그으한 심호흡深呼吸이 흘러갈 때
 황혼黃昏은 또한 아름답지 않습니까?
 노을을 입고 깃들이며, 누우며, 혹은 사라지는 하늘
 땅의 젊음의 모든 표정表情들이.

 나의 왼편 팔에
 또한 나의 오른편 팔에,
 黃昏과 아침을 가벼이 데리고
 기차汽車 가는 플랫포옴과 포석鋪石의 도로道路들과 또한 주막酒幕을 지나
 푸른 하늘 아래 빛나는 평야平野를
 천리千里나 만리萬里 끝없이 갈 수 있다면
 아아 자연自然은 왜 이다지 아름답습니까?

• 《동아일보》, 1935. 5.

아침

새벽의 보드러운 촉감觸感이 이슬 어린 창문窓門을 두드린다.
아우야 남향南向의 침실문寢室門을 열어 제치라.
어젯밤 자리에 누워 헤이던 별은 사라지고
선명鮮明한 물결 위에 아폴로의 이마는 찬란한 반원半圓을 그렸다.

꿈을 꾸는 두 형제兄弟가 자리에서 일어나 얼싸안고 바라보는 푸른 해안海岸은 어여쁘구나.
배를 쑥 내민 욕심 많은 풍선風船이 지나가고
하늘의 젊은 「퓨우리탄」─동방東方의 새 아기를 보려고 떠난 저 구름들이
바다 건너 푸른 섬에서 황혼黃昏의 상복喪服을 벗어 버리고 순례巡禮의 흰옷을 훨훨 날리며 푸른 수평선水平線을 넘어올 때
어느덧 물새들이 일어나 먼 섬에까지 경주競走를 시작하노라.

아우야 얼마나 훌륭한 아침이냐.
우리들의 꿈보다는 더 아름다운 아침이 아니냐.
어서 바다를 향向하여 기운찬 돌을 던져라.
우리들이 저 푸른 해안海岸으로 뛰어갈 아침이란다.

• 《조선중앙일보》, 1934. 6.

새벽은 당신을 부르고 있읍니다

　새벽은 푸른 바다에 던지는 그물과 같이 가볍고 희망希望이 가득 찼습니다.
　밤을 돌려 보낸 후 작은 별들과 작별한 슬기로운 바람이
　지금 산기슭을 기어 나온 작은 안개를 몰고 검은 골짜기마다
　귀여운 새들의 둥지를 찾아다니고 있읍니다.
　이제 불교佛敎를 믿는 저 산맥山脈들이 새벽의 정숙한 묵도默禱를 마친 후에 고 어여쁜 산새들을 푸른 수풀 속에서 내어 놓으면
　이윽고 저 하늘은 산딸기 열매처럼 붉어지겠지요?

　빨간 숯불을 기다리는 오후午後에 깨끗한 세탁물洗濯物을 입고 자장가 부르던 빨랫줄이
　새벽의 프레젠트―맑은 이슬을 모아 놓고 훌륭한 작품作品의 감상자鑑賞者를 부르고 있읍니다그려!
　아아 여보 얼마나 훌륭한 작품作品인 이슬들입니까?
　날마다 모든 사람들이 피곤疲困을 씻으려는 자리에 누워 구상構想하는 세계世界가 새벽의 맑고 고요한 틈을 타서 저렇게 작품화作品化된다 합니다.
　그러나 밀밭과 노래를 좋아하는 참새들이 일어날 때 다 따먹고 말겠지.

　백색白色 유니폼을 입은 준령峻嶺의 조기체조단早起體操團인 구름들이 벌써 동방東方 산마루를 씩씩하게 넘어 옵니다.
　아마 저렇게 빛나고 기운찬 구름들이 모이면
　오늘은 그 용감스런 소낙비가 우리의 성읍城邑을 다시 찾아 오겠지요?
　시원한 바닷바람을 몰고 들어와 문門지방에 흐르고 있는 송진

과 같이

 느긋한 오후午後의 생존生存을 약탈掠奪하여 가는 그 용감한 협도俠盜들 말입니다.

 저것 보세요. 붉은 소나무 뚝뚝 찍어 우달북달 묶어 놓은 참외 막이 제법 조포미粗暴美를 자랑하며 저 산등 위에 가 서 있읍니다그려!
 가지 나무의 자색紫色 열매와, 타원형楕圓形의 푸른 호박과, 산딸기 붉은 열매들이 또한 새벽의 맑은 들을 장식裝飾하여 놓기를 잊었겠지요?

 그러면 여보, 아침과 저녁 하늘에 애닮고 찬란燦爛한 시詩를 쓰는 예술지상주의자藝術至上主義者인 태양太陽이 우리들의 사랑하는 풀밭에 내려와 맑고 귀여운 이슬을 죄다 꼬여 가기 전에 당신은 새벽이 부르는 저 푸른 들에 나가지 않으렵니까?
 새벽은 위대한 보물寶物을 저 들에 숨겨 놓고 밤의 슬픈 이야기를 계속하는 우리를 부른다 합니다.

....
• 《동아일보》, 1934. 9. 28.

엄마·밤

창조創造 이전의 푸른 호수湖水와 같습니다.
어머니와 떨어져 혼자 자는 아기의 생각과 같이 외로운 밤
성선전차省線電車의 마지막 커어브가 잠옷을 입고 머얼리 들려오고
북北의 기적汽笛 ― 객客 떠난 대합실待合室은 쓸쓸하겠읍니다.

바께츠에 떨어지는 물방울 소리는 밤의 하이트 ―
따르릉! 자전거自轉車의 처량한 음파音波가 돌담을 스치고 지나갔읍니다.
누구일까? 뒤로부터 끝없이 따라가고 싶은 저 소리 ―
아기의 생애生涯 같은 나의 꿈을 도둑맞은 밤에
몽고사막蒙古沙漠에 퍼지는 천막天幕과 같습니다.

• 미상

새벽 교실敎室

새벽의 밤의 밀림密林을 치는 그윽한 소리가
또 다시 머언 사면에서 들려 옵니다.
까아만 남藍빛 유리밀림琉璃密林 속에 고요히 잠들었던 작은 별들은
그만 놀라 깨어 머얼리 날아가 버리느라고
아마 새벽마다 이렇게 잔잔한 바람이 이는 게지요!

우유牛乳를 짜는 것도 아니지만,
누구인가, 들의 여명黎明을 밟으며 따뜻한 유방乳房의 감촉感觸을 등에 메고 들어와
여기저기 아직도 등ㅅ불을 내어버린 자욱한 거리 위에
하얀 밀크를 얹고 돌아가면
참새들은 이제 바쁜 듯이 떠들며 점잖은 동상銅像이 있는 곳으로 모이겠지요?

그러면 그렇지요. 고 얄미운 아우 같은 것들이 벌써 일어나
오늘 아침은 무엇인지 토론회討論會를 개최開催하고 있나 봅니다그려.
야단들이예요. 밀월密月의 은銀빛 소낙비 퍼지던 어제밤……
다람쥐가 기다리는 붉은 골짜기도 잊어버리고
북극北極의 보초步哨가 멀리 지평地平의 새벽을 기다리는 하늘에
대상隊商들의 발자욱과 떨어뜨린 손수건의 모양을 만들며
늦도록 놀다가 돌아간 작은 구름들의 태도態度가
도무지 옳으냐 옳지 않으냐, 이것이 그들의 제목題目인 줄 압니다.
아름다운 상선商船과 첨탑尖塔을 자랑할 수 있는 지방脂肪의 귀족貴族들의 트렁크를

두루 찾던 장한壯漢들이 여호의 굴과 같은 쓸쓸한 마을의 초상
肖像을 안고
흩어지는 성읍城邑의 황혼黃昏이 오면
포도葡萄빛 지평선地平線에 실려 돌아가기로 약속하고서 글쎄 얼
마나 분하였겠어요.

그러나 재미있는 성품을 가진 구름들은 아무것도 모르는 듯이
넘어오고 있읍니다그려 ―
저걸 좀 보세요. 칠면조七面鳥 웅변가雄辯家 식인도食人島 ―
모두 우습게 평화平和와 자유自由를 그러나 상징象徵하고 있지
않습니까?
납작한 푸른 캡을 쓴 버스가 포플라의 정거장停車場에 머무는
오후午後가 오면,
저 구름들은 고산식물高山植物과 먼 해협海峽을 건너 식인도食人島
의 수림藪林을 찾아간다 합니다.
그러니, 참새들은 암만 바라보아야 누구인지 알 수가 있어야지요.
토론회討論會는 어떻게 되었는지 군축회의軍縮會議같이 흩어져 버
리는구먼.

유리창琉璃窓 ― 금金빛 태양太陽이 물결치는 빌딩의 아침 해협海峽
을 열고
젊은 폐혈관肺血管들은 서재書齋의 탄산炭酸가스와 새벽을 우주宇宙
로부터 바꿉니다.
폭탄爆彈과 같이 태양太陽은 멀리 밤을 깨뜨립니다.
아아 여보세요. 새 날의 승리勝利를 안고 ―
아세아亞細亞 또 지구地球의 들을 용맹勇猛스럽게 달릴 광명光明의

젊은 피더스여
  어둡고 쓸쓸한 당신의 투숙投宿 — 세기世紀의 창窓을 열고
  새 날의 경륜經綸과 구가謳歌로 우렁차게 돌파突破하는 새벽을 바라보지 않으렵니까?
  아아 얼마나 아름답고 씩씩한 당신들의 새벽입니까!
  떠들며 웃으며 다시 지껄이며
  저기 검은 제복制服을 입은 젊은이들이 달려옵니다그려.
  그렇지요, 우리들 머리 위에는 눈 내리듯 쓸쓸한 과거過去는 쌓여도
  우리는 새벽의 교실敎室로부터 영원永遠히 퇴학退學을 하고
  돌아갈 수는 없는 젊은이들입니다그려.

• 《동아일보》, 1936. 2. 18.

묵상默想 수제數題

비애悲哀

삶의 저류底流 ―
공기空氣와 같다.
그대가 인생론人生論을 쓰려거든
제일第一 페이지를 어떻게 꾸미려는가?

기쁨

비애悲哀의 전조前兆 ―
인생론人生論의 부록附錄 ―
인류人類가 가진 가장 큰 추상명사抽象名辭이다.

경험經驗

공책空冊 위에 그려 둔 생활生活 그래프선線
기쁨은 빨간 줄로
슬픔은 파란 줄로
그리하여 십년十年 되는 마지막 밤 눈 오는 밤
저자에 나가 파란 연필 또 하나 사나니

• 《조선시단朝鮮詩壇》, 1935. 4.

동굴洞窟의 시편詩篇 (기일其一)

1 회의懷疑

인생人生의 언덕 위에 뿌리박은
나는 생각하는 갈대다.

2 삶

사람들은 철이 들자
가파로운 절벽을 올라가더라.

3 묵상默想

비는 흩어지고
골목은 전등불을 켰다.
사람들은 박쥐 날개를 쓰고,
말없이 걸어간다.

4 왜

나는 왜 생각하고 헤아리나
그리고 왜 괴롭히고 괴로와하나.

5 운명運命

삶의 굴곡屈曲을 들어 운명運命을 짜網는
인생人生은 바다의 사람……

411

인생人生은 세상의 넓은 바닷가에 그물을 던진다.
인생人生은 세상의 넓은 바닷가에 운명運命의 그물을 던진다.

• 《조선중앙일보》, 1935. 10.

동굴洞窟의 시편詩篇 (기이其二)

　　6 우리의 현실現實

여보게 우리는 쓰디쓴 현실現實을 등진 사람들이 아닐세.
　경매시장競買市場에 떨어지는 물품物品 같은 현실現實을 사다가
삶의 헤어진 바를 꿰어매는 무리들.

　　7 우상偶像

가난, 너는 몹시도 나를 작게 만들었다.
낮에 또한 밤에, 나의 가는 길 앞에.
검은 장벽은 언제나 우상偶像처럼 서 있는 것 같아서!

　　8 의지意志

오오 의지意志가 그립다. 철학鐵學의 의지意志를 다오!
나의 오른편 팔을 베여 주마!

　　9 우愚의 심각深刻

미련한 무리는 어리석은 역사歷史를 창조創造하였다.
어리석은 무리는 미련한 역사歷史를 반복反復한다.
우愚의 생활生活이 과거過去가 흡족하건만!

　　10 금식禁食

네슬따이 임금林檎같이 완숙完熟하기 전

녹슬은 철필鐵筆을 책상 위에 꺼꾸로 버려 두고
　　너는 광야曠野에 생활生活을 금식禁食하여라.
　　일천구백오십삼년一九五三年 오월五月의 푸른 수풀이 고북성古北城
너머로 부풀어 오를 때—

....
• 미상

까마귀

회색灰色 보표譜表 꽂은 비곡悲曲의 명작가名作家
서산西山에 깃들이는 황혼黃昏의 시인詩人 ―
나는 하늘에 우는 까마귀 따라간다.

표박漂泊의 상징象徵과 같이 광원曠原으로 광원曠原으로 날아가나니
비가悲歌의 시편詩篇들 속에 까마귀의 생애生涯는 깃들인다.
(나의 시집詩集에도 까마귀 백百 개만 시재詩材도 넣으련다)

가을이다! 심란한 한숨 내쉬고 유리창琉璃窓 바라보니
앞마당 오동나무 가지에 까마귀가 앉아 있다.
― 어양림於楊林 ―

- 《조선중앙일보》, 1935. 7.
- '시재도' (2연 3행) : '시재로'의 오기로 보인다.

이별離別의 곡曲

등燈ㅅ불을 남기고 돌아가는 것은
오래전부터 이 거리의 미풍美風이다.

안개는 자욱이 잠든 밤 위에 쇠를 잠그다.

멀리 바라보면 이층二層집이 서고
자욱한 포도鋪道로 넘어오는 만도의 동상銅像들—
호! 밤은 이리도 슬픈 것인가?
빙산氷山은 화려한 심장心臟을 깨뜨리다.

나의 슬픔을 층층계層層階의 중간中間에서
쓸쓸한 건강健康을 발견發見한 것뿐 아니란다.
눈과 제복制服의 고향故鄕에 우는 나아중 기적汽笛
안개는 버터빛으로 흐르고
등ㅅ불은 차거운 심야深夜를 동그랗게 파다.

떨어진 샤쓰 속에 지혜를 얻으련다……
잘 있거라. 젊은 제복制服의 코사크
이 밤은 장미薔薇도 만향晩饗도 없이 그대를 떠나다!

아아, 마음은 멀리 사막沙漠의 지도地圖를 펴들고
매아미 허물같이 외로와 외로와……
흐를 참이다!
그대는 젊고, 저는 어리고
희망希望은 저보다도 어리기는 하지만……

• 《숭전崇專》, 1936. 3.

떠남

떠남 너의 뒷 모양은 언제나 쓸쓸하더라.
너는 젊음을 미워하고 사랑을 시기한다.
너는 어머니와 아들같이 친한 사이를 간섭하기를 유달리 좋아하더라.

사람들은 너를 위하여 산을 헐어 길을 닦고
물 위에 배를 띄운다.
너는 왜 아득한 모래 위에 혼자 앉아
로렐라이의 노래만을 부르고 있느냐.

나는 너를 잘 안다.
너는 나의 검은 머리털의 힘을 빼앗고
네가 사랑하는 보석寶石은 진주眞珠나 낙엽落葉보다 눈물이다.
네게 만일 세월의 친절이 없었던들

이를 무엇에다 쓰겠느냐?
떠남 너는 한 번도 약속을 어기지는 않더라.
네 앞에 자연自然은 빛을 잃고 기적汽笛은 사라지며
원수도 뉘우친다!

너는 왜 훌적훌적 울면서도 가고야 마느냐?
돌아서 너의 마음을 뉘우침이 좋지 않느냐?
아아, 떠남 너의 발자취를 덮을 땅 위의 바람과 눈이 영원히 없음을 너는 모르느냐?

....

• 《조선문단朝鮮文壇》, 1935. 2.

새벽

새벽
세상이 쓴지 괴로운지 멋도 모르는 새벽
종달새와 노래하고
참새와 지껄이고
시냇물과 속삭이고
참으로 너는 철 모르는 계집애다.
꽃밭에서 이슬을 굴리고
어린 양을 풀밭에 내어 놓고
숲속에 종을 울리는
참으로 너는 부지런한 계집애다.
시인詩人은 항상 너를 찍으려고 작은 카메라를
가지고 다니더라.
내일은 아직도 세상의 고뇌苦惱를 모른다.
그렇다면 새벽 너는 금방 우리 앞에 온 내일이 아니냐?
나는 너를 보고 내일을 믿는다.
더 힘있게 내일을 사랑한다.
그리하여 힘있게 오늘과 싸운다.

• 《조선문단》, 1935. 2.

후기後記

　이 시집 속에서 나는 행복의 길을 노래하지는 못하였다.
　어떻게 사는 것을 알기 위하여 노래하였지만 — 노래하였다기보다는 괴로와하였다는 말이 옳을지 모른다.
　사는 것을 알기 위하여 노래한다기보다는 노래를 하면 사는 길이 조금씩 알아지는 것도 같다.
　시詩의 보람과 즐거움은 근년의 내게 있어서는 부동不動의 자세로 이러한 것들에 있다.

일천구백칠십사년

마지막 지상에서

마지막 地上에서

마지막 地上에서 **펴낸날** 1975년 11월 25일 | **장정** 김석중 | **당시 편집** 조태일 | **당시 가격** 500원

제1부

신년기원 新年祈願

몸되어 사는 동안
시간을 거스를 아무도 우리에겐 없아오니,
새로운 날의 흐름 속에도
우리에게 주신 사랑과 희망—당신의 은총을
깊이깊이 간직하게 하소서.

육체肉體는 낡아지나 마음으로 새로웁고
시간時間은 흘러가도 목적目的으로 새로와지나이다!
목숨의 바다—당신의 넓은 품에 닿아 안기우기까지
오는 해도 줄기줄기 흐르게 하소서.

이 흐름의 노래 속에
빛나는 제목題目의 큰 북소리 산천山川에 울려 퍼지게 하소서!

한 쪽의 빵을 얻기 위하여
한 세기世紀의 희망이 굶주리던 지난 일년一年
한 이파리 꽃술에 입맞추기 위하여
한 세대世代의 젊음이 시들어 버린

지난 일년一年의 얼굴없는 물웅덩이 속에
1972년年의 쉬임없는 시간들이 고이어 고이어
끝모를 심연深淵을 우리의 눈망울에 잠기게 마옵소서.

검은 땅에 입맞추는
저 임자년壬子年의 첫 입술—새벽의 붉은 태양太陽을
희망과 사랑의 눈빛으로 다만 바라보게 하소서!

우리를 오히려 도로혀 더욱
슬프고 배고프고 목마르게 만들던,
단추로 눌러 버린 이 기쁨들
빛의 이 영화榮華들
엉겅퀴 우거진 이 욕망欲望의 벌을 지나,
낡은 경험經驗 위에 새로운 슬기를 띄우며
새 아침의 도소주屠蘇酒를 마음의 새 푸대에 부으며,
아침 태양太陽이 반짝이는 강물처럼
굽이쳐 굽이쳐 우리의 새로운 시간들을
당신의 품 ― 당신의 영원한 바다로
흘러가게 하소서 하소서.

• 《월간문학》, 1972. 1.

촌村 예배당禮拜堂

깊은 산골에 흐르는
맑은 물 소리와 함께
나와 나의 벗들의 마음은
가난합니다
주主여 여기 함께 하소서.

밀 방아가 끝나는
달 뜨는 수요일水曜日 밤
육송肉松으로 다듬은 당신의 단壇 앞에
기름불을 밝히나이다
주主여 여기 임하소서.

여기 산 기슭에
잔디는 푸르고
새소리 아름답도소이다.
주主여 당신의 장막을 예다 펴리이까
나사렛의 주主여
우리와 함께 여기 계시옵소서.

• 《서울신문》, 1973. 5.

인생을 말하라면

인생을 말하라면 모래위에
손가락으로 부귀를 쓰는
사람도 있지만

인생을 말하라면 팔을 들어
한조각 저 구름 뜬 흰 구름을
가리키는 사람도 있지만

인생을 말하라면 눈을 감고
장미 아름다운 가시 끝에
입맞추는 사람도 있지만

인생을 말하라면 입을 다물고
꽃밭에 꽃송이처럼 웃고만 있는
사람도 있기는 있지만

인생을 말하라면 고개를 수그리고
뺨에 고인 주먹으로 온 세상의 시름을
호올로 다스리는 사람도 있지만

인생을 말하라면 나와 내 입은
두 손을 내밀어 보인다,
하루의 땀을 쥔 나의 손을
이처럼 뜨겁게 펴서 보인다.

이렇게 거칠고 이렇게 씻겼지만

아직도 질기고 아직도 깨끗한 이 손을
물어 마지않는 너에게 펴서 보인다.

• 《샘터》, 1972. 3.

봄이 오는 한 고비

눈을 돌려
눈을 돌려
눈을 네게까지 돌려 보아도
묻는 이는 없다.

만나는 이마다
만나는 이마다
묻지 않고
대답해 버린다.

대답이 한층 어려운데
짤막한 대답은 피눈물로 짜내는데,
한마디 한마디의 대답은 지금껏 모든 땅에서
한걸음 한걸음씩 좁은 길로 걸어 왔는데
물음이 그 대답보다 더 외로운
지금은 봄이 오는 한고비

제비 주둥이같이
제비 주둥이같이
열심히
어미를 향해 입을 벌리지도
못하는,

....
• 《문화비평文化批評》, 1973. 3.

뾰죽 뾰죽 뾰죽
열심히
수선화水仙花의 새순처럼 머릴 들지도 못하는
지금은 지금은 봄이 오는 한 고비…….

비약飛躍

강물이 끝나는 곳에서
바다는 열린다 — 바다는 꽃핀다.
더욱 큰 파도波濤를 우러러 지금은 팔을 벌릴 때…….

길들이 끝나는 곳에서
길은 열리어,
생명生命의 매듭은 자라가는 것 —
역사歷史의 회랑廻廊은 영원으로 굽이치는 것 —

창을 올려라!
가녀리고 서럽던
양양洋洋하고 막연턴
그리고 담쟁이 삼월三月의 파란 순筍이 오르던.

지금은 광장廣場과 일몰日沒의 러쉬·아워에서
지금은 뜨거운 연기와 끓는 대지大地 위에서
지금은 온갖 싸움과 사랑과 맥진驀進의 기적汽笛 속에서
서제書齊를 구求할 때 —
열매는 꽃보다도 풍성한 것.
실탄實彈은 포효咆哮보담 강강強한 것!

지금 세계世界는 가난하여도
옥토沃土 같은 젊은 가슴에 뿌려진
진리眞理의 꽃밭은 이윽고 피어나리니,

● 《창작과비평》, 1974. 봄.

심장心臟에 불을 일귀라!
그대들 이윽고 새 누리를 가동稼動할 용광로鎔鑛爐에.

오른 손에 펜을 쥐고

한 손을 들어 목숨 위에 얹고
다른 한 손―너의 오른 손으로
펜을 든다
너는 쉬지 않고
너의 손으로 우리의 오른 손이 되게 한다.

한 손을 더운 가슴 위에 고요히 얹고
다른 한 손―너의 오른 손으로
쉬지 않고 펜을 잡는다.
아침 이슬 같은 소리를 맺는다
노고지리 울음같은 소리를 전한다.

너의 밝은 눈으로 보면서
아름다운 장미가 들과 거리에서
무덤에 뿌리박고 있음을 보면서
단비와 같이 너의 펜으로 적신다.

너의 머리로 깊이 생각하면서
광야曠野의 맑은 머리와
단식斷食의 깨끗한 위복胃腹으로 생각하면서
너의 펜으로 소금을 긁고
꿀벌의 살이 된다.

너의 펜으로 목숨의 돌 위에
칼끝이 되게 하고
너의 잉크로 때론

멍든 피가 되게 한다.

오늘의 펜으로
오늘이 지나가기 전
까아만 하늘에 별빛을 아로새긴다!
아득한 내일來日에 반짝이며 닿을
오늘밤의 별들을 아로 새긴다.
너의 펜끝으로 아리아리 아로새긴다!

- 《문화비평》, 1973. 3.

이 어둠이 내게 와서

이 어둠이 내게 와서
요나의 고기 속에
나를 가둔다.
새 아침 낯선 눈부신 땅에
나를 배앝으려고.

이 어둠이 내게 와서
나의 눈을 가리운다.
지금껏 보이지 않던 곳을
더 멀리 보게 하려고,
들리지 않던 소리를
더 멀리 듣게 하려고.

이 어둠이 내게 와서
더 깊고 부드러운 품안으로
나를 안아 준다.
이 품속에서 나의 말은
더 달콤한 숨소리로 변하고
나의 사랑은 더 두근거리는
허파가 된다.
이 어둠이 내게 와서
밝음으론 밝음으론 볼 수 없던
나의 눈을 비로소 뜨게 한다!

마치 까아만 비로도 방석 안에서
차갑게 반짝이는 이국異國의 보석寶石처럼,

마치 고요한 바닷 진흙 속에서
아름답게 빛나는 진주眞珠처럼…….

- 《신동아》, 1973.

그림자

그림자
너는 나를 먹칠해 버렸다.
눈도 귀도
그리고 혓바닥도 없는 나로.

그림자
너는 나를 검은 보자기로 쌌다.
전둥이와 같은 나의 이 수치를

그림자
너는 나를 길 위에 재단裁斷해 버렸다.
내 발부리에서 터져나는
내 영혼의 헐벗은 창자와 같이.

....
- 《한국일보》, 1973. 6. 19.

천국天國은 들에도
—— 어머니 생각

나비 한점 날지 않은
혼자 가는 들길엔
발자욱 소리뿐

풀잎 하나 일지 않은
혼자 가는 들길엔
검은 그림자뿐

누워 계시던 어머니
이런 들에 호올로 헤매이시면 어쩌나!

어머니 어머니 생각 때문에도
천국天國은 들 가운데 있어지이다!

• 《한국일보》, 1973.

낙엽후 落葉後

남은 것은—
마른 손등으로 닦는
한 두 방울의 눈물
소금기 섞인 마른 눈물.

일생을 썼으나
한 두 줄의 시詩
다문 입술보다
아름다운 결정結晶을 놓친……

털을 뽑아 제 둥지에 찬바람을 막는
산짐승의 신음呻吟과 사랑

남은 것은……
창밖에
울고 가는 까마귀.

● 《한국문학韓國文學》, 1973. 12.

무기武器의 노래

가장 날카로운 칼이라야
가장 아름다운 보석寶石을
깎고 또 깎듯이,

가장 날카로운 무기武器는
가장 날카로운
양심良心을 만드는 데에만 쓰인다.

가장 아름다운 나무의 열매로
우리들의 마음을 떠보시고

지금은 가장 날카로운 무기武器로
우리 들의 양심良心을 시험하고 계시는
그분은 누구일까?
역사歷史를 깎고 만드는 그분은 — 곧
누구이실까?

• 《한국문학》, 1974. 4.

낚시터 서정抒情

봄에는 뻐꾸기 소리
가을에는 기러기 소리
들으며
들으며
낚시터 물가에 앉아 있으면
봄엔
불타는 진달래
가을엔
노오란 들국화.

그 너머론 바람
바람 너머론
머나먼 기적 소리도 흐른다.

모였다간
헤어지는 낚시터
서로 반기는 웃음밖엔
서로 가진 것도 없는
낚시터……
송사리도 월척越尺도 들지 않는 날은
흰 구름만 망태 속에 넣고
돌아간다
집으로 돌아간다 휘파람 불며 불며.

- 《낚시춘추》, 1974. 5.

사랑의 동전銅錢 한 푼

사랑의 동전 한 푼
위대偉大한 나라에 바칠 수는 없어도,

사랑의 동전 한 푼
기쁘게 쓰일 곳은 별로 없어도,

사랑의 동전 한 푼
그대 아름다운 가슴을 꾸밀 수는 없어도,

사랑의 동전 한 푼
바다에 던지는 하나의 돌이 될지라도,

사랑의 동전 한 푼
내 맑은 눈물로 눈물로 씻어
내 마음의 빈 그릇에 담아
당신 앞에 드리리니……

사랑의 동전 한 푼
내 눈물의 곳집 안에 넣을 때,
이 세상의 모든 황금黃金보다도
사랑의 동전 한 푼
더욱 풍성히 풍성하게 쓰이리니…….

• 《창작과비평》, 1974. 봄.

흙 한 줌 이슬 한 방울

온 세계는
황금黃金으로 굳고 무쇠로 녹슨 땅,
봄비가 내려도 스며들지 않고
새 소리도 날아 왔다
씨앗을 뿌릴 곳 없어
날아가 버린다.

온 세계는
엉겅퀴로 마른 땅,
땀을 뿌려도 받지 않고
꽃봉오리도
머리를 들다
머리를 들다
타는 혀끝으로 잠기고 만다!

우리의 흙 한 줌
어디 가서 구할까,
누구의 가슴에서 파낼까?

우리의 이슬 한 방울
어디 가서 구할까
누구의 눈빛
누구의 혀끝에서 구할까?

우리들의 꽃 한 송이

어디 가서 구할까
누구의 얼굴
누구의 입가에서 구할까?

• 《창작과비평》, 1974. 봄.

희망希望

나의 희망,
어두운 땅속에 묻히면
황금黃金이 되어
불 같은 손을 기다리고,

너의 희망
깜깜한 하늘에 갇히면
별이 되어
먼 언덕 위에서 빛난다

나의 희망,
아득한 바다에 뜨면
수평선水平線의 기적이 되어
먼 나라를 저어 가고,

너의 희망,
나에게 가까이 오면
나의 사랑으로 맞아
뜨거운 입술이 된다.

빵 없는 땅에서도 배고프지 않은,
물 없는 바다에서도
목마르지 않은
우리의 희망!

온 세상에 불이 꺼져 캄캄할 때에도,

내가 찾는 얼굴들이 보이지 않을 때에도,
우리는 생각하는 갈대 끝으로
희망에서 불을 붙여 온다.

우리에게서 모든 것을 빼앗을 때에도
우리의 무덤마저 빼앗을 때에도
우릴 빼앗을 수 없는 우리의 희망!

우리에게 한번 주어 버린 것을
오오, 우리의 신神도 뉘우치고 있을
너와 나의 희망! 우리의 희망!

• 《창작과비평》, 1974. 봄.

샘물

깊고 어진 사람의 성품과 같이
언제나 누구에게나 풍성히 솟는 샘물…….

몇천千 몇만萬년 얼마나 많은 길손들이
저들의 무거운 멍에를 이 샘물 곁에
쉬고 갔을까.

앞으로 또 얼마나 많은 오고 올 사람들이
저들의 피곤한 다리와 메마른 입술
저들의 평생을
이 샘물에 적시우고 가려는가?

깊은 밤이 지새고
먼동이 트이면
서로이 낯익은 아낙네들이 이 샘물에 모여
넘치도록 가득히 긷는 질동이의 물들은
정녕 은銀이나 금金보다 헐한 것은 아니언만,
그러나 아낙네들은
금은보화金銀寶貨를 나를 때와 같이
서둘거나 다투지도 않는다.

그 마음이 날로 새로와
항상 아름다운 꿈을 지니이듯
억만년 이 정결한 품속에서 씻기운 푸른 하늘을
저만이 호올로 간직한 보배처럼
때때로 물끄러미 들여다보고 가는

흰 구름들도 있다! 구름들이 있다!

언제나 누구에게나
풍성하게 솟아 넘치는 샘물이기에
오히려 그의 은총을 지나쳐 버리는 우리의 허물은
허물이어도 오히려 아름다운
우리의 크나큰 행복이다! 행복이다.

• 《월간문학月刊文學》, 1974. 11.

나무

하느님이 지으신 자연 가운데
우리 사람에게 가장 가까운 것은
나무이다.

그 모양이 우리를 꼭 닮았다.
참나무는 튼튼한 어른들과 같고
앵두나무의 키와 그 빨간 뺨은
소년少年들과 같다.

우리가 저물녘에 들에 나아가 종소리를
들으며 긴 그림자를 늘이면
나무들도 우리 옆에 서서 그 긴 그림자를
늘인다.

우리가 때때로 멀고 팍팍한 길을
걸어가면
나무들도 그 먼 길을 말없이 따라오지만,
우리와 같이 위으로 위으로
머리를 두르는 것은
나무들도 언제부터인가 푸른 하늘을
사랑하기 때문일까?

• 《월간문학》, 1974. 11.

가을이 되어 내가 팔을 벌려
나의 지난 날을 기도로 뉘우치면,
나무들도 저들의 빈 손과 팔을 벌려
치운 바람만 찬 서리를 받는다, 받는다.

영혼의 고요한 밤

고요한 가을밤에는
들리는 소리도 많다.
내 영혼의 씀바귀
마른 잎에 바람이 스치는……

고요한 가을 밤에는
들리는 소리도 많다.
내 육신의 높은 언덕 그 위에 서서
알리 알리 보리피리 불어 주던……

고요한 가을 밤에는
들리는 소리도 많다.
누구의 감는 갈피엔가
뉘우치며 되새기며 단풍잎 접어 넣는……

고요한 가을 밤에는
들리는 소리도 많다.

낙엽보다 쓸쓸한 쓰르라미 울음 소리
내 메마른 영혼의 가지에 붙어 우는……

고요한 가을 밤에는
들리는 소리도 많다.
책상 위에 고요히 턱을 고이면
세상의 모든 책을 다 읽어버린 다 읽어버린…….

• 《한국문학》, 1974. 11.

크리스마스의 모성애母性愛

높은 궁전宮殿과
밝은 성문城門 앞을 드디어 허무시고,
소 오줌 똥 냄새 나는
컬컬한 방주方舟 속에서
우리를 새롭게 하시더니,
비둘기 고운 부리로 물고 온
파란 감람나무 잎사귀처럼
우리를 새롭게 하시더니.

높은 지혜와
밝은 율법律法을 허무시고,
오늘은 말 오줌 똥 냄새 나는
컴컴한 말구유 안에서
우리를 다시 태어나게 하신다.
우리를 다시 새롭게 하신다.

지난 날은
진노震怒와 물로써 우리들을
깨끗하게 씻으려 하시더니,
오늘은 물보다도
짙은 핏 속에
우리를 깊이깊이 잠기게 하신다!

지난 날은 멀리서
아버지의 성난 얼굴을 바라보며 떨게 하시더니,
오늘은 오늘은 우리에게 가까이 다가오시어

당신의 따뜻한 품으로 우리를 안아 주신다!

당신은 아버지의 채찍보다
당신은 어머니의 눈물과 사랑으로
우리를 끝내 그 가슴에 품어 주신다.
별도 빛나고
종소리와 노래소리도 아름다운
오늘부터 오늘밤부터 품어 주신다!

- 《신앙계信仰界》, 1974. 12.

백지 白紙

아직 뺨이 고운 아이들은
해바라기 모양한 둥근 해를,

햇병아리 나이한 시악씨들은
유리창窓에 대고,
이국종異國種 푸른 속눈썹을

데모에 나섰던 청년靑年들은
아직도 아물지 않은
후두부後頭部의 만문한 살을

그리고

아침 테이블 위에
차를 나르는
유리 벽壁의 높다란 거리에선
옥수수 튀김은 불어나면 터지기 마련이다.

사는 것은 바다라고
산아제한産兒制限에서 빠뜨린 사촌四寸들은
그럴싸하게 그리고

....
• 《동아일보》, 1975. 4. 1.

노인老人들은 백지白紙에다 애오라지
백지白紙를 그린다.

너는?
나야 그냥 백지白紙를 들어 눈을 가리울 수밖에.

지각知覺
—— 행복幸福의 얼굴

내게 행복이 온다면
나는 그에게 감사하고,
내게 불행이 와도
나는 또 그에게 감사한다.

한 번은 밖에서 오고
한 번은 안에서 오는 행복이다.

우리의 행복의 문은
밖에서도 열리지만
안에서도 열리게 되어 있다.

내가 행복할 때
나는 오늘의 햇빛을 따스히 사랑하고
내가 불행할 때
나는 내일의 별들을 사랑한다.

이와 같이 내 생명의 숨결은
밖에서도 들여쉬고
안에서도 내어 쉬게 되어 있다.

이와같이 내 생명의 바다는
밀물이 되기도 하고
썰물이 되기도 하면서
끊임없이 끊임없이 출렁거린다.

....
• 《현대문학》, 1975. 2.

부활절復活節에

당신의 핏자욱에선
꽃이 피어 사랑의 꽃 피어,
따 끝에서 따 끝까지
사랑의 열매들이 아름답게 열렸읍니다.

당신의 못자욱은
우리를 더욱 당신에게 못박을 뿐
더욱 얽매이게 할 뿐입니다.

당신은 지금 무덤 밖
온 천하에 계십니다. 충만하십니다!

당신은 당신의 손으로
로마를 정복하지 않았으나,
당신은 로마보다도 크고 강한 세계를
지금 다스리고 계십니다!
지금 울려 퍼지는 이 종소리로
다스리고 계시읍니다!
당신은 지금 유대인의 수의를 벗고
모든 땅의 훈훈한 생명이 되셨읍니다.

모든 나라의 모든 사람들이
이웃과 친척들이 기도와 노래들이
지금 이것을 믿습니다!
믿음은 증거입니다.
증거할 수 없는 곳에

믿음은 증거입니다.
증거할 수 없는 곳에
믿음은 증거합니다!

해마다 사월四月의 훈훈한 땅들은
밀알 하나이 썩어
다시 사는 기적을 우리에게 보여 줍니다.
이 파릇한 새 생명의 눈으로……

- 《한국문학》, 1975. 4.
- 제2부에 먼저 발표(《크리스챤신문》, 1963. 4. 8.)된 시적 발상이 유사한 같은 제목의 시가 있다.

마음의 새봄

새 옷보다
나의 새봄은
새 시간을 갈아 입는다.

새 시간보다 그러나
나의 새봄은
새 마음을 갈아 입는다.

내 마음은
네가 생각하듯

내 속에 있지 않다.
나는 도로혀
내 마음속에서 살고 있다!

나는 오늘도
내 마음속에서 나오고
또 문을 닫고
들어간다.

나와 같이
새 날을 맞는
우리 모두가 그럴 수밖엔 없다!

● 《월간문학》, 1975. 4.

근황近況

한 팔을 잃으면
다른 팔이 굵어진다.
한 발을 잃으면
다른 발로 걸어간다.

나는 목발로 걸어가며
나의 하루는 천년千年이 아닌
정확한 하루다!
정확한 스물네 시간
나는 목발로 나의 가슴을 밟고 간다.

아름다운 꿈이었던
나의 두개골頭蓋骨에 빗물이 고인다.
나의 꿈은 짠물이 되어
미역냄새를 풍기며
이제는 멀리 멀리 밀려간다.

- 《심상心象》, 1975. 4.

마지막 지상地上에서

산 까마귀
긴 울음을 남기고
지평선地平線을 넘어갔다.

사방四方은 고요하다!
오늘 하루 아무 일도 일어나지 않았다.

넋이여, 그 나라의 무덤은 평안한가.

• 《현대문학》, 1975. 2.

제2부

생명生命의 합창合唱

솟는 나의 생명生命이 넘칠 때
검은 흙에서는 꽃이 피나부다
피빛 진달래도 구름빛 백합화百合花도!

내가 나의 모국어母國語로 시詩를 쓰면
새들도 가지에서 노래하리라
먼 미래未來와 같이 알 수 없는 저들의
이국어異國語로…….

보라 우리는 다수多數이며 하나이다!
우리는 하나이며 폭발爆發한다!

황금黃金과 사자獅子들이 함께 잠든 저 광야曠野엔
3월月의 어린 풀잎들이 입맞추고

끓는 육체肉體들은 왜 탄환彈丸보다 빠르게 갔나.

갔으나 사라지지 않고
빈 들에 울리는 우리의 노래를 듣는가

우리는 오늘이며 내일來日이다
우리는 죽음이며 또 생명生命이다.

- 1950.

저녁 그림자

저녁 그림자,
슬픔이 언어言語를 잃으면
커다란 즘생도 되는가.

너는 나보다도 외로워
지금 나를 따르고 있다.

저녁 그림자,
나는 이미 나를 떠난 지 오래이다.
너는 지금 누구를 따르는가 — 그러면 나의 곁에서.
너는 나의 밖에 나와 사는
혹시 나의 검은 영혼인가?

넘어 가는 저녁 햇살들이
다수운 가지 끝에 참새들의 솜털을 물들일 때,
저녁 그림자
나는 네가 슬퍼진다 — 철 없는 즘생같이 나를
따르는 너의 착한 신앙信仰이…….

나의 이름은 나의 명일明日의 햇빛과 꽃들도 모르는
종언終焉의 종언終焉!
파편破片의 파편破片!

네가 만일 나의 종이라면 서슴지 않고
나의 발목에서 너의 사슬을 지금 풀어 주련만,
저녁 그림자

나는 너보다도 외로와
지금 너의 뒤를 따르고 있다.

- 《신시학新詩學》, 1959. 5.

1962년年에

그러나 신앙信仰은 사라지지 않았다.

나의 선善은
어제보다 오늘
그보다는 명일明日에 피는 생명生命의 꽃들을
위하여…….

어제
낙일落日엔
탄환彈丸으로 헤쳐진 가슴 안에
남겨 둘
아무런 우리의 유산遺産도 없고,

오늘은 약자弱者의 이름으로 가는 길 위에
피보다 강强한 모국어母國語와 내 어린 것들의
내일來日보다 밝은 눈망울이 있을 뿐!

애정愛情은 사상思想보다 최후最後의 것……
이 눈물마저 무심턴 포효咆哮의 날들을
내가 살던
허물어진 세대世代에 남겨 두고,

• 《자유문학自由文學》, 1962. 4.

가는 날이 있다—1962년年의 아침을!
나의 시詩의 애련한 폭음爆音도
밝은 날의 태양太陽도
한 줄기 죽음의 재를 헤쳐 가는
가녀린 빛이 되어…….

시인詩人의 산하山河

목숨의 허무한 땅,
그 거친 살결에 고요히 스며드는 밤비 소리……
그처럼 한 도시都市 안의 시인詩人들도
그들 정신精神의 외로운 처소處所에서 제각기 시詩를 쓰는가.

저항抵抗과 사랑을, 용기와 희망希望을,
또 다함 없는 영혼의 샘……그 새로운 언어言語들의 감추인 기미機微를……
그러나 모든 골짜기의 크고 작은 줄기는 한 방향方向으로 모여
마침내 생명生命의 기슭을 헤치고 멀리 강물처럼 흘러간다.
광야曠野의 거친 주둥이가 발밑으로 밀려 들어
우리의 연약한 토지土地를 깨물고 있을 때에도,
찌푸린 공깃속 저 자유도시형태自由都市形態 안에 그들은 파종播種의
노래를 일깨우면서.

아, 몇 사람의 어리석은 예언자豫言者와,
이단異端의 시인詩人들,
그리고 신념信念에 강강했던 시대時代의 낙오落伍들이
이 불모不毛의 땅을 거쳐 흘러 가는 곳은 어디인가.

우리는 안다,
일찌기 모든 신앙信仰 모든 침묵沈默의 조선祖先이었던
수려秀麗한 너의 이마를.
그러나 또 어느 때는
그 어느 민족民族보다도 강강하게 폭풍暴風에 일어서,

태양太陽으로 치닫던 너의 산맥山脈,
그 응결凝結된 포효咆哮,
전진前進의 옷깃을.

이른 봄엔 풀리는 강물을 보내어
먼 도시都市의 허리를 안아 주고,
들녘이 끝나는 곳에선 파도波濤처럼 융기隆起하던 오만傲慢한 너의 육체肉體.

아, 그러나 아무도 지금은 눈을 들어
너의 도움과 너의 빛을 바라는 사람은 없다!

죽음의 마른 재와 티끌 더미
지금은 자욱한 성문城門을 향하여 밀려 들고,
역사歷史는 승리자勝利者의 발길로 명령命令하고 칭얼거린다.
별들의 높이와
맑은 눈은 사라졌다!
아, 아무런 맹수猛獸도 그의 가슴—깊은 골짜기에 안겨
오랜 노인老人의 지혜智慧 속에 잠들려 하지 않는다.

고작 무덤의 높이를 간직한 한 시대時代의 어리석은 꿈은
역사歷史의 낡은 분업分業과 차단遮斷의 위기危機를 바라보면서,
영원의 모습을 가로막고 달콤한 손의 붕대繃帶를
문명文明의 눈에 감싸 주려 한다.

그리하여 청각聽覺의 모든 세계를 넘어

그렇게도 멀리 설레이던
예언豫言의 종소리도,
멍들고 깨어져 여기서는 더 울려 나갈 피와 모래도 없는가!

그러나 그러면
너는 더욱 높이 서서 이 밤이 젖는 세계의 주변周邊들을 바라본다,
명일明日엔 사랑을, 추상抽象엔 육체肉體를 주던 너의 눈으로,
저회低廻하던 골짜기엔 꿈의 높이를,
잔인殘忍한 땅엔 라일락의 뿌리를 일깨우던 너의 눈으로,

저 영원永遠의 구름 너머 ― 고독의 절정絶頂과 백설白雪을 이고,
너는 더욱 높은 처소處所에서 발돋움할 것이다,
최후最後의 영혼,
싸우는 면적面積,
오, 시인詩人들이여, 너의 요원遼遠한 산하山河에서……

....
• 《현대문학》, 1963. 2.

희망希望에 붙여

희망希望은 가장 멀리 가는 내 마음의 뱃머리,
우리가 더 붙들 수도 없는 그 곳에선
까뭇 까뭇 꿈을 꾸는
한 점 생명生命의 씨앗으로
망막한 바다에 떨어진다.

희망希望은 가장 깊이 묻힌 내 마음의 순금純金,
분별分別의 오랜 금언金言들 깨어져 골짝에 잠들고
사자獅子의 울음을 부르는 수풀들 우거지면
너의 빛은 불같은 손을 기다리며
한 줄기 마르지 않는 샘물과도 같이
소리없이 빈 들에 묻힌다.

희망希望은 가장 높이 뜨는 내 마음의 흰 구름,
우리가 너를 붙들러 산마루에 오르면
더욱 높은 곳으로 우리를 끄을며
너는 갖가지 꿈들에 형상形象을 입혀
우리의 눈을 즐거움에 어둡게 만든다.

희망希望은 가장 아름다운 내 마음의 딸기꽃
낙엽은 떨어져 뿌리에 돌아가고
그 뿌리들 다시 꽃의 무덤가에 잠들 때에도
너는 내 생명生命의 줄기 가장 가녀린 꽃에서
눈부시게 타오른다 타오른다.

• 《문학춘추文學春秋》, 1965. 11.

이 어둠이 내게 와서

이 어둠이 내게 와서
나의 옷과 나의 몸을 가리우고,
내 영혼의 여윈 얼굴을 비춰 주도다.

이 어둠이 내게 와서
나의 장미와 나의 신부新婦를 가리우고,
내 살과 마른 뼈에
땅거미와 같이 스며 들도다.

이 어둠이 내게 와서
싸우던 나의 칼날 나의 방패에 빛을 빼앗고,
그 이슬 아래 그 눈물 아래
녹슬게 하도다.

이 어둠이 내게 와서
나의 착함 나의 옳음을 벌거벗기고,
그 깊은 품 속에 부끄러이 안아 주도다.

이 어둠이 내게 와서
나의 태양太陽 나의 이름 모두 가리우고,
증거할 수 없는 곳에 가장 멀고
가장 희미한 얼굴들을
별과 같이 별과 같이 또렷하게 하도다.

이 어둠이 내게 와서
까아만 비로도 상자箱子 속에 안긴

아름다운 보석寶石과도 같이,
그 한 복판에 빛내 주도다 빛내 주도다.
눈 뜨는 나의 영혼을······.

• 《기독교문학》, 1967.

아침 안개

오늘 아침 출근出勤은 눈을 가리운 채
흡사 숨박꼭질이다.
짐작에 익은 거리 모퉁이를 지날 때
건너편 길에선 기침 소리가 들려 왔다.

오늘 아침 안개는
보자기로 우리들을 쌌다.
보자기 속에서 부딪치는 기물器物들과 같이
아침 교통交通은 부산히 소리를 내고 있었다.

오늘 아침 우리들의 거리는
추억追憶의 거울을 바라보는 듯
뽀야다랗고 희미한 게
한결 그립고 다수웠다.

햇병아리가 나올 때 엷은 껍질이 깨어지듯
그렇게 안개가 걷힐 무렵,
우리는 서로가 조금은 놀란 눈을 뜨고
하얀 장미의 입김으로 깨끗이 씻기운
아침을 바라보았다.

• 《세대》, 1968. 6.

부활절復活節에

사랑으로 다시 탄생하는
사월四月은 진통陣痛의 달,
당신의 무덤 깊이 뿌리하여 우리들의 생명生命은
그 줄기 위에 새로이 꽃피나이다.

사랑으로 다시 맺는
사월四月은 혼례婚禮의 달,
갈라졌던 영혼靈魂과 육체肉體가 원수와 형제兄弟들이
이방異邦과 선민選民들이
당신의 무덤안에서 하나이 되나이다.

승리勝利의 이 달에 당신은
외롭고 무거운 당신의 육체肉體를 버렸나이다
더욱 아름다운 무한無限의 창공蒼空에 당신의 날개를 펴기 위하여

은혜恩惠의 이 달에 당신은
당신의 어깨에 걸치던 유태인猶太人의 옷을 벗으셨나이다
더욱 넓은 세계에서 모든 동포同胞들과 함께 있기 위하여
당신의 사랑은 로마를 정복征服하지 않았어도
로마보다 더욱 큰 세계를 지금은 포옹抱擁하셨나이다.

사월四月은 실증實證의 달,
땅에 떨어져 썩은 밀알 하나이
지금은 그늘이 되어 햇빛이 되어
성장成長의 바람이 되어 영혼의 시詩와 새벽의 합창合唱이 되어

이같이 뚜렷이 이같이 우렁차게
가득히 가득히 넘치나이다,
기적奇蹟을 원하는 지상地上에도
실증實證을 외치는 시간時間에도.

- 《크리스챤신문》, 1963. 4. 8.
- 제1부에 시적 발상이 유사한 같은 제목의 시가 실려 있다.

일년一年의 문門을 열며

금金을 캐는 광부鑛夫가 부자富者는 아니고
전복을 따는 해녀海女가 반드시
전복을 배불리 먹지도 않는다.
우리의 모든 살림도 이렇듯 흐를 데로
흐르고 돌아갈 곳으로 돌아가야 했다.

국회의사당國會議事堂 앞 5월月의 플라타너스들이
시청市廳 지붕 위 푸른 비둘기 떼가
날아와 앉던 5월月의 플라타너스 잎들이
11월月의 짙은 서리에 무겁게 떨어질 때,
우리의 마음들도 낡은 경험經驗 위에
새로운 지혜智慧를 쌓아 올려야 했다.
그 꼭대기에는 민권民權의 깃발이 향수鄕愁처럼
휘날리는……

화려한 언어言語는 본래
침묵沈默으로부터 고귀高貴하게 탄생하듯,
우리는 다시 고요한 새벽과 같은
고요한 1년年으로 돌아가서
질주疾走하는 역사歷史의 대낮을 맞아야 했다.

어지럽고 가난한 나라의
아직은 회복된 건강의 연약한 1년年 —

그러나 소풍길에 나선 아이들이
룩삭을 메고 북악산北岳山의 새벽구름을

바라보듯
낙동강공업지구洛東江工業地區의 가동稼動하는 기계소리를
주민住民들이 귀담아 듣듯
광야曠野를 향하여 서서徐徐히 움직이는 기관차機關車에
불붙는 석탄石炭을 집어 넣듯,

우리는 1년年의 문門을 열고,
핏대와 희망希望과 엇갈린 의견意見으로
윤기있게 때묻은 1년年의 문門을 열고
우리의 길들을 찾아 햇발처럼 쏟아져 나간다.
차도車道와 보도步道를 가려 디디며
질서秩序와 자유自由의 화려한 길을…….

- 미상

이상理想

오르는 산은
오르지 않는 산보다 더 높다.
하늘의 순결한 눈으로 덮이고
구름으로 머얼리 낭만浪漫을 두르면서……

천사天使들은 어리석은 우리를 위하여
언제나 그 곳에 살아 날고,
낮은 흙에서는 더욱 아름답게 드높은
태양太陽이 뜨는 곳—그 위에 머리를 둔
빛나는 산 위의 산.

그 높이로 우리의 명예名譽를 재고
그 아득함으로 우리에게 쉼을 주지 않으면서,

푸른 하늘에 깊이 심은
영원의 뿌리—그 뿌리에서
생명의 강줄기가 뻗고
슬픔과 기쁨의 작은 시내들이 흘러간다.

그 시내와 시내의 가지 사이에
마을들이 모여
사랑을 나누고 뜻을 같이 하되,
티끌과 안개 속에 빠지지 않고
구름에 빠진 시인詩人들을 부르지 않는다.

한 손발의 피는

심장으로 모이고
또 심장에서 퍼져 나가듯,
한 시대時代의 높은 산마루도
하늘에서 땅으로 물구나무 서지 않는다!

오르지 않는 산은
오르는 산보다도 가파롭지 않은 것,
그러나 물없는 저 산에
노를 저어 오르는 이만이,
더 높은 눈으로 더 높은 산을
산 위에 바라볼 것이다.

• 《시문학》, 1970. 10.

하운소묘 夏雲素描

그날의 은방울이
하늘에서 울기 전

여섯시엔
산마루의 정말체조丁抹體操
삼십분三十分엔 분홍빛 공길 찢어라
태양이 보석처럼 쏟아지게······.

오전午前의 해협海峽을 건너 오는
너희들의 여름옷이 이다지도 흰 것은
저 봉우리와 젊은 섬들이
이렇게도 푸른 탓.

정오正午의 사이렌이 채찍 끝처럼
어느 도심都心에서 휘어지면
일제히 서쪽으로 셔터를 내리는
가로수의 그림자를 바라보며

소낙비의 급강하急降下 훈련이 없는 오후午後엔
띄엄띄엄 만화를 그리거나
이발理髮.

또
사라진 궁전을 짓기 위하여
푸른 들끝에 화강암을 나르기도 하고.

고가선高架線 너머
도시都市의 가장자리가 연기에 물드는
보라빛 시간이 오면
먼 들끝에 호을로 나아가
제주도濟州道를 몰고 가는 목동牧童이 되든지
그렇지도 않으면
먼 하늘가에 아름다운 홍포紅布를 입은
꿈속의 성주城主라도 한번 되어 봐야지…….

• 《경향신문》, 1971. 8. 10.

초겨울 포도鋪道에서

햇빛은 엷어지고
글라스의 물들 술로 바뀌며
가스불에 다수워지는 초겨울 우리들의 우정友情

창을 닫는 오피스를 나와
무교동武橋洞 찻집 고무나무 옆에서
저무는 하루를 커피수저로 저으면
벌써 어둑어둑 땅거미가 지는
초겨울 러쉬·아워의 거리! 서울의 거리.

가로수街路樹
지금은 노래하지 않고
해어름의 포도鋪道를 함께 걸으며
지금은 우리와 말하는 초겨울
차갑고 섬세하게 떨리는 그 가지들로
우리에게 으시시 귓속하는 초겨울.

낮과 밤이 똑 같은
기쁨과 슬픔도 우리에게는 반반으로 어설픈
시간時間의 날개를 달고
우리의 일년一年을 덮어주는 동지冬至ㅅ달.

친구여,
갈현동 버스를 기다리는 한참
무엇을 생각하는가
무엇을 생각하는가

멀둥거리는 그대 큰 눈!
지금은 휘파람 소리도 없이…….

• 미상

원단元旦의 지평선地平線에 서서

희고 흰
백설白雪의 보자기로

우리의 눈물과
우리의 한숨과
우리의 실패失敗를
덮은

이 원탁圓卓의 대지大地와

눈부신 불꽃을
희망希望과
사랑과
심장心臟에 꽂아
불쑥 올려 놓은
저 넓은 하늘과

우리들은
그 사이에 지금 서서

우리는
천국天國으로
갈 수도 있고
우리는 지금
지옥地獄으로
갈 수도 있다.

우리의 노래와
우리의 길을
우리는 천국天國으로
닿게 할 수도 있고!

우리는
우리의 침묵沈默과
우리의 길을
지옥地獄으로 지옥地獄으로
닿게 할 수도
있다……

....
• 미상

이 땅은 비어 있다

몇 사람의 떨리는 음성으로도
몇 사람의 분노로도
또는 탄식으로도 차지 않는
이 땅은 비어 있다.

몇 사람의 노래로도
몇 사람의 웅변으로도
몇 사람의 울음섞인 기도로도
차지 않는
이 땅은 비어 있다.

아침 출근에 미어 터지는 뻐스로도
돌아오는 저녁의 빽빽한 안개로도
가득차지 않는 비탈마다 늘어서는 매일每日의
판잣집으로도
이 땅은 비어 있다.

• 미상

삼월三月의 노래

오, 목숨이 눈뜨는
삼월三月이여
내가 나의 모국어母國語로
이 봄의 첫 시詩를 쓰면
이달의 어린 새들도
파릇파릇 가지에서 노래한다.

오, 목숨이 눈뜨는
삼월三月이여,
지금 우리의 가슴은
개구리의 숨통처럼 울먹인다!
오랜 황금黃金이 십리十里에 뻗쳤기로
벙그는 가지끝에 맺는
한 오라기의 빛만은 못하다!

오, 목숨이 눈뜨는
삼월三月이여
상자箱子 속에 묻힌 진주眞珠를
출렁이는 바다에 던지라
그리하여 저 아지랑이의
요정妖精과 마술魔術을 거쳐
핏빛 동백冬栢과
구름빛 백합百合으로

....
• 미상

피게 하라!
피게 하라!
우리들 삼월三月을 맞는 마음의 푸른 물결 위에.

희망希望에 살다가

우리가 왔다 가는
이 넓은 세상의 기억이란
마지막까지
마지막까지
오직 하나 이것이 남을 뿐
희망希望에 살고 갔다는…….

의義로운 이는 한 사람도
없노라 하였거니와
누구 하나 우리의 꿈을 아는 이도 없이
우리의 이름마저 모든 사람의 기억에서
연기처럼 사라진다 하여도

우리가 남기는 기억이란
마지막까지
마지막까지
오직 하나 이것이 있을 뿐
처음 조국祖國에서 죄罪없이 태어났고
다만 희망希望에 살다가
다만 희망希望에 불붙고 갔다는…….

이 밖에 고달픈 이야기와
다른 실패失敗들은,
다른 미움이나 다른 원망들은
그때나 지금이나
새로이 맞는 시간時間들에서도

희망希望에 가리워
눈부신 희망希望에 가리워
좀체로 보이지 않을 뿐!

햇빛에 가리워 어둠이 보이지 않듯
보이지 않을 뿐.
보이지 않을 뿐.

• 미상

다도해서정 多島海抒情

줄기마다
줄기마다
소리 없이 파도치는,
가파로운 유달산儒達山
그 꼭대기에 서서 바라보았는가!

우리 조국祖國에 봄 돌아와
푸른 반도半島는
목포木浦나 썩은 선창 가에서 갑자기 끝나 버리지 않았다.
점점點點이 다도해多島海의 머나 먼 여운餘韻을 남기며
태평양太平洋 ― 푸른 지평선地平線에까지 남기며
그 꿈은 아득히 닿고 있다.

검은 해초海草 무늬
붉은 산호 무늬로 아름답게 흔들리는
물 위의 섬돌들을 디디면서 디디면서
돌아가면 돌아 나가면,
남南쪽 끝 바다 동백冬栢 피는 마을은
몇십리十里?
푸른 물 가 저자 서는 마을들은
또 몇백리百里?

남쪽 바다 봄 물결의 따스한 사랑을
일찌기 모르던 뭍의 나그네여,
5월月이 가기 전 이 봄이 다 가기 전
더 갈 수도 없는 우리네 땅

비린내 나는 마지막 항구港口에 들러,

가시내랑 가시내랑 술이라도 마시다가
이윽고 떠나는 기적 소리 귓전에 울리면,
파도波濤처럼 멀리 멀리 밀려 가는
저 바위들의 유달산儒達山을 향하여
손이라도 흔들어라!
마지막 손이라도 흔들어라!

• 미상

감사하는 마음

마지막 가을 해변에 잠든 산비탈의 생명들보다도
눈속에 깊이 파묻힌 대지大地의 씨앗들보다도
난로暖爐에서 꺼내 오는 매일每日의 빵들보다도
언제나 변치 않는 온도溫度를 지닌 어머니의 품안보다도
더욱 다수운 것은 감사하는 마음이다!
감사하는 마음은 언제나 은혜恩惠의 불빛 앞에 있다.

지금 농부農夫들이 기쁨으로 거두는 땀의 단들보다도
지금 파도波濤를 헤치고 돌아온 저녁 항구港口의 배들보다도
지금 산위에서 내려다보는 주택가住宅街의 포근한 불빛보다도
더욱 풍성한 것은 감사하는 마음이다!
그것들을 모두 잃는 날에도 감사하는 마음을 잃을 수는 없기 때문이다.

받았기에
누렸기에
배불렀기에
감사하지 않는다.
추방追放에서
맹수猛獸와의 싸움에서
낯선 광야曠野에서도
용감한 조상祖上들은 제단을 쌓고
첫 열매를 드리었다.

허물어진 마을에서
불없는 방에서

빵 없는 아침에도
가난한 과부寡婦들은
남은 것을 모아 드리었다.
드리려고 드렸더니
드리기 위하여 드렸더니
더 많은 것으로 갚아주신다.

마음만을 받으시고
그 마음과 마음을 담은 그릇들은
더 많은 금은金銀의 그릇들을 보태어
우리에게 돌려 보내신다.
그러한 빈 그릇들은 하늘의 곳집에는 얼마나 많은지 모른다.

감사하는 마음—그것은 곧 아는 마음이다!
내가 누구인가를 그리고
주인主人이 누구인가를 깊이 아는 마음이다.

- 미상

만추晩秋의 시詩

먼저 웃고
먼저 울던
시인詩ㅅ이여
끝까지 웃고
끝내 울고 갈
시인詩ㅅ이여

한 세대世代에 하나밖에 없는
언어言語를 잃은 시인詩ㅅ이여

역사歷史의 애인愛ㅅ인 그대여
그대 영혼에게
까마귀와 더불어 울게 하라!
마지막 빈 가지에 호올로 남아
울게 하라
울게 하라
길고— 또 깊이—.

- 미상

나의 소리는

아름다운 천사天使
아름다운 꽃송이들을
그 날개로 멀리 멀리 쓸어버리고
목이 메이도록
깨끗이 쓸고
거친 발톱으로 하늘가에 호을로 앉아
목이 타는 짐승들을 기다린다,
비틀거리며 꿈을 부리는 시체屍體들을 기다린다.

아름다운 노래
흐느끼는 울음들을
그 견고堅固한 날개로 쓸어버리고
뉘우침 없이
말끔히 쓸고
끊어진 절벽 위에 호을로 올라
벼락 맞는 가지 위에 집을 짓고
천길 낭떠러지에 외로운 목숨의 새끼들을 기른다.

• 미상

제3부

세계는 위대_{偉大}하게 커졌다
—— 아폴로 14호의 성공을 듣고

팽창하는 인류의 자유自由를
저 아득한 하늘에서 다시 보아라 — 세계는 커졌다.
사나이들의 불같은 손으로 — 그들을 도운
나사못처럼 긴밀한 인간들의 수많은 근육筋肉과 머리로
세계는 장엄하게 커졌다.

일찍이 정의正義와 자유自由를 사랑한
푸로메듀스의 갈대끝에 맺힌
가냘픈 불꽃이 타오르고 타올라
온 누리에 이처럼 번져갈 줄이야!

한편에서 말하는
불안不安과 절망과는 아랑곳없이,
한 구석에서 흘리는
눈물과 불평도 까마득히 넘어
위대偉大한 인류들은 시간마다 전진前進한다
지금 나라와 나라 사이는
별과 별 사이의 아름다운 빛으로 이어지며
인류의 가슴에서 더욱 위대偉大하게 커진다.

지금 아득한 달나라 거친 현무암玄武岩 위에
밤장막을 펴는,
지금 무한無限에의 섬돌을 아득한 허공에 하나 하나 까는
너무도 외롭고 너무도 용감한
지구地球의 사나이들이여, 인류의 장엄한 아들이여

그대들이 정복한 무한無限의 세계에서
그대들과 우리의 꿈을 더욱 높이라!
그대들이 파헤치는 사십만四十萬킬로 밖
거칠은 프라마우로 고지高地 땅 깊이,
협조協調와 승리勝利와 우애友愛의 씨앗을 뿌리고
무사히 돌아오라,
축복의 꽃다발 홍수洪水처럼 쏟아지는 지구地球의 거리로
불붙은 철갑鐵甲의 용龍머리를 타고 오라!
하늘의 컬럼버스—70년대의 영웅英雄들이여

조용히 그러나 침착하게 웃고
새벽의 케이프케네디를 떠난
서민풍庶民風의 영웅英雄들이여.

• 미상

성장成長
── 전남매일全南每日 창간 12주년을 맞아

바위와 가시덤불을 뚫고
흐르는 골짝물이 끝나는 곳에서
강은 꽃처럼 핀다.
이 강줄기가 갈대바람 속에서
더 멀리 감돌고 굽이칠 때
바다는 열리며
바다는 넘친다.

이 바다를 향하여
이 바다의 맑은 별들을 바라보며
이 바다의 끓는 파도의
저 가없는 수평선水平線을 바라보며
내 고장의 젊은 신문이여
부푸는 가슴으로 오늘 돛을 올린다.
질긴 붓끝으로 오늘 노를 젓는다.

사실事實과 그리고 진실眞實을
그 가슴에 깊이 껴안고
오늘 더 참되고 더 힘찬 그대의
팔을 크게 벌린다!

길들이 끝나는 곳에서
길은 더욱 멀리 열리고
역사歷史의 매듭은 한치씩 자라가는 것
진실眞實의 가쁜 숨결 속에서
자라가는 것.

역사歷史의 층계는 높이 오르며

영원으로 굽이치는 것
내 고장의 젊은 신문이여.
이 성장成長의 길을 아는가
이 길을 그 눈으로 밝혀 보는가
그리하여 우리에게도 그대 붓끝으로
이 길을 멀리 가리켜 주는가
내 고장의 젊은 신문이여

그 팔면八面에 혈색血色이 넘치는
그 팔면八面의 눈매가 또렷한
그 팔면八面의 붓대가
갈대와 같이 바람에 흔들리지 않는
내 고장의 젊은 신문이여
맑은 공기 새벽빛 속에
날마다 날마다 잠든 시중市中의 문을 두드리며
우리의 눈을 빛나게 만드는
어느 친구의 얼굴보다도
언제나 새롭고 밝은 조형미술造型美術이여!
언제나 짙은 동판銅版의 찌르는 향기여!

언제나 그 활자活字 속에
그대 젊은 땀내를
언제나 요란한
황혼黃昏의 러쉬 아워

하루의 뜨거운
끓는 거리바닥의 맥박속에서

온갖 싸움과 사랑과
눈물과 웃음을
그 맥진의 기적 속에서
그대의 눈을 비비는
그대의 귀를 곤두세우는
때로는 새벽의 단잠을 깨우고
때로는 저녁의 외투깃을 세우는
고달픈 역사歷史속에서 눈부신 역사歷史를 이끄는
내 고장의 젊고 싱그러운 신문이여

가난할대로 가난하고,
지금 민족民族은 한핏줄 안에서
찢길 대로 찢기웠어도
내 고장의 젊은 신문이여
그대의 진실眞實로—그 진실眞實의 칼끝으로
내일來日의 옥토沃土같은 겨레의 가슴 깊이 뿌리는
정의正義의 씨앗들—깨알같은 까만 씨앗들은
이윽고 머리를 들리니
거친 비바람 속에서도 머리를 들리니

그날까지 그날이
그대의 가쁜 생일生日의 숨결 위로 오기까지
그대여 그대의 붓끝으로 걸어가라

쓰러지며 꿋꿋하게
또 걷고 또 걸어가라!

• 미상

펜 하나 비록 가냘퍼도
―― 경향신문京鄉新聞 창간 23돌에

우리가
우리의 권리權利로 잡은,
펜 하나 비록 가냘퍼도,
온 겨레의 양심良心을 종소리와 같이
깊이 울리고.

우리가
우리의 정의正義로 붙든,
펜 하나 비록 가냘퍼도,
흩어진 세계의 꿈
그 조각과 조각들을 한곳에 모아
해머보다 힘 있게 못을 박는다.

싸우는 제왕帝王들의 무기武器보다 날카로운
우리의 펜은,
동서남북東西南北 어디서도
참됨과 옳음을 가리키는
자석磁石 달린 시대時代의 촉수觸手 ―
언제나 혼미昏迷한 안개와 폭풍을 뚫고
우리들의 시대時代 ― 가장 빛나는 별의
복판에 닿는다!

때로는 법률法律을 도덕道德으로 고치고
싸늘한 잉크를 따뜻한 피로 만들고,
때론 주먹을 손결로
바람을 봄비로 내리게 한다.

때로는 강자強者의 팔 앞에
때로는 무지無知의 발 아래
펜 하나 비록 가냘퍼도,
그 끝에선 진실眞實의 맥박이 뛰고
그 끝을 지나 빛을 담은
한국의 노래가 흐른다!

스물세 해의 거친 항로航路를 돌아
지금 스물네번째의 바라를 치는 소리,
지금 스물네번째의 종을 울리는 소리,
그 소리를 우리는 귀보다도
가슴으로 들으며,
우리의 펜은 지금 뱃머리에 서서
자석磁石처럼 저 별을 가리킨다!
제목題目을 더욱 넓히며! 오늘 속의
내일을, 내일 속의
오늘을 향하여…….

- 미상

새로운 소원所願
── 크리스챤신문 창간 일주년을 맞으며

몸 되어 사는 동안
새로운 시간時間은 황금黃金보다 소중하오니,
내일來日은 어제보다 더욱 귀한 우리의 소유所有이오니,
우리에게 주셨던 일년一年의 지혜와 용기를
새로운 날의 흐름 속에도 부어 넣어 주소서.

육체肉體는 낡아지나 영혼으로 새롭고
시간時間은 흘러 가나 목적目的으로 새로와지나이다,
그 나아종 바다에 이르기까지 오고 오고 시간時間도
의義로운 주主의 군단軍團처럼 더욱 전진前進케 하소서!

끊임 없는 그 흐름의 노래 속에
또렷한 제목題目의 북소리를
더욱 힘차게 울려나게 하소서

한 조각의 빵을 얻기 위하여,
한 세기世紀가 굶주리던 일년一年 ─
한 이파리의 꽃을 위하여,
한 세대世代의 젊음들이 시들어 버린 일년一年

백百사람의 영웅英雄과 흥분한 선지자先知者를 위하여
십자가十字架의 진리眞理가 천千으로 깨어진
지난 일년一年의 물웅덩이 속에,
반짝이는 새날의 시간時間이 고이고 또 고여
썩지 않게 하소서!
썩지 않게 하소서!

우리를 슬프게 하던 그 기쁨들,
우리를 더욱 목마르게 하던 그 사상思想의 여울들,
우리를 더욱 외롭게 만들던 그 싸움들을
지나,
낡은 영혼 위에 새로운 눈물을 뿌리며
낡은 경험經驗 위에 새로운 지혜知慧를 띄우며
아침 태양太陽이 반짝이는 강물처럼
우리의 새로운 시간時間으로 하여금 구비쳐 구비쳐
당신의 넓은 품 사랑의 바다로
흘러 가게 하소서!
흘러 가게 하소서!

• 미상

대학大學의 송가頌歌
—— 전남대학보全南大學報 지령紙齡 5백호 발간에 부쳐

산악山岳 위에
산악山岳을 가로막고,
허망한 도시都市 위에
병病든 도시都市를 올려 놓아 보아라.
그보다 더욱 높은 곳에서
우리들의 꿈은 태양太陽처럼
빛나지 못 하는가!

일곱 바다에
일곱 바다를 더 두르고,
사막砂漠에 목마른 바람들을
휘장처럼 두루쳐 보아라.
그보다도 더욱 먼 곳으로
젊음의 뱃머리는 파도波濤를 깨물며
슬기를 저어 가지 못 하는가!

우리의 생애生涯는
출발出發에 있지도 않고,
성공成功의 끝만도 아니다.
전체全體 속에 물결치고 있다!
이 전체全體 속에 역사歷史는 뛰어들고 있다!

그러기에 우리의 젊음은
애국자愛國者이기보다는
때때로 허무虛無를 더 사랑하고
괴로와 때로는 잠못 이룬다!

또 두 손을 내려다보며
깊은 한숨도 터뜨린다!

그러나 순금純金이
진흙 속에 묻혔기로
라일락의 뿌리가
어둠에 깊이 잠들었기로
그 아름다운 빛을 잃는 것은 아니다!

그 영원永遠의 빛을
캐 내어 쓰는
불같은 손에서만,
그것들은
아침의 서두는 기명器皿들처럼
빛날 것이다!
빛날 것이다!
그것들은
역사歷史의 가장 높은 줄기 끝에서
눈부시게 아아, 눈부시게 타오를 것이다!

1970년대年代의 사랑을
젊은 날의 사랑을
뉘에게서 받을 것인가,
받을 것인가?
1970년대年代의 꿈은
어디서 올 것인가,

어디서 올 것인가?
아니다,
그러나 아니다,
낡은 종들의 허망한 노래를 버리어라!
아니다,
끓는 심장心臟깊이 사랑은 창槍끝이 되어
주는 것!
너의 가슴엔 사랑을
나의 가슴엔 꿈을
우리가 주는 것 — 받는 것보다
젊은 날의 우리가 주는 것 —

이 정복자征服者의 피를
이 개척자開拓者의 다함없는 노래를
너와 네 겨레의 가난한 핏줄에 스며들게 하라!
지금은 겨울과 봄의 한때 —
이 거친 산하山河 속에 뛰놀게 하라!

- 미상

하늘에 세우는 크리스마스 추리
─ 1970년의 성탄절에

옛날엔 하늘이 아름다와
옛날엔 하늘이 풍성하여
옛날엔 하늘이 지극히 높아,
우리들의 거친 땅에다
우리들의 메마른 땅에다 오히려
곱게 꾸민 크리스마스 추리를 세워야 했더니,

지금은 하늘이 메말라
지금은 하늘이 빈터로 남아
지금은 하늘보다 땅이 더 높아
우리들의 차가운 하늘에다
우리들의 낮은 하늘에다 도로혀
곱게 꾸민 너와 나의 크리스마스 추리를 세운다.

달 속에 있는 계수나무를 찍어다,
달 속에는 계수나무가 없다고 밝혀졌지만,
그 계수나무를 찍어다
한 해가 저무는 하늘에 세우고
흰 눈송이를 흰 솜과 같이 얹고
별들을 모아 가지마다 촛불처럼 켜고
아름답게 꾸민 너와 나의 크리스마스 추리를
오늘밤은 하늘 한 모퉁이에 세워둔다.

여인들은 밤을 새워 더운 빵을 굽기에
남편들은 선물상자를 꾸리기에
아이들은 거리에 나가 사랑을 속삭이기에

우러러보는 사람들은 없어도,

개신교改新敎는 웅변에 열중하면서
신학神學은 수은등水銀燈 사이로 재빨리 고속도로高速道路를 달리면서
모든 베들레헴의 방房은 창마다 술에 술이 넘치면서
오늘밤 발꿈치는 지구보다 호숩게 돌아가면서
우러러보는 사람들은 없어도,
천사들이 날아가 버린 빈 하늘에다
아버지의 목소리도 이제는 들리지 않는
빈 고향같은 쓸쓸한 하늘에다
아름답게 꾸민 너와 나의 크리스마스 추리를 세운다.

공중에 나는 새들이나 즐겨 줄
크리스마스 추리를 세운다.

• 《크리스챤신문》, 1970. 12.

겨레의 맹서盟誓
—— 1968년 원단元旦에

조국祖國의 흙 한 줌
멀리 계신 어머님께 드리지 말고
네가 심는 꽃나무
그 뿌리 밑에 깊이 간직할지니,

조국祖國의 꽃 향기
멀리 있는 벗에게 보내지 말고
내가 앉아 생각하는
책상 서랍에 넣어 두리니.

조국祖國의 돌 하나, 풀잎 하나,
온 세계의 황금黃金보다
부드럽고 향기롭게
그대의 살을 기르리니.

조국祖國의 태양太陽 한 줄기,
온 세상의 영광榮光보다
우리의 명예名譽와 우리의 즐거움을
아름답게 빛내리니.

1968년의 이른 아침
일찍 일어나
우리들 가슴에 고요히 손을 얹고
저 밝은 희망希望을 바르게 바라보며,
일찍이 생명生命으로 지켜 온
이 뜻과 이 말을

새롭도록 기억하리니,

그 따뜻함과
코에 스미는 향기를
우리의 영혼으로 껴안으며
맡으리니.

- 《경찰신문》, 1968. 정초.

새날의 거룩한 은혜恩惠와 기원祈願

1

새날은
시간時間의 맑은 샘.
흘러도 흘러내려도
다함 없는 물줄기와 같이,
우리를 솟게 한다
새로이 우리를 솟아나게 한다.

새날은
시간時間의 깊은 뿌리.
시들어도 시들어 사라져도
다시 피는 꽃과 같이,
우리를 피게 한다
새로이 우리를 피어 나게 한다.

새날은
시간時間의 조상祖上.
목숨의 흐름을 생각할 때,
오랜 전통傳統
반만년半萬年의 역사歷史가
새날의 뿌리는 아니다.
변하고 흩어지는 사라지는 날들이

뿌리는 아니다.
비록 오랜 경험經驗은 지혜를 낳고

지혜는 또 용기勇氣를 북돋으나
시간時間의 새 살을 돋게 하는
뿌리는 아니다!
역사歷史는 어제에서 내일來日로 흐르나
생명生命은 새날에서
어제로 거슬러 오른다!

새날은
시간時間의 순수,
아직은 아무런 옷의 형상도 입지 않았으나
때도 묻지 않았다.
아직 흩어지지 않고
아직 아무에게도 쓰이지 않았다.
그러나 아무에게나 힘껏 쓰일 수 있게
모든 사람의 마음에서
태양太陽과 같이 공동共同의 재산財産처럼
빛난다!

새날은
끝없는 내일來日.
그것은 드디어 영원永遠에 닿는다.
그것은 영원에서 온다.
땅을 멀리하면 오는 것도 없고
가는 것도 없다!
그 뿌리를 그 샘물을
그 조상祖上의 순수純粹를

처음부터 하늘 나라에 가진,
새날의 거룩한 은혜.

이 새날을 우리에게 지어
해마다 영원永遠에 이르는 계단을 주신다.
우리의 젊음이 가는 것이 아니다,
우리의 늙음이 죽음에 이른 것도 아니다.

우리는 이 아득한 길을
조심스럽게 걸어
사랑하는 아내와 약한 우리의 어린것들과
손에 손을 마주잡고 이 길을 나아간다.
다정한 친구와 낯모를 이웃까지도 함께
새날이란 이름으로 아직은 지상地上에서 부르는
영원의 문門을 향하여 숨쉬며 숨쉬며 나아가는 것이다.

2

눈을 들어
저 무등無等을 바라보라
동지冬至를 지나 춘분春分을 지상地上에 그리며
빛을 여는
일년一年의 새 아침

구름들은 저 산 위에서
생각하는 사람들의 영혼과 같이

그 영혼에 아름다운 옷을 입히고
그 옷들엔 저 깊은 골짝에서 떠오르는
황금黃金빛을 받으며
서서히 움직이고 있다.

팔을 벌려
저 빛을 가슴에 안아 보아라
따뜻하게 안아 보아라
저 빛은 대문大門밖에 태극기太極旗를 내어 다는
귀여운 아들과 딸들의 손등과
그들의 설날 빵을 굽는 어머니의
따뜻한 손위에 내려올 것이다.

저 빛은 시간時間의 두꺼운 책장을 넘기며
경건하게 무릎을 꿇거나 엎드린
신중한 아버지들의 이마 위에
내려올 것이다.

저 빛은
어제의 격론激論을 끝마치고
내일來日의 경륜經綸을 서두는
진지한 회의會議와 결론結論 위에 내려올 것이다.

저 빛은
하나의 목표目標가 되어
흩어진 이웃과 갈라진 언어言語와

이별離別을 고告한 마음과 마을들에
내려올 것이다.

저 빛은
내일來日을 향하여 질주疾走하는 모든 기적과
뜨겁게 치오르는 모든 연기煙氣와
요란하게 서두는 연장 소리를 비치며
내려올 것이다.

- 《크리스찬신문》, 1966. 1.

꽃피어라

꽃피어라!
그대들이 다니는 골목
그대들이 걷는 저녁의 포도鋪道
그대들 얼굴 내미는 아침 베란다에서

고요히
꽃피어라!
아버지가 부르시는 응접실 햇살 앞에서
그대들의 서재書齋
턱을 고인 그대들 앉은 책상 머리에서

진리眞理의 곧은 줄기
인내忍耐의 질긴 줄기
슬기의 가는 줄기
그 줄기의 맨 위에서
꽃피어라!

그대들은 새아침을 맞는 꽃봉오리
그대들은 미래未來의 봄— 가장 높은
줄기 위에서 피어날
아름다운 꽃봉오리!
아름다운 꽃봉오리!

남산南山의 깊은 눈을 헤치고
북악北岳의 찬 바람을 안고
이 나라 강江이 흐르는 곳에서

이 나라 높은 산山이 솟는 곳에서
이 나라 꿈을 보는 먼 들에서
아름답게
아름답게
꽃피어라!

꽃피어라!
근심 많은 이 나라 겨레 위에
거칠고 메마른 이 나라 풍토風土 위에
피흘리는 이 나라 역사歷史 위에
평화平和없는 이 나라 무기武器 위에
오만傲慢한 이 나라 황금黃金 위에
사랑의 흙을 덮고
꽃피어라!

이 나라 무쇠로 굳게 다지고
이 나라 강철로 옷을 입는 도시都市 위에
이 나라 거센 철근鐵筋과 재빠른 속도速度와
무겁고 무거운 연기煙氣 속에
그대들의 아름다운
꽃피어라!

그대들의 맑은 눈매
그대들의 따스한 가슴
그대들의 또렷한 음성
그대들의 밝은 미소로

꽃피어라

그대만이 지닌 천부天賦의 은혜로
꽃피어라!

그대들은
아아, 아름다운 꽃봉오리!
그대들은 열매 맺을 꽃봉오리,
그대들은
이 겨울 깊은 땅에 씨앗을 묻으며
오고 오는 이 나라에
끝 없이 새 봄을 부를
그대들은
그대들은
아름다운 꽃봉오리!
눈부신 꽃 봉오리!

•《숭전대교지崇田大校誌》, 1971.

편집후기編輯後記

다형茶兄 김현승金顯承 시인의 시집으로는 『김현승시초』(1975), 『옹호자의 노래』(1963), 『견고한 고독』(1968), 『절대고독』(1970), 『김현승시전집』(1974) 등이 있는바, 이 『마지막 지상에서』는 다형茶兄의 여섯 번째의 시집이 되는 셈이다.

따라서 다형茶兄의 개인 시집으로는 마지막인 이 『마지막 지상에서』는 상기 5권의 시집 어디에도 실려 있지 않은 시들을 거의 빠짐없이 수집해서, 1부는 1970년의 『절대고독』 이후 타계하실 때까지의 시들로, 제2부는 문단 데뷔 이후 1970년 사이의 것으로, 제3부는 이른바 기념시·행사시 성격의 것으로 묶었다.

다형 김현승 시인은 잘 알려진 대로 40여 년간의 긴 세월을 시작詩作에 전념했다. 이 기간은 다형이 이 지상에서 머물고 간 60평생의 3분의 2에 해당된다. 그야말로 다형의 생애에 있어서 시詩를 빼버린다면 그의 일생은 빈 껍질과 같은 것들이었을 것이고 무의미한 삶의 연속이었을 것이다.

그의 초기 시풍은 자연에다가 기지와 풍자를 가미한 이른바 모더니즘의 경향을 띠었는데 차츰 인간의 내면적인 곳으로 눈을 돌려 기독교 정신을 바탕으로 하는 고독의 세계로 몰입했었다. 물론 이 고독의 세계는 감상이나 허무의식으로 위축된 고독이 아니라 강한 인간의 윤리적 차원에서의 생명에 집중되는 고독의 세계이다. 다만 아쉬운 점은 후기의 시에 이르러 이 고독의 내면에서 적나라한 인간의 현장으로 눈을 돌리려는 기미가 보였으나, 그것을 보여주지 못하고 타계하셨다는 점이다.

그러나 그가 40여 년간 보여줬던 많은 명시들은 이러한 우리의 아쉬움을 아름다운 예술적 감동으로 채워주고도 남음이 있다.

1975년 11월

시집 미수록 및 미발표 작품

동면冬眠

안개도 삼한三寒도 십이월十二月의 보석 별들도
창에 돌아오는 계절
계절은 저므는 나의 지층地層에
호올로 창을 켜고 가다

창에 넣은
머언 구름 기슭에 잠드는 들
삼월三月까지는 우리 모두 고향도 없고
작은 개고리의 꿈일망정
예서 일깨우지 말자

통장작 양지마다 초설初雪에 헐리우고
고전古典들 다시 읽는 사온일四溫日의 유리창으로
태양은 인제 릴케의 시詩랑 무등차無等茶보다도
귀중품이다

● 《문예文藝》, 1950. 3.

명일明日의 노래

나의 선善은
어제보다 오늘
그보다는 명일明日에 피는 꽃들을 위하여

어제 낙일落日엔
남겨둘 아모런 나의 가산家産도 없고,
또 방랑放浪의 지역地域들

오늘은 싸움으로 가는 길위에
수많은 모국어母國語와 제목題目들,

실탄實彈없는 포효咆哮의 날들을
내가 살던
허물어진 세대에 남겨 두고

가는 날이 있다
명일明日도 태양도 나의 시詩의 폭음爆音도
한덩이 청춘이 되어

• 《백민白民》, 1950. 3.

안개 속에서

안개 속에서
사온일四溫日의 아침은 한 시간 느추 온다

안개 속에서
시계탑時計塔과 푸라타나스의 마른 가지들은
제막식除幕式의 휘장을 나렸다

가까이는
들려 오는 수레바퀴 소리…… 발자욱 소리들……
먼 곳을 바라보면,
눈들은 하얀 장미처럼 먼다.

다수운 낮이 오늘은 잔디밭에 오려는가,
찌푸린 하늘, 폐허 위에서도,
그립던 그립던 종로鍾路의, 청계천淸溪川의 뽀—야다란 골목들이
어—

명일明日의 이슬이 마르지 않는 그 흙 위에서,
오늘은 매양
우리가 받는 새로운 선물……
우리 다같이, 태평로太平路 어구에 이르기까지는
이 우유빛 오늘의 포장지包裝紙를 찢지 말자!

- 《문학예술文學藝術》, 1954. 6.

러시 · 아워

아스팔트의 만조滿潮.
피로와 또 축의祝意를 가져 오는 시간이다

입초入超 십칠억+七億의 장부들을 넣어 두자.
소송訴訟도 주권株券도 사망신고死亡申告도
그만 내일로 미루자.
우리 모두 일어서 씨가—와 모자를 들고
더러는 보랏빛 까운을 벗고
오피스의 먼지를 떨자.
삘딩도 가로수도 전차도 폐마廢馬도
종로도 을지로도 밀려 나오는 수부首府의 결손부대缺損部隊—
우리 모두 주어진 오늘의 최선을 마초았다

황혼이 가까운
샴펜 터지는 소리,
흥분하는 맥주의 거품,
다이야……
깨솔린……
가까이 대면 그보다도 강한 그 여자의 머리털 내,
자주빛으로 물드는 잔허殘墟의 유리창마다
조국의 이름보다 진정 아름다운
오—사까 마카오 시카코의 눈부신 푸리즘……
그러나 우리들의 구매력購買力은
일천구백사십삼년제一九四三年製의 헬멭을 쓰고,

나는 한 장의 석간夕刊

자네는 한 잔 커피
또 그대는 윤내과입원실 문門으로
이렇게들 저마다 구석 구석 헤어져 버리기 전,
인비人秘고 친전親展이고 취임이고 오물세고
서대문 갑구甲區의 스피카— 소리고
기구機構고 정세情勢고 공덕동 셋방이고
십환권十圜券이고 검부래기 티끌이고
발길에 휩쓸어 휩쓸어,
우리 탁류와 같이
유구悠久한 한강漢江의 이편을 흘러 내리는……

• 《시작詩作》 2집, 1954. 7.

자유自由여

너를 위하여 흘릴
우리들의 피는
아직도 넉넉히 남아 있다,
자유여.

살아 있는 것들의
모든 팽창하는 것들의
어머니의 어머니여,
자유여.

내가 배운 첫마디
영광있는 나의 모국어母國語여,
자유여.

우리들의 영토보다
삼천리보다
더욱 크고 넓은 땅이여,
자유여.

종소리가 되어
파도가 되어
눈물이 되어
꿈이 되어
햇빛보다 더 빠르게 전하여 가는 것들,
자유여.

기도祈禱에
긴 편지에
상학종上學鍾이 울기 전 흑판 위에
내일이면 조국의 역사가 될 책갈피에
눈짓하여 적어두던 이름,
자유여.

젊은 날의 흰 잇발로
굳세게 웃던 꽃들이여,
자유여.

동포의 총칼 아래
탱크가 지키던 세종로에
허물어진 벽돌더미 위에
시체가 엎드렸던 그 자리에
피어 나는 풀잎이여, 이름 모를 꽃들이여,
오오, 사월四月의 자유여!

- 《충대학보忠大學報》, 1960. 9. 26.

자의식과잉 自意識過剩

모두들 호화로운데,
저녁 식탁에 촛불들을 밝히고 웃고 지새는데,
나만은 호을로 거리하여
시詩는 현실보다 삼단계나 멀다.

모두들 풍성한데,
세번 잠에서 깬 살찐 누에처럼
척 척 기라綺羅를 뽑아
휘황한 성좌星座들을 안팎으로 이루는데,
나만은 묵은 밭머리에 앉아
마음의 구름 같은 목화木花송일 딴다.

모두들 눈짓을 맞추는데,
저마다 둥근 달걀을 품속에서 꺼내어
다수운 체온들을 미소지워 나누는데,
나만은 돌아 앉아 긴 수탉의 외로운 울음을 뽑는다.

모두들 시詩를 끝냈는데,
지금은 뱃머리 상좌上座에 즐비하게들 앉아
손에 손에 술잔을 나누는데,
일년一年에 시詩 예닐곱편을—묻지도 않는 것을
노를 젓듯 꼬박 꼬박 써 가는
나도 나다!

• 《신사조新思潮》, 1963. 11.

나는 언제나 구체적이다

만일 세계의 껍질 속에서 나를 잃어버린다면
이 가난한 수확을 거쳐 남는 것은 무엇일까?
그것은 추상抽象의 가 없는 주변과 사랑이 빠져나간
연인들의 알뜰한 살결일 뿐.

한 시대의 긴밀한 구조를 위하여
한 나라의 불행을 막기 위하여
하나의 세계를 이룩하기 위하여
낡은 가풍家風과 같은 의좋은 이름들은
나를 버리라고 명령한다.
그러나 상실喪失과 전쟁戰爭은 어느 의미에선 의좋은 자매이다.

시간에 못박힌 나의 비좁은 골짜기 안에서
나의 벌거숭이는 미지의 햇살을 피하여 지금
벌레와 같이 움직이고 있을 것이다.
그러나 나는 자연의 품— 어느 유구한 이름 아래에도
나의 몸을 숨기지는 않을 것이다.
우상偶像— 그것은 추상抽象의 신神이다, 무중력의 공간과 같은.

나는 피와 살이다!
어느 풍만한 가슴에 오롯이 빛나는 보석이든가,
어느 팽팽한 옆구리에 사무쳐 박히는 창끝이든가,
어떻든 나는 참다운 시와 같이 언제나 구체적이다!
나는 감동이다!

만일 세계의 의상 속에서 나를 잃는다면

나의 삶은 어떻게 죽는 것일까?
존귀한 것은 생명의 창조이다,
그러나 생명이란 그 절정에 일어선 나다!
그것은 언제나 또 누구에게나 구체적일 뿐.

나를 버리라고 의좋은 이름들은 속삭인다,
그러나 추상抽象의 너그러움과 형식의 아름다움은
다소곳이 사는 허약한 자매이다,
이 가 없는 바다―썰물에 녹아 스며들고 마는
나는 달콤한 설탕인가 아직도 감미론 소년인가.

• 《현대문학》, 1963. 12.

출발出發의 문門을 열고

빛을 여는
일년一年의 새 아침,
구름들은 저 북악北岳과 남산南山의 마루에서
생각하는 사람들의
가파로운 영혼과 같이 헤매이고 있다.

오천년五千年의 아득한 역사가 광야만은 아니었다!
젊은 사자獅子들의 거센 울음은 가고,
다시 겸허한 들과 골짜기엔
평범한 가족들이
짓눌린 머리를 든다.

우리는 스스로가 우리의 주인이 되고,
때로는 즐겨 노예가 되기도 할 것이다.

우리는 다시 피는 꽃과 같이 유순하고,
뺨에 닿는 맑은 바람과 같이 자유를 좋아하나,
죽음 앞에 이르면 잡초와 같이 우리의 생명은
모질고 거칠 것이다!

일천구백육십사년一九六四年에도 우리가 바라는 꿈들이
실상은 남에게는 꿈도 아닌 꿈들이
그대로나마 손에 잡히지는 않을 것이다.

그러기에 우리는— 우리와 우리의 모두는
헐벗은 산등에 어린 소나무를 심고,

어린 자식들에게는 책을 사주고
마른 잔디엔 음정월陰正月의 불도 지르듯
낡은 경험 위에 새로운 지혜를 쌓아가야 할 것이다.

문門을 여는
일년一年의 새 아침,
영혼의 빛을 따르는 역사는
또다시 자유로운 방황에서부터 낡은 사슬을 끊어가야 할 것이다.

• 《문학춘추文學春秋》, 1964. 5.

시간時間의 길이는 생명生命의 역사歷史에서만 빛을 얻는다

── 숭전대학교崇田大學校 창립 68주년을 맞으며

해와 달과 날의
금을 그은,
시간의 편리한 자를 만들어,
우리는 우리의 생애와 빛나는 역사를
때로 재어 본다.
눈부신 약진의 반세기半世紀,
황금의 로마 천년, 그리고 풍운의 이조 오백년,
또는 창건創建 68주년과 같이……

그러나 그 시간의 결정에서
더러는 보석의 왕관을 얻고
그 시간의 먼 끝에서
더러는 사막을 남기고,
그 시간의 빈 껍질 속에
가을의 찬 바람이 불 때,
그 시간의 높이와
굽이치는 머언 길이가
우리에게 무엇을 주는가?

우리가 헤아려 보는 것은
그러기에 시간의 길이와 오랜 흐름이 아니다.
시간으로 하여금 생명을 얻게 하는
그 길이와 높이와 그 무게다!
시간의 불꽃을 튀게 하는
생명이다!

시간의 새 살을 끊임없이 돋게 하는
생명이다!
시간의 껍질을 남기지 않는
생명이다!
나를 죽여 나를 묻어 나를 다시 일깨우는
생명이다!
시간으로 하여금 영원에 닿게 하는
생명이다!
시간은 곧 목숨인
생명이다!
한순간으로도 영원을 이룰 수 있는
생명이다!

이 생명을 얻었다면,
예순여덟 돌을 마지막으로
숭실崇實은 문을 닫아도 좋을 것이다.

그러나 우리는 이 생명을 위하여
아직도 가는 길에 있다, 다함 없는 길이다.
이 생명을 위하여
숭실崇實은 문을 크게 열었다!
젊은 날의 노래를 부른다.

이 생명을 위하여
우리는 이모 저모 우리가 받은 땅에서
꿈과 눈의 날카로운 연장으로

하늘에 닿은 뿌리를 파들어 간다!
때로는 괴롭고 때로는 슬프고
또 때로는 힘겨워 한다,
그러나 우리들의 젊음은
저 불붙는 태양을 바라본다!
그 태양 속에 그 태양 앞에 그 태양 아래
우리가 읽는 책
우리들이 쓰는 책은
밝게도 펼쳐 있다!

• 《숭대학보崇大學報》, 1965. 10. 25.

새날의 제목題目

가파로왔던 을사년乙巳年을 지나,
지금 1966년의 새 아침은
역사歷史의 단애斷崖에서 폭포와 같이 힘차게
울려 떨어진다.

산진달래 타던 꽃언덕과
질펀한 평야의 시대는 우리에게서 지나갔다.
쿵, 쿵, 쿵, 푸른 호반湖畔의 숲을 울리는
거대한 댐들의 힘찬 고동소리에 섞여,
철근과 콘크리트로 듣는 새 시대의 맥박들
겨레의 새로운 숨소리들……

그 변화와 소용돌이와
그 두려움과 기쁨 속으로
1966년의 새날은 거친 주둥이를 부비며
사나운 길을 헤쳐간다!

1966년의 새 길은 현해탄玄海灘
그 까부는 물결 위에 몸을 가누고,
어두운 내 고향 북北으로 헤매는 길은 더욱
거칠고
요원遼遠할지도 모른다.

그러나 이른 아침에 날으는
저 포도주 빛깔에 취한 새들의
방탕한 날개를 보라!

길 없는 곳에 길을 찾는
저 먼 상상想像의 날개를 만져보라!

어느 감성感性의 그림보다도 더 거칠게
크레용으로 벅벅 칠한 저 산둘레의
보라빛 구름들,
이 아침 우리들 아름다운 산하山河에
태양의 밝은 빛으로 인印찍는
저들 새날의 거친 이미지를 보라!
생각하고 씩씩하게 움직이고
찢기웠다 다시 쌓아 올리는
진통하는 역사의 이미지를 보라!

지금은 구름에 달 가듯 가는 것이 아니다.
눈물에 술을 섞듯 섞는 것이 아니다.
시간에 꽃잎 띄우듯 보내는 것이 아니다.
지금은 폭포와 같이 사납게
파도와 같이 부딪치며
탄환과 같이 올 곧게,
나아가는 나아가는
1966년의 새로운 길
새로운 제목題目의 날이다!

- 《조선일보》, 1966. 1. 1.

진리眞理의 강자强者
—— 성장成長을 축복하며

생각하는 대학이여.
진리를 배반할 이유를 우리에게 먼저 주소서
진리를 노래 아니 할 이유를 먼저 주소서
진리를 사랑 아니 할 이유를 먼저 주소서.

그러므로 진리에 복종하게 하소서
그러므로 노래 아니 하지 못하게 하소서
그러므로 사랑 아니 하지 못하게 하소서.

생각하는 대학이여
복종으로써 배반한 사람은
노래로써 노래하지 않은 사람은
사랑으로써 사랑하지 않은 사람은
우리가 날마다 미소로 만나는
이 캠퍼스 안에서 한 사람도 없게 하소서!

본관本館으로 가는 포도舖道 위에서도
꽃으로 두른 잔디밭 위에서도
정문正門 앞에서도
그늘 아래 놓인 벤치에서도
차임벨이 울리는 곳에서도
만날 수 없게 하소서!

생각하는 대학이여.
과거의 많은 해보다 희망의 숫자보다
높은 벽돌더미보다 프레쉬·맨의 많은 얼굴보다

진리로 자라게 하소서.
진리의 혼으로 다만 진리의 강자强者로
자라가게 하소서!

• 《숭대학보》, 1972. 2. 5.

고요한 밤

오늘과 내일 사이에
또 어제와 오늘 사이에
고요한 밤을 강보와 같이 깔고,
흰 눈이 내린다.

하늘에서 천사들이
속죄양의 털을 깎는
흰 눈이 고요한 밤에 내린다.

내려서 가난한 들
헐벗은 우리의 나뭇가지를 덮어 준다.
내려서 거친 골짜기
우리의 마른 잎들을 덮어 준다.

우리의 허물이 우리의 고갈이
사라진 건 아니다.
이 밤이 지나고 아침 해가 뜨면
우리의 허물과 우리의 쇠잔은
그 순결한 빛 그 따뜻한 품에
싸일 뿐이다. 싸이는 것뿐이다.

그 마른 땅과 그 썩은 골짜기에서
새로운 싹이 돋을 때까지
깨끗하게 싸일 뿐이다. 따뜻하게 싸일 뿐이다.

오늘과 내일 사이에

고요한 밤을 강보와 같이 깔고
흰 눈이 내린다.
먼 베들레헴 아기의 숨소리와 같이 고요히 내린다.

• 《새시대문학》, 1972. 8.

역설 逆說

사는 것 그것은
살고 있는 것도 아니고
살아 버린 것도 아니다.

살기를 바라는 것도 아니고
살려면 못사는 것도 아니다.

사는 것
그것은 살려는 것이다.
내가 아니며 나이려 하고
네가 아니며
너의 옷을 입어 본다.

복숭아 속에
복숭아인 — 오직 복숭아의 씨로
복숭아가 되게 한다.

사는 것 — 그것은
살지 않는 것이다.
나를 위하여 둘이 되지 않으며,
너를 위하여 또한
내가 되지도 않는다.

....
• 《문화비평》, 1973. 봄

살기 전에
죽기도 하고
살기 전에
끝내 살지도 않는다.

우리의 진실眞實

우리는 꿈이려는 꿈이 아니다.
우리는 사랑하려는 사랑이 아니다.
우리는 믿으려는 믿음도 아니다.

우리는 때때로 별을 찾아 눈을 뜬다.
그러나 우리는 구름처럼,
또 눈을 감는다.

당신의 착함과
우리의 약함,
당신의 기쁨과 우리의 눈물

그리고 해와 그늘,
우리는 그러므로 우리이면서
우리는 우리를 벗으려 한다.

우리는 날마다 우리를
떠나는 슬픔 속에서 당신을 만난다.

우리는 당신이 있을 때까지는
우리도 살아가며
아름다운 열매 당신의 아름다운 맛을
벌레먹는다.
굶주려 벌레라도 먹는다.

....
• 《숭대학보》, 1973. 3. 20.

피는 물보다 짙다

겨레들이여,
피는 물보다 짙다.
한강漢江과 대동강大同江 그리고 두만강豆滿江의
굽이치는 물줄기보다
더욱 짙다!
이 피가 스미어 우리의 가슴은
지금 서로가 뛰고
우리의 눈물은 지금 뜨겁게 뜨겁게
핏빛으로 흐른다!

어느 힘찬 웅변雄辯보다도
열렬한 이 피,
어느 강물 줄기보다도
우리의 메마른 땅 — 이 땅을
적셔주는
이 기름진 피눈물!

우리의 국어國語 속에
이 피를 스며들게 하고
우리의 논쟁論爭 속에도
도란도란 이 다수운 피가
흐르게 하자!

시인詩人들은
이 피를 찍어 고요히
그러나 리듬이 맥박치는

우리 스스로의 시詩를 쓰고,
남이 아닌 우리들의 시詩를 쓰고,
깊은 밤의 철학자들은
이 피로 저들의
피곤한 머리를 씻고,
지도자들의 떨리는 주먹 속에도
이 피가 감돌게 하자!

보아라, 초겨울이 다가오는
우리들의 산하山河.
기러기도 달밝은
남북南北으로 흐르며
차갑게 운다.
뜸북새의 울음도 사라진
먼 들 끝에서
갈잎과 같이
갈잎과 같이
쓸쓸하게 운다!

가다 오다
오르다 내리다
마조 쥐는
나루터의 손들도
바람결에 차다!
이름들은 서로 몰라도
사투리는 서로이 달라도

조상祖上의 더운 피가
가슴에 스며들어 흐르는데,
초겨울이 다가오는 늦은 저녁
우리들의 메마른 손은
칩고 싸늘하다
아아, 싸늘하다!

한恨많은 도시
유서깊은 송도松都에서
꺾여 버리는,
울음을 삼키듯 꺾어지는
길고 긴 우리들의 기적소리
우리의 더운 목청—
장단역長湍驛을 눈앞에 정녕 바라보며
주저 앉는 더욱 기적汽笛—
우리의 애끓는 더운 목청—

삼팔선三八線의 정글 속에 깃드는
이리 늑대
산돼지 거친 짐승들도
짙은 피와 거센 울음으로
사는데,
사상思想을 모르고도
오히려
형제같이 사는데,
아아, 차거운 초겨울 밤에

치운 이파리와 같이 흩어져 사는
우리네 형제들—
우리네 자매들—

잎은 떨어지고 흩날려도
다수운 흙속의
한 뿌리로 돌아가는데,
한 뿌리로 돌아가는데,
아아, 차가운 겨울 바람에
기러기와 같이
흐르며 흐르며 우는
너와 나의 겨레들—
무덤에서 땅을 치고 통곡하는
우리의 늙은 조상(祖上)들—
이 우리가 만드는 우리의 역사,
이 우리가 만드는
우리의 가파로운 역사,
이 우리가 만드는
우리의 고달픈 역사
이 슬픈 역사여!

가지는 갈래와 갈래로 뻗고
잎사귀는 그보다 더 많아도
뿌리는 하나인데,
따뜻한 강토에 묻힌
이 뿌리는 정녕 하나 뿐인데,

흩어져 이 겨울철
참새보다 가볍게 날리는
우리의 형제들 우리의 부모와 자매들
우리의 삼천만이여
피로써 느끼고
눈물 어린 눈으로 알아보는
삼천만이여 —
이천만과 일천만이
일천만과 이천만이
뭉친 이 지상地上의 단 하나인
삼천만이여!

허수아비도
꼭둑각시도
눈사람도 아닌
숨쉬는 삼천만이여,
눈물짓는 삼천만이여,
사상思想보다 더 굳센
사랑의 삼천만이여 —
나의 부모
너의 형제
너의 사촌
나의 애인으로 뭉친
삼천만이여,
뜨거운 핏덩어리여!

우리의 피는
물보다 더욱 짙다!
너희가 현하懸河의 웅변雄辯으로 외칠 때
우리는 다수운 피로써 속삭인다.
살에 살을 맞대고
이 기나긴 초겨울 밤에
우리는 다수운 피로써 입맞춘다.

더운 피로 껴안고 숨가빠도
우리는 행복하다!
우리는 기나긴 세월
너무도 외롭고
너무도 쓸쓸하였다!
우리를 민족의 홀아비로
우리를 겨레의 과부로
떼어 버린
역사의 폭군은 누구인가?
현대사現代史의 깡패는 누구인가?

우리는 아직도
기나긴 이 겨울밤이 다하도록
이 외로운 촛불이 다 타도록
서로가 서로를 불러야 하는가?
입속으로 부르다가
가슴으로 부르다가
꿈으로 불러야 하는가!

아아, 미친 듯 미친 듯
꿈으로 불러야 하는가!

삼팔선三八線의 가느다란 허리를
으스러져라 보듬아 안고
이 싸늘한 지표地表에 터진 입술을 부비며
피로써 불러야 하는가!
꿈으로 불러야 하는가!

참으로
역사엔 눈물이 없다.
역사엔 강철鋼鐵만이 있을 뿐,
역사는 눈물보다
강철鋼鐵을 좋아했다
그러나 우리들은
무쇠를 녹이는 뜨거운 눈물의 역사를
만든다!

창조는 힘이다!
위대한 힘이다!
우리는 이 힘을
지구의 밝은 동쪽—극동極東에서
만들자!

삼천만의 넘치는 힘으로
일천만과 이천만이 주먹을 쥐는 힘으로

한 덩어리가 되어
창조를 창조하자!!

이십세기二十世紀의 빛이 될
우리 겨레
빛을 뿌리며
빛을 뿌리며
역사의 맨 앞줄에 나란히 서는
삼천만의
힘찬 대열―
눈부신 대열―
동해물과
백두산이
마르고
닳도록
발맞추어
발맞추어
나아가자!
보무步武도 당당히
한 겨레의 뭉친 걸음으로
앞으로
앞으로
빛을 뿌리며
빛을 뿌리며
나아가자! 나아가자!
오늘 우리의 피는

내일의 물보다도 진하다!!

....
- 《북한北韓》, 1973. 12.

울려라 탄일종

울려라 탄일종!
동지冬至를 넘어 춘분春分을 바라보는
희망의 세계와 눈을 드는 민족들
아니 저들의 원수에게도……

하나의 언어와 하나의 음악으로
흩어진 세계와 갈라진 겨레와
이별을 고한 마음과 마음들에
힘차게 울려퍼지라!

밤의 솔나무에 은구슬과 촛불을 다는
귀여운 어린 손들과
저들의 빵을 굽는 따뜻한 어머니의 손 위에.

미래를 위하여 깊은 밤에
시간의 두꺼운 책장을 넘기는
모든 학자學者들의 근엄한 얼굴에,
읽기를 마치고
신부神父와 목사牧師들의 엎드린 마지막 경건한 베개 위에……

아니 그보다도 아름답게 울려라!
원수를 향하여 힘있게 쳐든
이방異邦의 칼날 위에,
저들의 피묻은 방패 위에,

- 《현대문학》, 1975. 6.

평화의 리듬으로 고요한 리듬으로
울려라! 사랑과 자비의 위대한 이름으로
아름답게 아름답게 울려퍼어지라!

우수 憂愁

가을이 긴 나라
그 나라의 저녁참은
까닭없이 바람 속에 설레이고,

가을이 긴 나라
그 나라의 여인들은
수심 깊은 눈망울에 저녁 해를 받고 있다.

가을이 긴 나라
그 나라의 정든 마음
길고 긴 한恨을 남겨 잠잠히 이어 보내고

가을이 긴 나라,
그 나라의 늦은 새들
해지는 먼 따끝까지 쭉지로 울고 간다.

....
● 미상

바다의 팔월八月

칠월七月까지는 척박한 대지大地에서 싸웠다
힘차게
생명을 날려라
팔월八月의 바다는 청춘들의 도약대跳躍臺!

탄환같이 솟는 육체肉體와 육체肉體들!
바다의 푸른 심장 — 산호림珊瑚林 속에
검은 머리를 저어 가라!
소년少年도 이국인異國人도 대학大學의 윤리학倫理學도……

물결은 달려와
사자獅子와 같이
넓은 어깨를 물어 뜯는다.

나가라
조국祖國의 앞길은 바다로 가리니
팔월八月의 청춘들은 바다로—
넓은 태평양太平洋의 흑조黑潮위으로—

....
● 미상

바다의 연륜年輪

　그만 아스팔트 위에서 도보徒步에 지쳐버린 칠월七月의 우리들—바다로 가자, 바다로 가서 뛰노는 물결의 춤을 배우자.
　칠월七月 장마 길던 오피스의 계절— 희랍여인의 가느다란 곡선마저 이제는 지리한 오후를 장식하여 줄 순 없다. 타이프 소리에 섞여 창가에 피던 카네숀, 히야신스의 엷고 붉은 입술, 또는 자원紫菀의 꽃송이들도, 그것들이 칠월七月달 밀려오는 저 파도에 비기면 얼마나 가냘픈 소시민小市民의 리듬일 따름이냐? 하물며 한 모금의 소다수, 밀짚으로 빠는 레몬티에서 우리는 요즈막 무더운 습기에 익어가는 우리들의 육체肉體를 건져낼 수 있을까.
　그러나 산山으로 간다는 것은 또한 얼마나 조로早老한 짓이냐? 산마루에 높이 올라 앉아 마치 영웅의 시선과 제스츄어로 낮은 성城들을 멀리 굽어본다는 것은 얼마나 건방진 모습이냐. 감람산에 올라 예루살렘을 향하여 거룩히 이마를 숙인다는 것은 사복음四福音의 저자著者가 아닌 우리들에게야 그곳이 얼마나 어긋난 방향이며 비뚤어진 각도角度일 것이냐.
　바다로 가자! 우리에게는 아직도 바다의 연륜들이 잠재하여 있었고나. 물결과 함께 출렁이는 것은 아직도 우리들의 가슴일 수 있고나. 바다를 향하여 칠월七月의 팔을 벌리듯 마음을 열자! 더미 더미 밀려와 피는 바다의 쟈스민— 칠월七月의 흰 파도와…… 찔레꽃 붉게 피는 포구浦口의 마스트와 언제나 그의 지붕들이 아름다운 도시都市의 가장자리와 표백漂白의 백사장白砂場과 늠름한 푸른 산맥들과 이깔나무의 숲풀들을 일일이 적시우며 수 십 킬로 또는 수 백 킬로 가볍게 커브하는 푸른 해안선과 때로는 여송연을 피워 물고 지나가는 이국상선異國商船의 멋진 마도로스 풍경風景과…… 지금 그의 품안에 무역풍貿易風을 가득이 안고 퓨리탄의 순례巡禮옷보다 더 깨끗한 돛폭들과…… 그리고 먼 수평선가에 구름의 석공石工들이 쌓아올리는 화강암花崗岩의 화려한 미래형未來型들과…… 아아, 아직도 지상地上에서 꿈이 남아 있는 곳은 여기 숨쉬는 바다뿐이로구나! 먼지 투성이, 티끌 투성이 헤어진 아스팔트 위에서 끝없는 길의 도보徒步와 구원을 의미하는 창窓들과 시간의 여백에도 지쳐버린 우리들 그곳에 그만 사의辭意를 표명하고 바다로 가자, 작열灼熱하는 태양 아래 육체肉體나마 태울 수 있는…….

거기 출렁이는 파도에선 새로운 생활의 리듬을 배우고 먼 수평선에선 명일明日을 위하여 소리없는 구경究竟의 언어言語를 듣자.

바다로 가자!

펄럭이는 천막과, 털 많은 가슴과 흰 이빨의 웃음들을 몰고, 오오오오오 자유로이 소리치며 달려오는, 영원히 정지할줄 모르는 저 무성茂盛한 리듬의 세계로 몰입하듯 뛰어들자!

- 미상
- 신문시

자유독립自由獨立을 위하여 학도學徒들은 싸웠다
── 학생독립운동 기념연극제에 보내는 낭독을 위한 시

그날의 흑판과
그날의 책상 위에도
우리들은 사기었다 ─ 조국의 이름을

그날의 격문檄文과
그날의 분노 속에
우리들은 부르짖었다 ─ 조국의 이름을

자유없는 학원은 우리들의 감옥이었다
자유없는 교실은
제국주의帝國主義의 캄캄한 창고였다
우리들은 인간人間의 도구道具 ─ 그 어둠 속에 처박혀야 했다

그날의 충장로忠壯路와
그날의 금남로錦南路에
우리들은 외쳤다 ─ 지상의 권리를

그날의 기적汽笛소리와
그날의 산천山川들에
우리들은 전하여 보냈다 ─ 자유의 북소리를

우리들의 두터운 가슴으로
닥아오는 총뿌리를 막아야 했다.
우리들은 맨 주먹으로 싸웠다
우리들의 눈물 속에는 자유의 그림자가 빛났다

세상의 많은 나라들 중에도
자유 없는 땅
자유 없는 나라의
아들과 딸들이었다―그날의 우리들은

그러나 청춘에 싹트는 우리의 가슴이었다
그러나 사랑에 눈뜨는 우리의 가슴이었다
아아 하물며 청춘보다 사랑보다도
고귀한 자유에의 꿈이었으랴 자유에의 꿈이었으랴!

우리들은 싸웠다
착취당한 박토薄土의 돌멩이를 모아
메마른 나무깨비와 녹쓴 보삽들을 꺼내어
우리들은 용감히 싸웠다
찢어진 누이들의 치마폭은 그대로
우리들의 터진 피를 막아주는 붕대였다.

우리들은 싸웠다
아니 우리들은 아직도 싸우고 있는 것이다
흘겨보는 저 휴전선休戰線에서 허물어진 「부다페스트」의
벽돌더미 위에서
자유를 사랑하는 모든 용감한 지상에서
우리들은 싸웠다!
우리들은 굳세게 싸울 것이다!

- 미상

영혼의 명절名節

크리스머스는
영혼의 명절名節
가장 큰 영혼의 명절名節.

동양東洋에서는
푸른 솔나무 가지로
서양西洋에서는
짙푸른 동청冬靑나무 잎사귀로
이 메마른 철에
창과 문들을 꾸미고,
어머니들은 그 전날밤 초저녁부터
과자와 빵을 굽고,
즐거운 아이들은 꿈속에서
첫눈을 목덜미까지 수북이 맞는

크리스머스는
집집마다 탄생과 기쁨에 넘치는
영혼의 명절名節.

동서東西와 그리고 남북南北
세계世界의 가장 드높은 첨탑尖塔들에선
천사天使의 노래들을 고요히 울리며
지상地上의 보석寶石보다 아름답고 빛나는
하늘의 큰 별을 눈여겨 바라보고,
감사와 겸허謙虛와 순종順從의 목자牧者들은
떨리는 촛불로 꾸민 고요한 단壇앞에 업드려

착한 아기의 울음속에 은은히 들리는
고요한 메시지에 머리 조아리는,
크리스머스는
모든 우리의 크나큰 명절名節.

피곤하고 지치고 때로 얼룩진
낡은 목숨의 동지冬至를 마지막 보내고
새 희망希望, 새 용기勇氣, 새 생명生命의
밝은 춘분春分을 바라보는
지상地上의 12월月! 인류人類의 25일日!
올해도 크리스머스는
우리들의 명절名節 — 영혼의 아늑한 명절名節.

....
• 《크리스챤신문》, 1974. 12.

기적汽笛을 울려라
— 철도지鐵道誌 백호기념百號紀念

동해東海의 찬란한 푸른 물결에서
이 나라의 해지는 서녘 들까지
기적汽笛을 울려라!
호박꽃 피는 이 나라의 외진 마을에서
검은 연기 뜨겁게 피는 이 나라의 수부首府에까지
우리들의 철마鐵馬여 기적汽笛을 울려라!
이 나라의 동맥動脈을 이어 주며
이 나라의 뛰는 혈관血管처럼
길고 우렁찬 너희의 목청을 울려라!
이 나라의 뛰노는 맥박脈搏과 같이
이 나라의 줄기찬 힘줄과 같이
너희들의 길고 우렁찬
너희들의 기적汽笛을 두루 두루 울려라!

불을 삼킨 철마鐵馬와 같이
이 나라의 심야深夜를 뚫고,
이 나라의 태양太陽을 울부짖는
사자獅子의 웅변雄辯과 같이
우렁찬 기적汽笛을 울려라!

때로는 외기러기와 같이
저녁의 먼 들에서 울고 기도하지만
때로는 들국화 향기 감도는
외딴 산구비에서 가랑비에 젖기도 하지만
너희의 울음은 아름다운 우리들의 음악音樂!

북악北岳의 찬 바람을 안고
중부中部의 깊은 눈을 헤치고
이 나라 강이 흐르는 곳에서
이 나라 높은 산이 솟은 곳에서
이 나라 꿈을 보는 먼 들에서
아름답고 아득히 퍼져가는 우리의 음악音樂!

기적汽笛을 울려라!
검은 연기 속에 피는 음악音樂,
그리운 메아리로 퍼지는 음악音樂
속도速度와 마찰과 갈등으로
삼천리三千里를 달리며
거센 하모니를 이루는 겨레의 음악音樂!
조약돌과 가녀린 풀 잎을 슬픔처럼 짓밟으며
밝은 내일來日의 목적目的을 향하여
앞으로 앞으로 울부짖는
우리의 정열情熱과 희망希望을
기적汽笛으로 울려라!
오로지 한 목적目的 한 성장成長을 위한
우리들의 노래 — 우리의 목청처럼
기적汽笛을 울려라! 기적을 울려라!

....
● 미상

신년송가 新年頌歌

새해 새날은
마음과 마음에서 솟는,
희망과 용기와 기쁨과 가다듬.

새날 새해는
마음과 마음에서 탄생하는,
시간時間의 아들과 딸.
실패失敗와 슬픔을 모르는
새로운 마음의 얼굴들……
사람들은
해와 달과 날을 금 그은
시간時間의 편리한 자를 만들어
때로 저들의 추억追憶과
아름다운 미래未來를 재어 본다.

그러나 시간時間은 영원永遠에서
영원을 흐를 뿐— 시간時間에는 어제도 오늘도
또 내일의 길이도 없다.
시간時間은 역사歷史를 이루는 껍질일 뿐,
철을 따라 낡아지면 벗어 버리는
생명生命의 옷일 뿐,
있는 것은 오직 마음의 샘물이다.
흘러도 흘러 내려 사라져도
다함없는 물줄기와 같이,

우리를 새로이 솟게 하는

마음의 샘물이다.
있는 것은 오직 마음의 뿌리다.
시들어도 시들어 버려도
다시 피는 꽃과 같이,
우리를 새롭게 피어나게 하는
마음의 깊은 뿌리다.

이 마음과 마음의 뿌리가 억세게 뻗어
얼은 땅과 모진 돍작을 꿰뚫고
깊은 곳에서 얼키고 설킬 때,
민족民族의 다함 없는 생명生命이 된다!
이 마음의 샘물이 줄기차게 모여
메마른 들과 거친 산길을 헤치고
굽이 굽이 끊임없이 흐를 때,
빛나는 겨레의 역사歷史가 된다!

오늘은 카렌다의 첫 장을 넘기는
일천구백육십육년一九六六年의 첫 날,
그러나 시간時間이 우리에게 새날을 주는 것은 아니다,
시간時間으로 하여금 새날을 살게 하는 것은
오직 우리다!
우리 안에 있는 마음의 샘물이
다함 없듯,
우리 안에 있는 마음의 뿌리가
길이 시들지 않듯,
우리의 끝 없는 내일들에

새로운 생명生命을 우리가 불어 넣자
그리하여 영원永遠에 이르는 생명生命의 계단을
만들자. 아니, 영원에서 오는 우리의 새날이
되게 하자!

그리하여
육체肉體는 낡아지나 영혼으로 새롭고
시간時間은 흘러 가나 목적目的으로 새롭게 만들자.

사라진 과거過去에서 오늘은 새살 돋고
한 사람 한 사람은 낱낱이 늙어 가나,
그 민족民族은 더욱 새로워진다.

그러므로 생명生命을 가득히 안고
사라진 것들은 헛되지 않다,
사라진 것들은 영원의 품에 안겨
더욱 빛을 얻을 뿐,
실패失敗는 경험을 낳아주고
지혜는 용기를 북돋아 주면
새날은 메아리처럼 희망을 부른다!
마치 산맥山脈은 또 산맥山脈을 넘어
기름진 우리의 강토疆土를 가없이 이어 가듯……

아, 이 빛나는 정신의 강토에서
아, 이 빛나는 생명生命의 산하山河에서
새해를 맞는 이 아침,

일만가지 생명生命을 가진 것들
하늘에서 땅에서 울부짖고,
서릿발 치운 하늘에
태양太陽은 뜨겁게 빛난다!
태양太陽은
태양太陽은
우리들의 불붙는 희망은······.

....
• 《전남매일》, 1966. 1.

새로운 소원所願
— 창간 1주년을 맞으며

몸 되어 사는 동안
새로운 시간時間은 황금黃金보다 소중하오니,
내일來日은 어제보다 더욱 귀한 우리의 소유所有이오니,
우리에게 주셨던 일년一年의 지혜와 용기를
새로운 날의 흐름 속에도 부어 넣어 주소서.

육체肉體는 낡아지나 영혼으로 새롭고
시간時間은 흘러 가나 목적目的으로 새로와지나이다,
그 나아종 바다에 이르기까지 오고 오는 시간時間도
의義로운 주主의 군단軍團처럼 더욱 전진前進케 하소서!

끊임 없는 그 흐름의 노래 속에
또렷한 제목題目의 북소리를
더욱 힘차게 울려나게 하소서!

한 쪼각의 빵을 얻기 위하여,
한 세기世紀가 굶주리던 일년一年
한 파리의 꽃을 위하여,
한 세대世代의 젊음들이 시들어 버린 일년

백百사람의 영웅英雄과 흥분한 선지자先知者를 위하여
십자가十字架의 진리眞理가 천千으로 깨어진
지난 일년一年의 물웅덩이 속에,
반짝이는 새날의 시간時間이 고이고 또 고여
썩지않게 하소서!
썩지않게 하소서!

우리를 슬프게 하던 그 기쁨들,
우리를 더욱 목마르게 하던 그 사상思想의 여울들,
우리를 더욱 외롭게 만들던 그 싸움들을
지나,
낡은 영혼 위에 새로운 눈물을 뿌리며
낡은 경험經驗 위에 새로운 지혜知慧를 띄우며
아침 태양太陽이 반짝이는 강물처럼

우리의 새로운 시간時間으로 하여금 구비쳐 구비쳐
당신의 넓은 품 사랑의 바다로
흘러 가게 하소서!
흘러 가게 하소서!

• 《크리스챤신문》, 창간 1주년.

송가頌歌
── 창간 20주년에 붙여

뜨거운 가슴으로,
오랜 풍물風物과 스스로의 운명運命과
저들의 산하山河를 힘있게 껴안는 나라에는,
사랑의 피가 마를 날이 없다.

불같은 손으로,
저들의 거리와 황금黃金의 시간時間에서
일하는 나라에는,
그 마지막 저녁 햇빛이 지는 날이 없다.

우리의 생애生涯는 출발出發에 있지도 않고
성공成功의 끝만도 아니다,
언제나 그 전체全體 속에 물결치고 있다.
그 전체全體 속에 역사歷史는 뛰어들고 있다.

그러나 시간時間은
언제나 고요한 강물과 같이 흐르지만은 않는다,
그 고요한 흐름 속에 부드러운 꽃잎을
언제나 띄워 보내지는 않는다.

의義로운 붓을 들고
해방解放의 물결 속에 뛰어든 지
20년年 ──
그러므로 눈물보다 때로는 싸움을 사랑했고,
불근거리는 주먹같은 활자活字로
우리들 심장心臟의 거센 고동을 노래하였다.

때로는 세포細胞같은 소중한 자모字母를 모아
우리들 피부皮膚에 속속들이 스미는
불면不眠의 밤을 전傳하였다.
우리의 긍정肯定은 부정否定 깊이 번지는
허무虛無를 파헤쳤다!
열매는 언제나 꽃보다 화려하진 않았다!

우리는 쉬지 않았다!
우리들 옥상屋上에 필럭이는 자유自由의 깃발처럼
슬픔과 기쁨의 밝음과 어둠의
그 사랑과 싸움의 불꽃같은 사이에서
우리는 언제나 쉬지 않았다!
그 모든 부딪침과 엇갈림과 신음呻吟 속에서
전진前進하며 불붙는 새 날의 기관차機關車를 보았다.

닥쳐올 20년年의 사랑은 또 뉘에게서 받을 것인가,
앞으로 20년年의 꿈은 또 어데서 올 것인가
아니다, 아니다, 낡은 종들의 어둡고
허망한 노래를 버리라!
끓는 심장心臟 깊이 사랑은 창끝이 되어 주는 것 —
사랑을 너의 가슴에
꿈은 너의 머리에
내가 주는 것 —
받는 것보다 우리가 주는 것.

이 개척자開拓者의 노래를

이 정복자征服者의 피를
가난한 너와 네 겨레의 힘줄에 스며들게 하라!
지금은 봄이 오는 겨울의 한때— 이 거친
산하山河에 뛰놀게 하라!

....
● 《철도지》, 20주년호

빛나는 조국祖國의 새 아침

아름다운 도시都市는 날마다 하늘로 자라고
바다는 새 시대時代의 보화寶貨를 싣고
넓은 세계世界로 물결치며 자라갈 때,
조국祖國엔
일천구백육십팔년一九六八年의 새 아침이 온다.

조상祖上들의 ○○○○○ 묻은
유서由緖 깊은 산들엔 푸른 나무를 심고,
그 푸른 나무들에 흰 눈이 내려서
따뜻하게 덮일 때,
조국祖國엔
일천구백육십팔년一九六八年의 새 아침이 온다.

철마鐵馬가 울부짖는
동해東海가 물결치는 곳에
첩첩 산을 헐어 넓은 길을 뚫고,
엉겅퀴가 자라던 허허 벌판에
검은 연기 힘찬 검은 연기
장미보다 아름답게 피어 오를 때,
조국祖國엔
일천구백육십팔년一九六八年의 새 아침이 온다.

이 마을과 저 마을에서 들리는
우리들의 귀에만 익은 기침 소리,
개 짖는 소리 새벽닭 우는 소리에 섞여
새 역사歷史의 바쁜 일들을 시작 하기 전,

잠시 손을 가슴에 모아
저 빛나는 태양太陽을 바라볼 때,
조국祖國엔
일천구백육십팔년一九六八年의 찬란한 아침이 온다.

피는 눈물보다 더 짙고
더운 땀은 기도보다 경건함을,
그리고 겨레의 사랑은 황색黃色보다 더욱 빛나는 것을
지금 우리가 깨달을 때,
조국祖國엔
일천구백육십팔년一九六八年의 뜨거운 아침이 온다.

독수리와 같이 자유自由의 가파로운 절벽에
우리의 용감한 새끼들을 기르고,
벼랑에 피는 꽃과 같이
우리의 거룩한 생명生命을 지켜 왔다.
이 밖에 더 참다운 진리眞理를 믿지 않는
우리들의 조국祖國에
일천구백육십팔년一九六八年의 힘찬 아침이 온다.

일어서서 나아가는 자者만이
팔을 벌려 저 태양太陽을 가슴에 안는 자者만이
가난과 슬픔을 물리치고

• 《서울신문》, 1968. 1. 1.

원수와 싸워서 이길 것이다!
이 빛나는 조국祖國의 새 아침을
더욱 찬란한 칠십년대七十年代에 전傳하여
무궁한 역사歷史에까지 이르게 할 것이다!

저 빛을 가슴에 안고

눈을 들어
저 무등無等을 바라 보라
동지冬至를 지나 춘분春分을 지상地上에 그리며
빛을 여는
1년年의 새 아침

구름들은 저 산위에서
생각하는 사람들의 영혼과 같이
그 영혼에 아름다운 옷을 입히고
그 옷들엔 저 깊은 골짝에서 떠오르는
황금黃金빛을 받으며
서서徐徐히 움직이고 있다.

팔을 벌려
저 빛을 가슴에 안아 보아라
따뜻하게 안아 보아라
저 빛은 대문大門밖에 태극기太極旗를 내어 다는
귀여운 아들과 딸들의 손등과
그들의 설날 빵을 굽는 어머니의
따뜻한 손위에 내려 올 것이다.

저 빛은 시간時間의 두꺼운 책장을 넘기며
경건하게 무릎을 꿇거나 엎드린
신중한 아버지들의 이마위에
나려 올 것이다.
저 빛은

어제의 격론激論을 끝마치고
내일來日의 경험經驗을 서두는
진지한 회의會議와 결론結論위에 내려 올 것이다.

저 빛은
하나의 목표目標가 되어
흩어진 이웃과 갈라진 언어言語와
이별離別을 고告한 마음과 마음들에
내려 올 것이다.
저 빛은
내일來日을 향하여 질주疾走하는 모든 기적과
뜨겁게 치오르는 모든 연기煙氣와
요란하게 서두는 연장 소리를 비춰며
내려 올 것이다.

저 빛은
스스로가 주인主人이 되기로 하고
때로는 스스로 종의 자리에 앉기도 하는
법法을 알고 질서秩序를 지키는
겸허謙虛하고 평범平凡한 가족家族들의 알뜰한 뜰안에
내려 올 것이다.

그러나 저 빛은
꽃과 같이 부드러운
바람과 같이 자유自由를 좋아하나
죽음 앞에 이르면 잡초雜草와 같이

모질고 무성_{茂盛}한
우리의 생명_{生命} 위에로 나려 올 것이다.

1968년_年은 우리가 바라는 꿈들이
그대로 손에 잡히지 않을지도 모른다.
그러기에 낡은 잔디엔 음정월_{陰正月}의 불을 지르고
우리는 헐벗은 우리의 산들에
어린 소나무를 심어주고
자라는 자식들에겐 빵보다 책을 사주는
낡은 경험_{經驗} 위에 새로운 지혜와 용기_{勇氣}를
쌓아 가는 우리들의 거리에
저 빛은 나려 올 것이다!
눈물의 웅덩이와
실망_{失望}의 그늘을 모르는 겨레 위에
이 겨레가 사는
지붕의 우뚝 솟은 선_線들과
보선 콧부리와
손끝이 밖으로 휘어지는 춤의 율동_{律動}과
그 마음과 희망_{希望}의 첨탑_{尖塔}들에
저 빛은 눈부시게 나려 올 것이다.

새날은
시간_{時間}의 뿌리,
시들어 마르고 사라져도
다시 피어 나는 꽃과 같이,
우리를 우리의 나라에 다시 피게 하는

이 새 아침에
팔을 벌려 저 빛을
가슴에 안아 보아라!

새날은
시간時間의 샘,
흘러도 흘러도
다함 없는 물줄기와 같이,
우리를 우리의 땅에 솟게 하는
이 새 아침에
저 빛을 안고 흘러 가라!
끝없는 내일來日의 품을 향하여.

....
- 《전남매일》, 1968. 1.

생각하는 크리스머스

밖에서는 기뻐하는 크리스머스,
안으로는 생각하는 크리스머스,
그 어느 편에 우리의 영혼을 기울이는가.

선물을 주고 받던 손들을 멈추고
술 주정꾼의 중얼거림을 배앝고,
마음의 고요한 가로등街路燈 아래에서
가족들의 즐거운 식탁食卓 위에서
생각하여 보는가 생각하여 보는가.
별들은 왜 이 밤따라 새롭게 빛나며
종들은 왜 세계의 높은 곳에서
고귀高貴하게 울리는가 울리는가.
이밤에 왜 눈이라도 내려야 하는가?
내려서 병病든 땅을 왜 포근히 덮어 주는가.
정하고 순결한 살엔듯— 아, 은총엔듯
부드러운 땅에 엎드려,
불을 부비는 사람도 있는가 있는가.

이밤, 세계는 왜 명절名節에 붐비는 아이처럼 되는가?
예수님이 나신 줄을 아는가.
그러면 너는 다시 태어나지 않았는가?
세계는 다시 태어나지 않았던가.

밖으로는 기뻐하는 크리스머스,
안에서는 생각하는 크리스머스,
모든 생명生命은 살려고 태어낳는데,

왜 죽기 위하여 한 아기만은 태어났는가?
이렇게도 아름답게 태어났는가?
이 송구스런 기쁨은 이밤에 네 영혼 깊이
아로사기는가.
어두운 하늘에 박히는 저 별들의 보석寶石과도 같이
또렷하게 또렷하게 아로사기는가!

....
- 미상

내가 나의 모국어母國語로 시詩를 쓰면

내가 나의 모국어母國語로 시詩를 쓰면
새들은 가지에서 노래를 불렀어요
무엇인지 모르지만 우리는 아마도 그때
같은 제목題目을 노래하였던 가봐요.

내가 나의 모국어母國語로 시를 쓰면
넘쳐 흐르는 나의 생명生命이 노래를 부를 때
검은 흙에서는 꽃들이 피어났어요
피빛 진달래도 구름빛 백합화白合花도……

그때 나의 모국어母國語는 먼 — 노을의 옷을 입고
나의 머리는 저 푸른 삼림森林보다 더 젊었어요
나의 모국어母國語와 함께 영원永遠히 움직이는
그것은 깊은 바다가 없는 들 또 멀리 들리는 저녁종……
나의 모국어母國語위에 다시 내일來日의 제목題目을 얹어주는
새로운 아침 햇빛 또 저녁에 뜨는 별들……

그러나 비바람속에서 몸부림 치는
또는 어둠을 헤치며 아우성 지르는
나의 모국어母國語가 내게는 더 좋을 때가 있어요

지금이 그때이어요!
그라스미아호반湖畔 밤깃에 느린 리쟈의 보석寶石보다도
초토焦土를 넘어 떠오르는 저 황토黃土묻은 별들을
당신은 언제인가 나의 모국어母國語로 찬미하여 주었어요!
그러한 당신이 오늘도 내옆에 있고

내가 다시 상傷한 갈대와 같은 나의 모국어母國語로 시를 쓰면
당신은 어느 구절句節에선 아마도 나의 눈물을 지워주고
봄바람에 피는 빩안 진달래 빩안 진달래로
그곳을 채워 주었을 것이예요!

....
• 《신문예》, 1952. 7.

새날 새 아침에

빛을 여는
일년一年의 새 아침
구름들은 저 산山 위에서
생각하는 사람들의
가파로운 영혼과 같이 헤매이고 있다.

오천년五千年의 아득한 역사歷史가 그대로 광야曠野는 아니었다!
사자獅子들의 거친 울음은 가고
다시 도처道處한 평야平野와 골짜기엔
평범平凡한 가족家族들이
그들의 짓눌린 이마와 머리를 든다.

우리는 스스로가 우리의 주인主人이 되고
때로는 즐겨 노예奴隷가 되기도 할 것이다.
우리는 꽃과 같이 유순하고
맑은 바람과 같이 자유自由를 좋아하나
죽음 앞에 이르면 잡초雜草와 같이 우리의 생명은
모질고 거칠 것이다!
일천구백육십사년一九六四年에도 우리가 바라는 꿈들이
실상은 꿈도 아닌 꿈들이
그나마 손에 잡히지는 않을 것이다.
그러므로 우리는
헐벗은 산등에 어린 소나무들을 자라가게 하고
어린 자식들이 크면 책冊을 사주고
낡은 층계層階위에 새로운 지혜知慧를 쌓아가야 할 것이다.
마른 잔디엔 음정월陰正月의 불을 지르듯

문門을 여는
일년一年의 새 아침
빛을 따르는 영혼의 역사歷史는
또다시 자유自由로운 방황에서부터 낡은 사슬을 끊어가야 할 것이다.

• 미싱

옳은 손으로 다시 펜을 잡으며
—— 기독공보 속간에 붙여

한 손을 들어 진리眞理〔聖書〕 위에 얹고
다른 한 손——너희의 옳은 손으로
다시 붓을 잡아라.
오늘부터 길이 쉬지 않고
너희의 손으로 우리의 바른 손이 되게 하라.

한 손을 들어 젊은 (너의) 가슴위에 고요히 얹고
다른 한 손——너희의 옳은 손으로
오늘부터 (다시) 붓을 잡아라.
아침 이슬같은 양심良心의 소리를 맺게 하라.
새 생명의 고동이 얼마나 젊은가를(아름다운가를?)
듣게 하라.

너희의 밝은 눈으로 보면서
아름다운 장미가 들과 거리에서
무덤에서 뿌리박고 있음을 너희의 눈으로 보면서
단비와 같이 너희의 붓을 들어라.

너희의 귀로 분명히 들은 후에
광야曠野의 외치는 소리를
문명文明의 마른 벌판에서 들은 후에
너의 붓을 예언의 나팔처럼 들어라.

너의 머리로 깊이 생각하면서
광야曠野의 맑은 머리와
단식斷食의 깨끗한 위장胃腸으로 생각하면서

너희의 붓으로 소금과 꿀이 되게 하라.

채찍이 되게 하라.
더러운 황금○黃金○과 진흙을 상아탑象牙塔[聖殿]에서 내어 쫓는
너의 붓으로 성낸 채찍이 되게 하라.

너의 붓으로 ?문門을 열어라.
모든 불의不義와 이단異端과
오만한 낡은 악마의 성城을 무찌르는 미사일이 되게 하라.

마른 잉크로
십자가十字架의 붉은 피가 되게 하여
너의 붓으로 보기를 원하는 어두운 시대時代에
기적奇蹟을 보게 하라.

오늘의 붓으로 오늘이 지나가기 전에
내일來日의 역사歷史를 쓰라!

무너지지 않는
복종服從의 높은 언덕 위에(보리미에) 우뚝 서서
미래未來의 아름다운 왕국王國을 바라보며
오늘을 기록하라.

∙ 미상

빛나는 영원의 반짝이며 닿을
오늘을— 서○書○의 새벽을
아로 사기듯! 기록하라!

(제목 없음)

웃을 건 웃고
뉘우칠 건 뉘우치고
사랑할 건 아직도 사랑하라
신神에게도 모를 언어言語가 있다
사람들은 신神의 큰 뜻을 모르고
신神들은 사람들의 가느다란
언어言語를 모른다.

눈물과 사랑의 수분水分이 마른 지면

지금 나는 모든 것을 회고回顧한다.
슬픔과 기쁨 그 긴 연안沿岸의 모든 발자취
그러나 살려는 용기勇氣 그것만은
나를 두른 뿌연 공기에서
남南으로도 동東으로도
회고回顧할 길이 없다

• 미발표 육필 원고로 미완성으로 추측되며, 제목은 없다.

생명生命의 날

오늘은 하늘이 맑다
풀들은 땅에 피었다.
세계는 모두가 새로운 삼월三月이다
여기 노래할 제목題目이 있고
여기 노래할 민중民衆들이 가득히 서서
남산南山과 북악北岳을 우러러 보는
아아 삼월三月은 생명生命의 첫날이던 날

조국祖國의 자유自由는 영원히 신성神聖한 것이다.
변할 수 없는 우리들의 이상理想이다.
가자 이상理想을 심는 겨레들
충정로忠正路 — 을지로乙支路 — 종로鐘路의 네거리와 탄탄한 태평로太平路
아니. 총칼에 쓰러지던 형제兄弟들의 옛길로

북동풍北東風 사四메터 — 의 청명淸明은 아스팔트마다
정의正義에의 박차拍車!

오늘은 하늘이 곱다.
깃발들은 땅에 피었다,
세계는 모두가 우리들의 외오침, 삼월三月
합창合唱을 듣는다.

....
● 《경향신문》, 1950. 3.

사나이다운 사나이들
── 월간月刊 축구지蹴球誌 창간 주년 기념일에

백百미터 십일十一초의
튼튼한 다리와 허파를 가진,
맹호와 청룡같은 사나이들
사나이다운 사나이들.

깃발을 꽂은
하늘보다 아름다운 푸른 풀밭에
밝은 백선白線을 가슴 울렁이게 두르고
방放 속에 제약制約을
용기 속에 법도를 스스로 간직하며,
깨끗한 기백과 끓는 육체肉體로 맞붙어 싸우는
거칠으나 바르고 젊잖으나 씩씩한
사나이다운 사나이들

싸움의 한복판을 가로막는 넓은 어깨,
무쇠라도 받아 넘길 굳센 이마이지만,
숏패스로 날세게 달려나가면
문틈으로 빠지는 아침햇살보다 빠르고,
원교근공遠交近攻의 롱패스로 육박질으면
시민市民들의 주먹은 하나같이 땀을 쥔다!
겨레의 피는 한 사람의 피와 같이 끓어 오른다!
웅변雄辯에도 서툴고
민족혼民族魂을 외치지도 않고,
짐승과 같이 먹고 짐승과 같이
단잠에 빠지는 사나이들이지만,
온겨레의 참사랑을 받는 사나이들!

착한 어머니의 아들이기도 한
아아, 너무도 젊은 사나이들.

이들에겐 질긴 혼이 있다!
이들 눈동자엔 생명의 의지가 보석寶石처럼 박혀있다!
재빠른 센터링에 떠오른 둥근 볼——저것을
압축된 팽팽한 하나의 세계——팽팽하게 뭉친
인생의 전부全部로 노리며, 폭포같이 댓쉬하는
사나이 중의 사나이다운 혼이 있다!
생명生命의 정문正門으로 힘차게 꼴잉하는 사나이의 아, 순수한 기쁨이 있다!

- 미상

기쁨의 제목題目을 기뻐하라

크리스마스는
밖에서는 아름답게 꽃피지만,
크리스마스는 안에서 고요히 열매 맺지 못한다.
그 열매의 씨앗들
이 겨울 마른 땅에 깊이 묻혀
생명生命의 뿌리로 자라지 않는다.

크리스마스는 겨울철의 명절名節이고
크리스마스는 십이월十二月 이십오일二十五日이라고만 안다.
그렇게들만 안다.
크리스마스는 세계世界로 번지는 예술藝術이지만,
크리스마스는 지금 세계世界로 스미는 종교宗敎가 아니다.

크리스마스에는
선물의 상자箱子들을 주고 받는다.
그러나 크리스마스의 선물은 빈 상자箱子만이 있을 뿐,
주는 사람에게도 받는 사람에게도 없다.

크리스마스는 붉은 입술이나
흰 잇발도 사방四方에서 기쁘기만 하다.
크리스마스는 젖은 눈으로 젖은 눈으로
사방四方에서 감사하지 않는다.
크리스마스에는 술들을 마신다,
그 술이 또 누구의 피가 될지도 모르고.
크리스마스에는 칠면조七面鳥를 잡는다,
그 살이 또 누구의 살일지도 모르고,

크리스마스에는 좋은 옷들을 입는다,
크리스마스는 한낱 의상衣裳이다.
크리스마스는 그 옷을 입는 몸도 아니고
크리스마스는 그 몸의 영혼은 더욱 아니다.

크리스마스는 슬프다,
크리스마스는 기쁘지가 않고 슬퍼지고 만다.
크리스마스는 괴롭다,
정작 기뻐야 할 사람들은 괴로워한다.

크리스마스에는 거리마다 골목마다
악화惡貨가 양화良貨를 몰아낸다.
정말 기쁜 사람들은 발붙일 곳도 없다.
아기를 누일 호텔도 없고 여관도 없고
저택邸宅도 없고 아파트도 없다.
우리는 그 옛날 초라한
마구깐으로 찾아 가 아기를 보일 수밖에 없다.
그 아기의 고요한 숨소리를 들으며
거기서 멸망의 먼길을 걸어온 우리의 피곤들을 풀 수밖에 없다.

....
• 미상

크리스마스에는 집으로 돌아가라

크리스마스 이브에는 집으로 돌아가라
서울의 시민市民들이여,
아기의 잠이 깨지 않게 구두소리도 낮추며
고요히 집으로 집으로 돌아가라.
그리고 촛불을 준비하라,
왜 이 밤에는 촛불을 켜는지를 아는가?
크리스마스는 호롱불 켜던
가난한 말구유로부터,
모든 세계에서 ─ 서울에서까지
지금은 너무도 멀어졌다.

크리스마스 이브에는 선물을 드리라.
아내나 남편 또 친구들에게
아기에게 드리던
동방박사東方博士의 선물을 드리라.
기쁨과 눈물과 해방解放을 겹겹으로 싼
아름다운 선물을 드리라.

크리스마스 이브에는 종을 울려라.
그 옛날 파닥이던 천사天使의 노래소리와 같은
종을 울려라!
바다 건너 산 넘어 하나의 언어言語로
십이월十二月의 안개 속을 퍼지게 하라!

• 미상

크리스마스 이브에는
화려한 상자箱子보다 그 안의 작은 구슬을
고요히 어루만져 보라.

울려라 성탄의 제목題目을

울려라, 성탄聖誕의 제목題目을
고요히 울려라!
동지冬至를 넘어 춘분春分을 바라보는
새로운 세계와 희망의 겨레들에
아니, 저들의 원수들에게도.

하나의 언어言語와 하나의 음악音樂으로
흩어진 세계와 갈라진 겨레와
이별離別을 고告한 마음과 마음들에 울려라!

울려라, 고요히 울려라!
하나의 믿음과 하나의 사랑으로
싸우는 국경國境과 헤어진 교파教派들에
고립孤立된 사상思想과 사상思想의 철책鐵柵들에.

울려라, 거룩한 밤 고요한 밤에
하나의 뜻과 하나의 리듬으로
변하는 시간時間과 바뀌는 역사歷史 속에
변치 않는 맥박과 변치 않는 흐름으로.

솔나무 가지위에 고사리같은 손들이
은銀구슬과 촛불을 달 때,
어머니의 따뜻한 손들이 빵을 구을 때
고요히 고요히 울려라!
거룩한 이밤의 제목題目을
고요히 울려라!

이 거룩한 밤,
역사歷史의 책장을 넘기는 학자學者들의 근엄한 얼굴에
끝마치려는 회의會議와 저들의 신중한 결론結論 위에
마지막 경건한 벼개 위에.

거룩하게 울려라!
이 고요한 밤
원수들의 힘있게 쳐든 칼날 위에
저들의 무거운 방패 위에
사랑과 평화平和의 리듬으로
고요하고 거룩하게 울려라!
울려 퍼지어라!

- 미상

마지막 그림자

최후最後의 선물을 남기는 마음으로
등燈불을 이거리에 버리고 가자
우리는 일년一年의 낙엽인가, 마지막 오늘밤……

이제 우리 앞에 남은 것이란
흐린 별과,
금남로錦南路의 안개뿐!
또다시 흘려간 무명無名의 날들을 위하여
지금은 마지막 잔盞을 나누고
서로이 헤어질 때……
내일來日이 없다면,
어느 수요일水曜日이나 어느 목요일木曜日의 새벽이 될지도 모르는
진정 우리에게 내일來日이 없다면,
지리하던 일년一年의 종점終點에서, 우리들의 마지막 악수握手도
헛된 것뿐!
진정 헛된 것뿐!

- 미상

(제목 없음)

주여, 이 고요한 시간을
당신에게 바칩니다.

주여, 이 시간은
가장 정결하게 비어 있읍니다.
빈 그릇과 같이 가득차 있읍니다.

당신의 고요한 은혜로
가득차 있읍니다.

주여 이 시간엔
한 방울 한 방울
떨어지는 소리만이 들립니다.
눈물의 소리만이 들립니다.

주여 이 시간엔 잃게 하소서,
요란한 말들을 잃게 하소서
그리고
나의 눈물 소리와
나의 눈물 소리만이 떨어져
이 빈 시간을
채우게 하소서.

- 제목 없음.
- 미상, 말년의 마지막 작품으로 추정된다.

작품 해설

김현승의 시적 체질과 초월적 상상력

김인섭(숭실대학교 문예창작학과 교수)

1 시적 초월

　예술적 상상력은 단순히 있는 것을 그려내면서도 그 있는 것을 넘어서는 어떤 것을 암시하려고 한다. 예술의 기쁨은 있는 것을 확인하는 인식의 기쁨 못지않게, 있는 것을 넘어설 수 있는 힘에 대한 공감을 불러일으키는 데서 온다. 작품이 우리에게 주는 감동의 근저에는 이러한 형이상학적인 고양감, 즉 초월에의 의지와 비전이 있다. 그래서 작품의 초월적 요소는 예술적 형상화의 중요한 부분이 되고 또 의미 있는 심미적 동기가 된다. 예술로서의 시는 결국 초월의 방법이라 할 수 있다. 그런데 초월은 삶을 전체성에서 파악하고 또 체험하는 것을 말한다. 즉, 주어진 삶의 부분성이나 순간성, 즉 제한된 인간의 현실을 전체적이고 고양된 삶의 이념으로 극복하는 것이다. 특히 시에서의 초월은 현실과 초월 사이의 팽팽한 대결과 긴장을 드러내는 가운데 초월의 논리를 스스로 마련하고 예술적 향기를 풍겨, 감동과 아름다움을 줄 수 있는 것이어야 한다.
　김현승 시인은 그의 시저 출발기에 모더니즘의 일정한 영향을 받아 문단의 주목을 받았고, 거기에 어려서부터 접한 서구 기독교 문화의 체험으로 시적 주제가 형이상학적인 문제로 나아감으로써 시 세계의 독자성을 얻은 시인이다. 그의 시 세계에서 전통적 사유나 방법의 흔적은 거의 찾아볼 수 없을 정도로, 김현승의 시는 철저히 서구적 정신과 방법으로 일관되고 있다. 그의 시를 이야기할 때 빼놓을 수 없는 '고독'이라는 주제도, 외래적 관념을 우리의 체질로써 소화하는 진통을 겪으면서 도달한 시적 정신이다. 이는 그에게 시적 독자성을 부여하고 우리의 시적 초월의 전통에 새로운 가능성을 제시해 주는 정신적 자산이 되고 있다.

그의 시적 성과에 대한 정당하고도 타당한 이해를 위해서는 김현승 시의 원형질을 이루고 있는 것이 무엇인지부터가 해명되어야 할 것이다. 이는 한 시인의 작품 세계를 관통하면서 지속과 변화의 밑바닥을 흐르는 혈액으로서, 여기에는 시인의 타고난 체질도 작용할 것이며, 어떤 문화적 체험이 시적 기질로 자리 잡을 수도 있는 것이다. 그리고 또 하나의 관심은 한 인간의 실존적 상황을 어떻게 인식하고 거기에 대응하는가 하는 점이다. 이는 시 세계의 뼈대를 이루는 것으로 시적 초월의 구도를 보여준다. 특히 김현승의 경우 그가 선험적으로 수용한 기독교와 그에 따른 이원적 세계 인식은 전통적 인식 체계와는 낯선 것으로, 그의 시적 초월의 성격을 이해하는 데 중요한 바탕이 된다. 마지막으로 시적 초월의 도달점은 어디이며, 그것은 또한 우리에게 어떤 비전을 제시할 수 있는가 하는 점이다. 이는 한국 시에 있어서 시적 초월의 새로운 국면을 확인하는 것이자 외래문화의 한국적 토착화의 가능성을 타진하는 일이기도 하다.

2 시적 체질: '금속성'과 '눈물'

김현승은 시에 대해 다음과 같은 발언을 한 적이 있다. "내 생각에 시詩라는 것은 사상思想의 표현表現이나 관념觀念의 표현表現보다도 우선 기질氣質의 소산所産인 것 같아요. 이것이 시詩에서 가장 기본적인 것이라 생각하는데 나의 경우 낙관적인 것보다 비관적이고, 회의적인 기질의 반영으로서 언어나 사물이 그런 식으로 나타난 것이지요."[1] 시가 사상이나 관념 이전에 기질의 소산이라는 점을 의식하고, 자신의 기질이 비관적, 회의적이라는 점을 고백한 것이다. 시에서 사상이나 관념을 기질과 엄격하게 구분한다는 것은 어려운 일이지만, 그의 몇몇 작품은 이러한 시인의 인식을 예증해 주고 있고, 이는 그의 시 세계를 검토하는 데 예사롭지 않은 단서가 된다. 그 가운데 하나로「자화상」(1947. 6.)을 들 수 있다. 이 작품은 1930년대의 시적 환경에서 모더니즘적 시론을 그의 시적 방법으로 수용, 문단의 주목을 받기 시작하였지만, 일정 기간의 침묵 후 새로운 시 세계의 방향을 모색하던 시기에 쓰인 시로서, 김현승 문학의 본격적 출발기에 있어서 그의 시적 체질과 관심사가 무엇인지를 잘 보여준다.

　　내 목이 가늘어 회의懷疑에 기울기 좋고,

　　혈액血液은 철분鐵分이 셋에 눈물이 일곱이기
　　포효咆哮보담 술을 마시는 나이팅게일……

　　마흔이 넘은 그보다도
　　뺨이 쪼들어
　　연애戀愛엔 아주 실망失望이고,

　　눈이 커서 눈이 서러워
　　모질고 사특하진 않으나,
　　신앙信仰과 이웃들에 자못 길들기 어려운 나—

　　사랑이고 원수고 몰아쳐 허허 웃어 버리는
　　비만肥滿한 모가지일 수 없는 나—

　　내가 죽는 날
　　단테의 연옥煉獄에선 어느 비문扉門이 열리려나?
　　　　　　　　　　　　　　　　　——「자화상」전문

이 한 편의 시에서 그의 시적 체질의 원형질을 간명하게 살펴볼 수 있다. 가느다란 목, 비만하지 못한 모가지, 커다란 눈, 쪼들어 든 뺨 등의 신체적 특징들을 들어 자신의 '자화상'을 그리는 가운데, 앞으로 그의 시 세계가 어떤 방향으로 전개될지 그 징후를 암시하고 있다. 확신을 가지기보다는 의심이 앞서고, 외부 세계로 나아가 소리치기보다는 물러나 내면으로 침잠하며, 열렬한 감정의 주인이 되기보다는 몸을 말릴지언정 사색의 포로가 되고, 원수도 이웃처럼 사랑하라는 도그마에는 쉽게 순응하기 어려운 자신의 숙명적 성격을 말하고 있다. 낙관적인 것보다는 비관적이고 회의적인 기질을 타고난 것이며, 한마디로 고독을 좋아하는 기질이다. 마지막 연에서는, 이런 체질에 깃들어 있는 영혼이 갈 곳은 어디인가를 조심스럽게 물음으로써, 자신의 모습을 찬찬히 뜯어보고 있는 시인의 근본적인 관심사가 무엇인지를 보여주고 있다. 즉 시인이 앞으로 보여줄 시의 전개는 영혼의 구원 문제를 해결하는 데로 나아갈 것임을 시사해 준다. 아울러 그의 시적 주제가 사상적 각성에 앞서 기질적인 데서 상당한 영향을 받고 있음을 알 수 있다. 이처럼 그의 시를 형이상학적인 주제로 이끄는 시적 체질은 구체적으로 무엇인가?

무엇보다도 시적 혈액을 이루는 것이 '철분'과 '눈물'이라는 사실에 주목하게 된다. 사람의 신체가 함유하고 있는 수분水分이 '눈물'로 대치되고, 나머지 성분들은 모두 '철분' 하나로 통일되어 있다. 그의 육체를 이루고 있는 물질을 두 가지 상반되는 성질의 것으로 인식한다. 이는 김현승 시인이 체질적으로 사물을 이원적으로 바라보는 관점의 소유자임을 드러내는 것이기도 하다. 또한 이 시에서 '철분'으로 대표되는 '금속성'의 이미지가 현실에 대해 '포효'하거나 '이웃들에 길들'일 수 있는 외부 지향적인 태도를 상징하고, '눈물'이 현실과 일정한 거리를 두고 외부 세계를 내면화하는 태도를 말한다고 볼 때, '철분이 셋에 눈물이 일곱'인 혈액은 그의 체질이 내면 지향적이라는 사실을 단적으로 보여준다. 즉 그의 시적 토대에는 세계와 사물에 대한 이원적 인식 태도와, 외부 지향적인 현실 의식보다 내면의 세계로 기

---

1) 「고독의 끝에 이르러보니」(대담취재, 『국어국문학 제1집』, 조선대 국어국문학회, 1973. 12. p. 93.)

기우는 내성적內省的 성향이 자리 잡고 있다고 할 수 있다. 이는 어려서부터 기독교적 환경에서 성장한 가계 구조家系構造에 깊이 영향 받은 것으로 보이며, 또한 그러한 환경에서 우리 사회에 유입된 서구문화에 대한 남다른 감각과 소양을 가지게 된 문화적 체험과도 무관하지 않다.

  김현승 시의 비밀은 이러한 체질적 성분이 다른 시들에서 상징적 의미로 굴절, 확대된다는 데에 있다. '금속성'과 '눈물'을 각각 시적 모티프로 한 「양심의 금속성」과 「눈물」에서 그 상징적 의미를 구체적으로 읽어볼 수 있다.

    모든 것은 나의 안에서
    물과 피로 육체肉體를 이루어 가도,

    너의 밝은 은銀빛은 모나고 분쇄粉碎되지 않아

    드디어는 무형無形하리 만큼 부드러운
    나의 꿈과 사랑과 나의 비밀秘密을,
    살에 박힌 파편破片처럼 쉬지 않고 찌른다.

    모든 것은 연소燃燒되고 취醉하여 등燈불을 향하여도,
    너만은 물러나와 호올로 눈물을 맺는 달밤……

    너의 차거운 금속성金屬性으로
    오늘의 무기武器를 다져가도 좋을,

    그것은 가장 동지적同志的이고 격렬한 싸움!

                                ──「양심의 금속성」 전문

  양심은 인간존재가 때로 잊고 살 수도 있는 무정형의 것이기도 하지만 어느 한 순간에는 파편처럼 찔러 의식의 대상으로 자각될 때가 있다. 이 시는 그것을 사물화함으로써 시인의 기질과 의식적 지향성을 엿보게 한다. 양심의 형태, 그 기능, 필요성 등을 구체적 이미지로 형상화하고 있는바, 그의 양심은 모가 나 끊임없이 찌르는 '금속성'이기도 하고, 홀로 물러 앉아 흘리는 '눈물'이 되기도 한다. 이처럼 시적 체질로서 '금속성'과 '눈물'은 자신의 현실적 삶을 살아가는 방편과 무기로 윤리적 양심을 시화하는 데도 그대로 작용한다.

그의 '금속성'은 1, 2연에서 어둠과 밝음('밝은 은빛'), 다른 형체로 쉽게 바뀌는 것과 모가 난 것, 가루처럼 부서져서 변질하는 것과 분쇄되지 않는 단단함 등의 상반되는 의미들의 대조적 병치를 통해, 무엇보다도 견고성을 드러낸다. 그런가 하면 양심은 외로운 것이고, 반성과 회한의 눈물을 흘리게도 한다. '연소'하고 '취醉'하는 것들과는 엄격한 거리를 두고자 하는 이런 태도는 "슬픔이나 만면滿面의 웃음 그런 것들,/그런 것들을 되도록 우리는 대면對面하지 않기다!"(「슬퍼하지 않는 것은」 1연)라는 것으로, 자신의 삶에서 모든 감정을 극복 내지 배제하려고 하는 단호한 태도이다. 그의 '눈물'은 감정에서 촉발되는 것이지만 오히려 감정을 정화하고 사물을 명징하게 인식함으로써 견고한 가치 의식으로 나아가는 시적 모티브가 된다.

그의 시적 체질은 결국 육체의 유약성柔弱性과 정신의 견고성堅固性을 차별하는 이원적 가치 의식을 드러내는 것으로서, 그의 청교도적인 윤리 의식의 청결주의를 보여주는 것이기도 하다. 「눈물」은 이런 변용 과정을 가장 집약해 보여주는 작품이다.

    더러는
    옥토沃土에 떨어지는 작은 생명이고저……

    흠도 티도,
    금가지 않은
    나의 전체는 오직 이뿐!

    더욱 값진 것으로
    드리라 하올 제,

나의 가장 나중 지니인 것도 오직 이뿐!
아름다운 나무의 꽃이 시듦을 보시고
열매²⁾를 맺게 하신 당신은,

나의 웃음을 만드신 후에
새로이 나의 눈물을 지어 주시다.

 그의 혈액을 이루던 '눈물'이 하나의 시적 상징으로써 탁월한 성과를 보여주는 작품이다. 여기서 우리는 '눈물'마저 '금속성'의 고체로 변용되는, 김현승 특유의 상상력을 보게 된다. 우리의 상식적인 감각에 따르면 '눈물'은 감정의 소산이요, 마음의 움직임에서 비롯되는 유동적인 것이다. 그럼에도 단단한 물체의 이미지로 변용시키는 것은, 여기에서의 눈물이 인간적 비애에서 분비되는 육신의 단순한 감정이 아니라 절대자에게 죄인이 속죄를 얻기 위해 헌신하는 자세를 표현하는, 정신적 가치체로써 상징되기 때문이다. 그런 이유에서 '눈물'은 '흠도 티도/ 금가지 않은' 시인의 전체이고, 인생에서 '참 삶의 가치'³⁾를 실현하는 소중한 매재가 된다.
 이런 면에서 기독교 신앙 시인으로서 김현승의 시적 논리와 표현은 이 한 편의 시에 모두 집약되어 있다고 할 수 있다. 그것은 사라지는 것과 영원히 남을 것의 이원적 가치 가운데 견고하게 오래 남을 것을 지향하는 것이다. 이런 의식은 "이 눈이 끝나는 곳에서/ 그 마음은 구름이 되고// 이 말이 끝나는 곳에서/ 그 뜻은 더멀리 감돈다."(「지평선」 1, 2연), "강물이 끝나는 곳에서/ 바다는 열린다 — 바다는 꽃핀다."(「비약」 1연) 등 그의 시에서 흔히 보게 되는 것으로 하나

---

2) 김현승 시에 있어서 '꽃'과 대비되는 '열매'의 심상은, 두 가지 측면에서 긍정적 가치를 지니는 시적 대상으로 하나는 사물 자체가 부드럽고 손상되기 쉬운 '꽃'과 달리 단단하게 굳은 것이어서 오래 남는 사물이라는 점(견고성)이며, 또 하나는 씨를 안에 감싸고 있기 때문에 새로운 생명을 응결시키고 있는 사물이라는 점(생명성)이다. 꽃이 다양한 빛깔로 생명의 아름다움을 발하는 밝음의 이미지라면, 열매는 겉이 어두운 색깔을 띠고 있는바, 이는 세상의 모든 빛깔을 수렴하는 '까마귀'의 검은 빛과도 상통하는 면이 있다.
3) 이 시를 두고서 시인은 "인생의 기쁨도 아름다운 것이나 그것에는 타락하기 쉬운 불완전성이 있다. 참 삶의 가치를 잃게 하기 위해 질래자는 눈물을 주셨다."고 고백한 바 있다.

619

의 상상적 패턴을 이룬다.

　이렇게 보면, 그의 시적 체질에 의한 초월의 방향과 방법은 분명해진 셈이다. 물기를 마르게 하여 단단하게 만드는 것이다. 달리 말하면 사라질 것을 사라지게 하여 영원히 남을 만한 것을 지향하는 것으로써 초월의 구도는 마련된 것이다. 그러나 그것은 어떻게 가능한가? 나아가 어떻게 수직적인 초월의 힘을 얻을 수 있는가?

3 실존적 고뇌 : '마른 나무가지'

　사라지는 것과 영원히 남는 것, 어느 한쪽도 배제할 수 없는 실존적 상황에 부닥쳤을 때 그의 시적 체질의 편향성은 실존적 고뇌를 하게 되고 '고독'의 세계로 들어간다. 여기서 앙상하게 마른 '나무가지'의 형상을 만나게 된다. '나무가지'는 꽃이고 잎사귀고 열매고 할 것 없이 모든 것을 상실한 뒤에 남은 시적 자아의 심상으로, 시인의 고독한 내면세계를 가장 잘 드러내주는 객관적 상관물이다. 1950년대 후반에 쓰여진 「인간은 고독하다」에서 그가 고독의 세계로 들어갈 수밖에 없는 이유에 대해 다음과 같이 말하고 있다.

　　가장 아름답던 꿈들의
　　마지막 책장을 넘기며
　　우리는 깨어진 보석寶石들의 남은 광채光彩를 쓸고 있는
　　너의 검은 그림자를 바라본다.
　　그리하여 모든 편력遍歷에서 돌아오는 날 우리에게 남은 진리眞理는
　　저녁 일곱시의 저무는 육체肉體와
　　원죄原罪를 끌고 가는 영혼의 우마차牛馬車,
　　인간人間은 고독하다!

　　신앙信仰을 가리켜 그러나 고독에 나리는 축복祝福이라면
　　깊은 신앙信仰은 우리를 더욱 고독으로 이끌 뿐,
　　내 사랑의 뜨거운 피로도 너의 전체全體를 녹일 수는 없구나!

추상抽象으로도 육체肉體로도
용해溶解되지 않는,
오오, 너의 이름은 모든 애정愛情과 신앙信仰을 떠나
내 마음의 왕국王國에서 자유自由와 독립獨立을 열렬히 호소呼訴하는구나!

(중략)

이 간곡한 자세姿勢 — 이 절망絶望과 이 구원救援의 두 팔을
어느 곳을 우러러 오늘은 벌려야 할 것인가!

── 「인간은 고독하다」(1957. 4.) 6, 7, 8, 12연

 무엇보다도 이 시는 '저녁 일곱시'라는 시간적 배경에서 쓰여진 것이다. 이 시간은 모든 사물들이 사라지는 저물어가는 시간[4])을 말한다. 김현승에게 있어서 이 시간은 강물이 바다에 이르러 꽃을 피우듯 강물과 바다가 만나는 시간이며, 꽃이 열매 속에 단단하게 스며들 듯 순간과 영원이 마주하는 시간이다. 그러나 이 시간에 시적 화자는 '절망과 구원의 두 팔'을 동시에 갖고 있는 자신의 모습을 처절하게 확인하게 된다. 두 팔은 절망을 끌어안을 수도 있고, 구원을 향해 두 팔을 뻗을 수도 있다. 그러나 이것은 인간의 의지가 아니다. 기독교의 논리에 따르자면, '만들어진 것들'의 의지(자유의지)는 결국은 절대자의 섭리에 따라 움직여지는 것이다. '가브리엘의 성좌'를 택하든 '사탄의 저항'을 택하든 이것은 모두 우리의 의지가 아닌 것이다. 이렇게 신의 피조물로 만들어진 존재는 그 근본에 있어서 고독하다는 것을 인식한다.
 여기에 등장하는 '아름다운 꿈'과 '깨어진 보석', '저무는 육체'와 '원죄를 끌고 가는 영혼', '신앙과 고독' 등은 모두 '절망과 구원'과 관련되는 대립항들이다. 이들은 서로 화해되지 못하고 긴장된 대립 관

─────────────────
4) "사라지는 것만이, 남을 만한 진리(眞理)임을 위하여 / 나의 마음은 지금 저므는 일곱시(時)라면" (「지상의 시」, 2연) 참조.

계에 있다. '추상抽象으로도 육체肉體로도/ 용해되지 않는' 견고하게 다져진 의식은 바로 '고독'이다. 그의 고독이 '사랑의 뜨거운 피', '신앙의 축복'마저 배척하는 행위는 사상적 모험이며, 시적 위기이다. 그의 이원적 가치 체계에 있어서 '애정'은 육체적 유약성을 나타내는 감정에 해당하는 것으로 애초부터 배격의 대상이었지만, '신앙'으로 대표되는 정신적 견고성마저 거부되고 있기 때문이다.

이제 삶 그 자체를 그 근저에까지 다시 환원시키지 않으면 안 되게 되었다. 그것은 절망과 구원을 동시에 수렴함으로써 그 둘은 상호 분리된 것이 아니라 동일성의 두 뿌리라는 인식에 도달하면서 시작된다. 이는 인간존재의 근본적인 모순에 대한 각성으로, 실존적 자각의 과정이다. 이 시가 쓰이던 해 겨울에 쓴 시「내 마음은 마른 나무가지」에서는 실존적 자아의 초월적인 몸짓을 볼 수 있다.

> 내 마음은 마른 나무가지
> 주主여,
> 나의 육체肉體는 이미 저물었나이다.
> 사라지는 먼뎃 종소리를 듣게 하소서,
> 마지막 남은 빛을 공중에 흩으시고
> 어둠속에 나의 귀를 눈뜨게 하소서.
>
> 내 마음은 마른 나무가지
> 주主여,
> 빛은 죽고 밤이 되었나이다!
> 당신께서 내게 남기신 이 모진 두 팔의 형상을 벌려
> 바람속에 그러나 바람속에 나의 간곡한 포옹抱擁을
> 두루 찾게 하소서.

시의 화자는 밝음과 어둠이 교체되는 소멸의 시간에 '모진 두 팔의 형상을 벌려', '간곡한 포옹을 두루' 찾고 있다. '모진 두 팔'은 절망과 구원의 두 팔이다. 그렇게 볼 때 이런 형상은 절망과 구원을 껴안을 수 있는 상태에 이르기를 바라는 시인의 실존적 몸부림이다.

시인 자신이 "나의 형이하形而下의 생활은 이 냉혹한 현실에 부착되어 옴짝할 수 없으면서도 언제나 형이상形而上의 반신半身만은 무엇인가 미련을 놓지 못하고 공상과 같은 이미지를 잡으려고 허위적거리고 있으니, 그 모양이 저 형벌 받는 르시페르보다 결코 나을 것이 무엇이겠는가?"[5]라고 자탄하고 있는바, '마른 나무가지'의 형상은 천상과 지상의 이원적 세계 사이에서의 실존적 자아의 갈등과 고뇌를 드러낸다. 이때 나무의 수직성은 지하, 지상, 하늘의 세 개의 우주적 차원을 통과하면서 뻗어 있다는 점에서 우주적 기둥[6]으로서의 상징적 의미[7]도 내포한다.

그러나 두 팔의 포옹은 어떻게 가능한가? 시인은 '먼뎃 종소리'를 듣는 '귀의 눈뜸'을 통해서 성취하고자 한다. 사라지는 것과 영원히 남을 만한 것 사이의 깨달음은 '소리'를 통해서만 감지할 수 있다는 인식이기도 하다. 이렇게 되면 사물을 비추는 '빛'은 소용이 없어진다. 어둠과 바람 속에서 필요한 것은 '소리'뿐이다. '소리' 들음은 어둠에서 가능한 것이기도 하지만, 어둠을 준비하는 시인의 자세이기도 하다. 그러나 이것은 어디까지나 방법상의 문제이다. 이 새로운 방법의 타당성을 뒷받침할 시적 논리나 사상적 토대는 불확실하다. 마지막 연에서 '두루 찾게' 해달라는 간구에서 어떤 단서를 얻을 수 있다. 어떤 것을 '두루' 찾는 행위는 특정한 대상에 한정하지 않는다는 사실을 뜻한다[8]. 이것은 무엇을 뜻하는가? 여기서 시인의 산문적 진술을 빌려보자.

> 시詩에 있어 정신精神이라고 하면 대개는 구체적具體的인 어떤 정신精神 즉 불교佛敎라든가 (중략) 무슨 주의主義에 입각한 정신精神 — 이런 것들을 말하게 되고 또 듣고자 할 것이다. 그러나 나는 인간人間의 정신精神을 기본적基本的인 일반정신一般精神과 구체적인 특수정신特殊精神의 두 가지로 나누고, 나의 시詩에 있어서는 기본적基本的인 정신精神을 매우 가치價値 있

------
5) 김현승, 시인으로서의 '나'에 대하여, 『고독과 시』(산문집), p. 223.
6) 엘리아데, 이동하 역, 『성과 속: 종교의 본질』, 학민사, p. 29.
7) 이는 다음 장('탈신혼의 비상')에서 서술될 '까마귀의 비상'이 이루어지는 공간이라는 점에서 그러하다.
8) 그런 면에서 이 시에 등장하는 '주(主)'는 기독교적 절대자에 한정되지 않는다.

는 것으로 믿고 그 바탕 위에서 나의 구체적具體的인 시정신詩精神을 건설建設하여 나아가고 있다.[9]

시인이 말하고 있는 '인간다운 기본정신'은 "인간의 인간다운 본질을 이루는 기초적인 가치, 순수가치를 추구하고 실현하는 정신"을 뜻한다. 이 정신은 또한 "근본적이고, 떳떳하고, 참되고 올바른" 것이며, '인간의 가치'란 상대적이기에 '특수정신'의 독선이란 있을 수 없다고 강조한다.

왜 시에서 굳이 '기본정신'과 '특수정신'을 구별하고자 하는가? 이는 김현승의 새로운 시적 자아가 추구하는 태도와 무관하지 않다. 구체적 정신으로서의 기독교보다 인간다운 기본적 일반정신을 우선시하겠다는 말이다. 시인이 '두루' 찾게 해달라고 간구하는 것은 기독교의 절대적 가치의 세계에 한정되지 않는, 보다 근본적이고 보편성을 지니는 가치를 추구하겠다는 말로 이해할 수 있을 것이다. 이는 신과 인간의 이원적 세계나 질서를 새롭게 의식적으로 재편성하는 일이기도 하다. 결국 '인간다운 기본정신'을 우위에 두는 만큼, 그의 고독의 추구는 또 다른 차원에서 절대성을 띨 수밖에 없었다. 또한 그만큼 신에 의한 초월성으로부터는 거리가 멀어지게 된다. 이렇게 도달한 시의 세계가 그의 「견고한 고독」이다.

> 껍질을 더 벗길 수도 없이
> 단단하게 마른
> 흰 얼굴.
>
> 그늘에 빚지지 않고
> 어느 햇볕에도 기대지 않는
> 단 하나의 손발.
>
> 모든 신神들의 거대한 정의正義 앞엔

----
[9] 김현승, 「인간다운 기본정신」, 현대문학, 1964. 9. p. 42.

이 가느다란 창끝으로 거슬리고,
생각하던 사람들 굶주려 돌아오면
이 마른 떡을 하룻 밤
네 살과 같이 떼어주며

결정結晶된 빛의 눈물,
그 이슬과 사랑에도 녹슬지 않는
견고한 칼날—발 딛지 않는
피와 살.

뜨거운 햇빛 오랜 시간의 회유懷柔에도
더 휘지 않는
마를 대로 마른 목관악기木管樂器의 가을
그 높은 언덕에 떨어지는,
굳은 열매

씁쓸한 자양滋養
에 스며드는
에 스며드는
네 생명의 마지막 남은 맛!

——「견고한 고독」 전문

 시인 자신도 이 작품을 "나의 분신이며 인간의 궁극적 본질을 나대로 나타내었다고 생각되는 작품"이라고 한 바 있지만, 그것은 바로 '인간다운 기본정신'을 가치화한 '고독'의 시인이 보여주는 제2의 시적 자화상이라 할 수 있다. 이 자화상은 그의 시적 체질을 보여준 「자화상」과 닮아 있다. 의인화된 비유인 신체의 시어('흰 얼굴', '손발', '피와 살' 등)로써 자신의 시적 세계를 고백하고, '창끝', '견고한 칼날' 등 금속성 이미지는 견고한 정신적 가치를 옹호하는 대결 정신을 그대로 보여주고 있다. 달라진 것은, '금속성'과 '눈물'의 두 가지 성분

가운데 '눈물'의 수분水分이 모두 제거되어 있다는 점이다. 이는 시적 체질로서의 '눈물'을 단단하게 결정화結晶化한 시적 전개의 결과이다.

삶에 수반되는 모든 부차적인 것, 곁가지를 잘라버렸을 때 거기에 최종적으로 남는 것은 무엇인가? 신앙과 인간적 감정을 모두 덜어낸 '단단하게 마른/흰 얼굴', '마를 대로 마른/목관악기'와 같은 그의 '고독'은 어떻게 존재할 수 있는가? 그것은 지상적이고 인간적인 것을 부정하고 난, 즉 육체성을 탈각한 순수한 '넋'의 상태일 것이다.

4 탈신혼脫身魂의 비상飛翔 : '까마귀'

고독의 '넋'은 다음의 시에서 보는 바와 같이, '몸에 묻은 사랑'이나 '짭쫄한 볼의 눈물'을 제거시킨 상태에서 '순금純金처럼' 영원성을 얻고자 한다.

> 하물며 몸에 묻은 사랑이나
> 짭쫄한 볼의 눈물이야.
>
> 신神도 없는 한 세상
> 믿음도 떠나,
> 내 고독을 순금純金처럼 지니고 살아 왔기에
> 흙 속에 묻힌 뒤에도 그 뒤에도
> 내 고독은 또한 순금純金처럼 썩지 않으런가.
>
> ──「고독의 순금」 1, 2연

그러나 시인은 "내 고독은 또한 순금純金처럼 썩지 않으런가?"(2연)라는 넋두리 같은 소리를 한다. "내가 죽는 날/단테의 연옥煉獄에선 어느 비문扉門이 열리려나?"라는 「자화상」(6연)에서의 의문을 연상시킨다. 이들 의문은 '영원성에 대한 관심'이라는 같은 뿌리에서 나왔다고 보여지지만, 물음의 동기는 다른 것이다. 「자화상」에서는 종교적 초월성의 가능성과 자신의 회의적인 기질의 부조화에 따른 불안감에서 기인한 것이라면, 「고독의 순금」에서의 물음은 신앙마저 떠난 자리에 자신이 구축해 온 정신적 결정체가 영속적인 가치를 지닐 수 있는 것인지에 대한 의구심에서 비롯된 것이다. 그래서 그의 시는 또 한번 굴절, 심화된다. 그것은 마를 대로 마른 육체성을 무화無化시킨 '재'의 이미지를 통해서 진행된다.

참나무가 탈 때,
그 불꽃 깨끗하게 튄다.
보석寶石들이 깨어지는 소리를 내며
그 단단한 불꽃들이 튄다.

참나무가 탈 때
그 남은 재 깨끗하게 고인다.
참새들의 작은 깃털인 양 따스하게 남는 재,
부드럽고 빤질하게 고인다.

──「참나무가 탈 때」 1, 2연

나는 무엇보다도 재로 남는다.
바람만 불지 않으면 재로 남는다.
무덤도 없는 곳에 재로 남아
나는 나를 무릅쓰고 호올로 엎드린다.

──「사행시」 4연

앞의 시에서 시인은 무엇보다도 맑고 깨끗하게 '타는 것'을 강조한다. '고독의 순금'을 연상시키는 '보석'[10]마저 나무의 살肉과 함께 태

---

10) 김현승 시의 상징체계에 있어서 '보석'은 매우 역동적인 상상력을 보여주는 이미저리이다. 육체적

627

워져서 깨끗하고 따스한 '재'로 남게 된다. '재'의 이미지는 가장 본질적이고 근본적인 물 자체物自體의 의미를 갖는다. 그래서 시인도 재와 동일해지고자 한다. 그것은 "우리의 기쁨이 / 기쁨의 불꽃에 재가 될 때, / 우리는 자유를 얻는다."(「자유의 양식」 3연)는 인식을 가지고 있기 때문이기도 하다.

'재'는 고독의 세계에서 마침내 무아의 경지에 들어가는 최후의 존재 양식이 된다. '재'는 존재하는 사물의 최후의 모습이다. 그것은 있는 상태도 아니고 없는 상태도 아닌 시간과 공간의 완전 정지 상태로서, 더 이상 소멸될 수 없는 것이고, 그 이유로 영원히 존재할 수도 있는 것이다. 이는 시인의 '넋'에 다름 아니다. 이러한 순간 순수하고 적나라한 인간의 영적인 모습을 볼 수 있다. '재'는 육체성을 소진하고 '탈신혼'의 영적인 존재로 넘어가는, '나를 무릅쓰고 호올로 엎드리는' 통과제의적通過祭儀的인 의미를 지닌다. 이와 함께 그의 시詩도 입을 다물고 침묵하게 된다.

  그리고 꿈으로 고이 안을 받친
  내 언어言語의 날개들을
  내 손끝에서 이제는 티끌처럼 날려 보내고 만다.

  나는 내게서 끝나는
  아름다운 영원을
  내 주름잡힌 손으로 어루만지며 어루만지며
  더 나아갈 수도 없는 나의 손끝에서
  드디어 입을 다문다 ─ 나의 시와 함께.

              ─「절대고독」 4, 5연

여기서 사물로서의 '고독'은 '영원'이라는 관념으로 대체되어 있다.

삶의 무거움과 어둠을 정화하여 영혼을 쇄신시키는 힘을 가진 '눈물'이 더욱 단단하게 다져짐으로써 투명하게 반짝이는 영롱한 '보석'의 결정체로 변용되며, 이 '보석'은 시인의 내적 희망을 총체적으로 집약한 이미지이다. 그래서 어둠 속에서 아득하게 빛나는 '별'의 이미지로 승화되기도 한다.

관념을 관념으로 풀어내는 독특한 경지로 시의 극점을 치닫고 있다. 이 지점에서 "영원의 별들은 흩어져 빛을 잃지만, / 내가 만지는 손끝에서 / 나는 내게로 오히려 더 가까이 다가오는 / 따뜻한 체온을 새로이 느낀다."(3연) 이는 "마지막 남은 빛을 공중에 흩으시고 / 어둠 속에 나의 귀를 눈뜨게 하소서."라고 갈구하던 시적 자아의 개안開眼이자 확신이라고 할 수 있다. 그래서 「고독의 끝」에서는 '영혼의 옷'마저 벗어버린다. 그가 신앙 세계를 추구했을 때의 불완전했고, 불투명했던 영적 껍데기를 벗고 비로소 '고독'의 극점에서 온갖 허식을 벗어버린다고 할 수 있다. 이제 '참나무'를 태우고 난 따스한 온기처럼 새롭게 자신의 체온을 느끼고, 지상의 꿈을 대신하던 '언어'마저 다 태우고 '티끌'처럼 날려 보내고 있다.

그러나 '재'가 아무리 근본적이고 본질적인 사물의 모습일지라도 종래 지상적인 것을 태우고 남은 것이기 때문에 불완전할 것일 수밖에 없다. 이러한 예감은 재의 존재 방식이 무풍無風을 전제로 하는 것이라는 인식을 보여주게 된다. '재' 또한 소멸될 수 있는 가능성을 가지고 있는 것이다. 만일 영원히 바람만 불지 않는다면 재는 소멸되지 않고 영원히 존재할 수도 있다. 또한 영원히 소멸되지 않는다면 시인이 지향하는 초월적 세계는 '재'를 통해 성취될 수도 있는 것이다. 화자가 '재'로 남을 수만 있다면 초월적 세계는 자연히 열리게 되고 따라서 '무덤도 없는 곳'일 수 있다. 그러나 '재'는 '바람'에 날려 소멸할 수밖에 없다는 사물의 유한성이라는 고통스러운 인식에 이르게 된다.

나는 나의 재로
나의 모든 허물을 덮는다.
나의 모든 기쁨과 슬픔을
나는 한 줌의 재로 덮고 간다.

그러나 까마귀여,
녹슨 칼의 소리로 울어 다오
바람에 날리는 나의 재를

울어 다오.

나의 허물마저 덮어주지 못하는
내 한줌의 재를
까마귀여,

모든 빛깔에 지친
너의 검은 빛 — 통일의 빛으로
울어다오.

— 「재」 전문

겨울 까마귀 찬 하늘에
너만은 말하며 울고 간다!

목에서 맺다
살에서 터지다
뼈에서 우려낸 말,
중에서도 재가 남은 말소리로
울고 간다.

저녁 하늘이 다 타 버려도
내 사랑 하나 남김 없이
너에게 고하지 못한
내 뼛속의 언어로 너는 울고 간다.

— 「산까마귀 울음 소리」 2, 3, 4연

'재'는 모든 것이 다 소진된 것의 정수精髓이며 포괄의 의미를 갖는다. 그래서 기쁨과 슬픔만이 아니라 '허물'마저도 다 덮어서 무화無化시킬 수 있는 가능성으로서 존재할 수도 있다. 그러나 '바람에 날리는 나의 재'이기 때문에 '허물마저 덮어주지 못하는' 재가 되고 만다. '재'는 영원한 세계의 가능성을 가지고 있던 지상에서 유일한 존재였지만, 바람에 날림으로써 시인은 재의 모습으로 남을 수 없다. 이제 지상에서 영원히 존재할 수 있는 것은 아무것도 없다. 시인의 존재성은 재의 불완전성으로 한계상황에 부닥치고 있다. 그리하여 시인은 '재'의 유한성을 초월하는, 즉 비상성飛翔性의 대상으로 '까마귀'[11]를 의미화하게 된다.

'까마귀'는 '통일의 빛'(검은 빛)과 '재가 남은 말'로 시인의 희망을 상징한다. '모든 빛깔에 지친' 검은 빛은 색色을 가진 모든 빛을 수렴하는, 그래서 절망과 구원의 모순을 감싸 안을 수 있는 "빛을 넘어／빛에 닿은／단 하나의 빛"(「검은 빛」6연)으로서, 그 자체가 초월이 되는 빛이다. 절망의 심연을 통해 '통일의 빛'으로 비상하는 초월의 상징으로 형상화된 것이다. "목에서 맺다／살에서 터지다／뼈에서 우려낸 말"로 울고 있는 까마귀 울음 소리는 육체성이 해체되는 고통에 대한 비명悲鳴의 소리이기도 하다. 그 울음 소리가 고통스러울수록 까마귀의 비상飛翔은 더욱 힘찰 것이다. '재가 남은 말로 표상된 까마귀 울음 소리는 모든 사물을 다 불태우고 남은 순수하고 맑은 언어를 말하는 것이다. 이 울음 소리는, 마지막 침묵을 지키고 있는 시인의 이루다 '고告하지 못한' 말을 대신해 주는, "침묵으로부터 고귀하게 탄생한"(「겨울 까마귀」3연) 구원의 언어를 상징한다.

그 까마귀는 시인의 '마른 나무가지' 위에서 비상한다. "나의 영혼, ／구비치는 바다와／백합百合의 골짜기를 지나,／마른 나무가지 위에 다다른 까마귀 같이."(「가을의 기도」4연)에서 보듯, 까마귀는 시인의 마른 육체 위에 하늘로 비상할 영혼이 앉은, 초월과 구원의 의미를 구상화한 상징적 이미지이다.

---

11) 김현승 시에서 '까마귀'는 초월을 지향하는 시인의 의식 세계를 가장 선명하게 제시해 준다. 그의 초기 시에서부터 마지막 시기의 시에 이르기까지 '시인', '영혼의 새' 등으로 표상되면서, 검은 통일의 빛깔로 밝음의 모든 것을 수렴하고, 거친 울음 소리로 구원이 되지 못하는 시인의 언어를 대신하며, 끝내 바람에 날리고 마는 시인의 '재'을 울어준다. '까마귀'는 시인의 절망과 구원에의 희원을 대리 대상화한 시적 분신이라 할 수 있다.

영혼의 새.

(중략)

내가 십이월十二月의 빈 들에 가늘게 서면,
나의 마른 나무가지에 앉아
굳은 책임責任에 뿌리 박힌
나의 나무가지에 호올로 앉아,

저무는 하늘이라도 하늘이라도
멀뚱거리다가,
벽에 부딪쳐
아, 네 영혼의 흙벽이라도 덤북 물고 있는 소리로,
까아욱―
깍―

――「겨울까마귀」 1, 7, 8, 9연

    시인의 육체는 빈들에 "굳은 책임責任에 뿌리박힌 채" 마른 나무로 서 있고, '영혼의 새'(1연)로 명명된 까마귀는 지상적인 모든 형상의 빛을 넘어선 '검은 빛'을 두르고 나무가지에 앉아 저무는 하늘을 멀뚱거리고 있다. '굳은 책임에 뿌리 박혀' 있는 나무가지와 '저무는 하늘' 사이에서 '영혼의 흙벽'에 부딪히는 탈신脫身의 고통을, '흙'을 덤북 물고 있는 소리로 내뱉고 있다. '저무는 하늘'은 종말終末의 시간과 상승上昇의 공간이 결합된 시공간時空間의 이미지이다. 이 시공으로 까마귀가 날아오르면, 시인의 영혼도 지상적인 시공時空의 굴레를 벗고 탈신脫神의 혼魂으로 상승할 것이다.
    마침내는 "산까마귀 / 긴 울음을 남기고 / 해진 지평선을 넘어간다." (「마지막 지상에서」, 1연) 까마귀는 시인의 고독과 소멸하는 것의 아름다움과 아픔을 지닌 채 지상地上의 끝을 넘어 영원永遠으로 날아가고, 시인은 마지막으로 "넋이여, 그 나라의 무덤은 평안한가"(3연)라고, 자신의 탈신혼에게 안부를 묻는다. 시인이 지향해 오던 초월의 추구는 '초월의 빛'을 두른 영혼의 새 '까마귀'를 통해 이루어진 것이다.

섰다.

입을 다물었다.

사라졌다.

빈 하늘만이
나의 천국으로 거기 남아 있다.

사랑과 무더운 가슴으로 쓰던
내 시詩의 마지막 가지 끝에……

——「완전겨울」전문

이 시는 김현승 시의 에필로그적 성격을 띠고 있다. '넋'의 말처럼 주어도 없이 언어의 뼈마디만 남아 있다. 그의 시 세계에서 '섰다'는 말은 빈들에 '나무가지'의 형상으로 가늘게 서 있던 시인을 연상시키고, '입을 다물었다'는 더 나아갈 수도 없는 곳에서 자신의 시와 함께 입을 다문 것을 떠올릴 수 있다. '사라졌다'는 것은 나무가지에 앉아 '저무는 하늘'을 멀뚱거리던 '까마귀'가 지상과 천상의 공간이 하나로 열리는 '지평선' 너머로 사라진 것에 대응시킬 수 있다. 소멸될 수밖에 없는 지상적인 것의 비애悲哀를 자기 몸에 두르고 까마귀는 하늘로 비상한 것이다. 이 비상하는 새와 함께 시인의 영혼도 날아간 것이다. 이렇게 모든 시적 편력을 끝내고 이제 언어의 마지막 나무가지 끝에는 '빈 하늘'만이 '나의 천국'으로 투명하게 남아 있게 됨으로써 그의 시적 초월의 과정은 마무리된다.

세계-내-존재世界內存在인 인간은 유한한 존재이면서 영원永遠을 꿈꾼다. 그의 영혼은 천상天上으로 열려 있으며 천상적인 것을 추구했다. 시인은 영靈과 육肉, 지상적인 것과 초월적인 것을 함께 지니고 시작詩作했다. 까마귀는 이러한 죽음으로서의 유한한 존재와 영원으로서의 구원의 경계 공간을 떨리는 목소리로 노래했던 시인의 넋을 상징화한 시적 표상이다.

그런데, 초월의 상징으로서 김현승의 '까마귀' 이미지는 어떻게 보면 기독교의 예수상을 연상시킨다. 즉, 까마귀의 초월적 형상은, 십자가에 매달려 이원적으로 분립되어 있는 이 세계의 모순과 갈등을 한 몸에 떠안고 자신의 죽음으로 지상과 천상을 소통시키는 예수의 고통과 그 구원의 과정과 유사하다. 예수가 이원론적 세계의 단절을 화해시켰듯이, 김현승의 까마귀는 시인의 이원적 가치관의 갈등과 고뇌를 넘어서 영혼의 안식을 가져다 준 구원의 상징이었다고 볼 수 있다.

이렇게 볼 때 신을 거부한 고독의 추구는 결국 초월지향의 대상이 종교적 신앙의 이상 세계에서 시인 자신의 영성靈性 안으로 내면화하는 과정이었으며, 그의 시적 초월의 과정에는 기독교의 종교적 상상력이 일관되게 작용한 것으로 여겨진다. 그리고 그의 까마귀 이미지는 우리의 전통적 원형심상을 나타내는 이미지로 사용된 것이 아니라, 그의 기독교적 세계관에 접맥되어 한국시사에서 독특한 개인적 상징으로 성공한 초월의 이미지라 할 수 있다. 그의 개인적 상징의 성공은 그의 시적 초월의 성과를 상징하는 것이기도 하다.

5 시적 초월의 의의

김현승의 고독 추구는 바로 시적 초월의 과정이었으며, 한국 현대시의 정신적 전개에 있어서 가장 모험적이고 극적인 자기 탐색의 하나였다. 뿐만 아니라 시적 초월이 추상적 논리나 현상계를 넘어선 신비적 관조에 의하여 일거에 주어지지 아니한다는 사실을 입증하는 것이기도 하다. 그래서 그의 시는 현실적 존재의 유한성과 소멸성을 통해 초월지향의 정신이 창조적 상상력에 의해 영원한 존재성을 암시하고 상징하는 고통스럽고도 아름다운 세계를 보여준다. 그의 고통은 선천적으로 또는 시대적으로 받아들인 외래적 관념에 무조건 의 존하기보다 자신의 시적 체질로 소화하는 과정에서의 시적 진통이라 할 수 있으며, 그의 시적 아름다움은 한국 근대시에서 형이상학적 고양감을 새롭게 환기한 데 있다.

김현승으로 인하여 우리 시는 시적 초월의 전통에 있어서 또 하나의 흐름을 이루는 토대를 얻었다고 할 수 있다. 이는 종교문학으로서 기독교 시의 한국적 토착화 또는 문학적 양식화의 가능성을 보여주는 것이기도 하다. 우리의 근대시는 외부의 충격에 무방비 상태에 놓여 있었고, 외래문화와의 교섭을 문화의 갱신과 발전의 기회로 의미 있게 변화시키는 데는 미숙했던 점을 부인할 수 없었다는 점에서 김현승의 문학은 그만큼 의미 있는 모색이었다고 할 수 있다.

때로 그의 고독 추구가 관념의 세계를 그대로 노출하여 시적 긴장을 이완시키는 면도 없지 않았고, 지나치게 자신의 영성靈性과 초월超越의 문제에 집착하여 시적 전개의 폭이 좁다는 지적을 받는 것도 사실이다. 그러나 다른 시각에서 보면, 자신의 시적 관념에 거리를 유지하지 못할 정도로 그의 시적 주제는 심각한 것이고 시정신은 진지했다고 평가할 수도 있다. 또, 현실 세계의 둘레를 가늠하기보다 인간존재의 심연을 들여다보는 쪽으로 기울어지는 그의 내성적 체질은 한국시의 사상적 깊이와 일관성을 더한 의의를 가지기도 한다. 다만, 김현승의 시적 초월이 보여준 형이상학적 정열이, 우리의 시적 전통 속에 어떻게 접맥되고 작용할 수 있는가 하는 문제는 또 다른 관점의 관찰과 평가를 필요로 할 것이다. 그의 초월 방식이 철저한 자기 부정의 정신에서 비롯된 것으로 우리의 시적 전통에서 낯선 것이기에 문화적 적응의 시간을 요하는 것이고, 그의 현실 인식이 얼마만큼 한국적 현실에 근거하고 있는가 하는 점은 새로운 시적 흐름으로 작용하는 힘의 크기를 가늠하는 일이 될 것이기 때문이다.

작가 연보

1913년　4월 4일 출생.
　　　　— 부친 창국昶國, 모친 양응도梁應道.
　　　　— 부친의 신학 유학지 평양에서 출생.
　　　　— 이후 6세까지 부친의 첫 목회지 제주읍에서 성장.

1919년　4월, 부친의 전근지 전남 광주로 이주.
　　　　미션계인 숭일학교崇一學校 초등과에 입학하여 1926년 3월에 졸업함.

1927년　4월, 평양 숭실중학교 입학.
　　　　— 부친의 권유.
　　　　— 친형 현정顯晶이 유학하고 있던 학교.

1932년　4월, 숭실전문학교 문과 입학.
　　　　— 이듬해 4월 위장병 악화로 1년간 광주에서 휴양.

1934년　5월, 장시 2편 동아일보에 발표, 문단 데뷔.
　　　　— 당시 시인이며 문과 교수였던 양주동의 소개.
　　　　—「쓸쓸한 겨울 저녁이 올 때 당신들은」,「어린 새벽은 우리를 찾아온다 합니다」
　　　　— 이 무렵 스포츠(투창, 투원반, 축구선수)와 시 사이에서 방황.

1936년 3월, 모교인 숭일학교에서 교편을 잡음.
  — 문과 3학년 수료 후 숙환인 위장병 악화로 광주로 귀향.

1937년 3월, 사상범으로 광주 경찰서에서 검거.
  — 교회 내 작은 사건이 신사참배 문제로 확대됨.
  — 물고문과 재판 받음(1심 무죄, 2심 벌금형으로 출옥).

1938년 2월, 장은순張恩淳과 혼인.
  — 교육자, 기독교 장로인 맹섭孟燮의 딸.
  4월, 신사참배 문제로 숭실전문학교가 폐교 당함.
  — 이후 광복까지 학업 중단, 교직 해고, 시작詩作 중단.
  — 벽지 교사(평안북도 용강군 사립학교).
  — 금융조합 직원(황해도 홍수원, 전라남도 화순 등).
  — 피보회사 직원 등 전전.
  — 이동안 모친상.

1945년 8월, 광주 호남신문사 기자로 입사했으나 곧 그만둠.

1946년 6월, 모교 숭일학교 초대 교감으로 취임.
  — 1948년 교장으로 승진 발령이 내렸으나 사퇴함.
  — 1946년 6월, 교사직을 사임하고 시작 활동에 열중함.

1951년 4월, 조선대학교 문리과 대학 부교수 취임.

1953년 5월, 《신문학新文學》 창간, 주간主幹이 됨.
  — 광주 지방의 문인을 중심으로 한 동인지.

1955년 4월, 한국시인협회 제1회 시인상에 대상으로 선정되었으나 수상을 거부함.
  5월, 한국문학가협회 중앙위원 피임.
  7월, 전라남도 제1회 문화상 문학 부문상 수상.

1960년 4월, 모교 후신인 숭실대학 부교수 취임.
— 이무렵 전직 조선대학교에서 문리과대학장 취임 교섭을 받았으나 사절함.
— 국학대학 강사 출강.
— 전북대학교 대학원 국문과(1964년 4월) 강사.
— 연세대학교 대학원 국문과(1965년 9월) 강사.
— 덕성여자대학 국문과(1968년 3월) 강사.
— 서라벌예술대학 문예창작학과(1971년 1월) 강사.

1961년 12월, 한국문인협회 이사에 피선.
— 1966년 12월 동 협회 시분과위원장.
— 1970년 1월 동 협회 부이사장.

1972년 3월, 숭전대학교 문리과대학장에 임명됨.

1973년 3월, 고혈압으로 졸도.
— 병세 호전, 이후 시 세계 급격히 변모함.
5월, 서울특별시문화상 문학 부문상 수상.

1975년 4월 11일, 타계.
— 숭전대학교 채플 시간에 기도 중 고혈압으로 쓰러짐.
— 자택(서울특별시 서대문구 수색동 119-10)에서 별세함.

저서 및 작품

저 서

일시	저서	출판사
1957년 12월 10일,	제1시집, 『김현승시초金顯承詩抄』	문학사상사
1963년 6월 30일,	제2시집, 『옹호자擁護者의 노래』	선명문화사
1968년 1월 20일,	제3시집, 『견고堅固한 고독孤獨』	관동출판사
1970년 11월 1일,	제4시집, 『절대고독絶對孤獨』	성문각
1972년 4월 1일,	『한국현대시해설韓國現代詩解說』	관동출판사
1974년 4월 28일,	『세계문예사조사』	고려출판사
1974년 5월 25일,	『김현승시전집』	관동출판사
1975년 11월 15일,	사후死後 시집, 『마지막 지상地上에서』	창작과비평사
1977년 3월 25일,	산문집 『고독孤獨과 시詩』	지식산업사

작 품

일시	작품	게재지
1934년 5월 25일,	쓸쓸한 겨울 저녁이 올 때	동아일보
	당신들은	
	어린 새벽은 우리를 찾아온다	동아일보
	합니다	
6월,	아침	조선중앙일보

일시	작품	게재지
7월,	황혼黃昏	조선중앙일보
9월 28일,	새벽은 당신을 부르고 있습니다	동아일보
1935년 4월,	묵상수제默想數題	조선시단
5월,	아침과 황혼黃昏을 데리고 갈 수 있다면	동아일보
6월,	너와 나	조선중앙일보
7월,	까마귀	조선중앙일보
10월,	동굴洞窟의 시편詩篇 기일其一	조선중앙일보
	동굴洞窟의 시편詩篇 기이其二	조선중앙일보
	떠남	조선시단
	새벽	조선시단
11월,	밤마음	조선중앙일보
1936년 2월 18일,	새벽 교실教室	동아일보
3월,	이별의 곡曲	숭전
	유리창	숭전
	철교鐵橋	숭전
1945년 8월,	시詩의 겨울	문예
1946년 4월,	내일來日	민성
6월,	창窓	경향신문
1947년 5월,	조국祖國	경향신문
6월,	자화상自畵像	경향신문

일시	작품	게재지
1950년 3월,	동면冬眠	문예
	명일明日의 노래	백민
	생명生命의 날	경향신문
10월,	가을 시첩詩帖	경향신문
	생명生命의 합창合唱	미상
1952년 7월,	내가 나의 모국어母國語로 시詩를 쓰면	신문예
1953년 6월,	푸라타나스	문예
1954년 1월,	내가 가난할 때	문예
6월,	인생송가人生頌歌	시정신
	안개 속에서	문학예술
7월,	러시아워	시작
1955년 1월,	옹호자擁護者의 노래	현대문학
5월,	오월五月의 환희歡喜	현대문학
12월,	어제	예술집단
1956년 4월,	호소呼訴	현대문학
6월,	고전주의자古典主義者	시연구
8월,	여름방학	현대문학
9월,	사랑을 말함	시정신
11월,	기도祈禱	문학예술
12월,	박명薄明의 남은 시간 속에서	자유문학
	십이월十二月	현대문학
1957년 1월,	눈물보다 웃음을	현대시

일시	작품	게재지
4월,	인간은 고독하다	현대문학
8월,	슬픈 아버지	현대문학
10월,	갈구자渴求者	현대문학
11월,	내 마음은 마른 나무가지	현대문학
1958년 3월,	독신자獨身者	현대문학
6월,	낭만평야浪漫平野	현대문학
	산줄기에 올라	신태양
9월,	육체肉體	한국평론
	슬퍼하지 않는 것은	현대문학
11월,	지상地上의 시詩	미상
	양심良心의 금속성金屬性	지성
1959년 1월,	신설新雪	동아일보
	삼림森林의 마음	현대문학
4월,	밤안개 속에서	신태양
5월,	저녁그림자	신시학
6월,	슬픔	현대문학
9월,	가로수街路樹	사상계
10월,	빛	현대문학
1960년 3월,	일천구백육십년의 연가戀歌	현대문학
4월,	속죄양贖罪羊	현대문학
9월 26일,	자유自由여	충대학보
10월,	수평선水平線	사상계
11월,	신성神聖과 자유自由를	현대문학
12월,	가을은 눈의 계절	자유문학
	나무와 먼 길	현대문학
	건강체健康體	현대문학

일시	작품	게재지
1961년 5월,	보석寶石	현대문학
	체념이라는 것	사상계
6월,	우리는 일어섰다	자유문학
7월,	가을의 포도鋪道	예술원보
11월,	밤은 영양이 풍부하다	현대문학
1962년 1월,	종소리	사상계
	그냥 살아야지	사상계
4월,	일천구백육십삼년一九六三年에	자유문학
8월,	유성流星에 붙여	현대문학
11월,	내가 묻힌 이 밤은	현대문학
1963년 2월,	시인詩人의 산하山河	현대문학
4월 8일,	부활절復活節에	크리스챤신문
8월,	산포도山葡萄	현대문학
11월,	자의식과잉自意識過剩	신사조
	나의 심금을 울리는 낡은 제목들	사상계
12월,	나는 언제나 구체적이다	현대문학
1964년 5월,	출발出發의 문門을 열고	문학춘추
7월,	무형無形의 노래	현대문학
12월,	제한制限의 창(窓)	현대문학
1965년 1월,	겨울 까마귀	신동아
	신앙信仰과 이상理想	크리스챤신문
2월,	너를 세울지라	숭대
3월,	영혼과 중년	기독교 시단
4월,	희망이라는 것	시문학
5월,	일요일日曜日의 미학美學	한국일보

일시	작품	게재지
8월,	가장 아득한 제목題目	기독교시단
10월,	길	기독교시단
	견고堅固한 고독	현대문학
11월,	희망에 붙여	문학춘추
1966년 1월 1일,	새날의 제목題目	조선일보
1월,	새날의 거룩한 은혜恩惠와 기도祈禱	크리스챤신문
	신년송가新年頌歌	전남매일
	형설螢雪의 공功	세대
6월,	시詩의 맛	현대문학
7월,	형광등	문예수첩
8월,	병病	시문학
9월,	가을의 서시序詩	문학시대
1967년 1월,	겨우살이	사상계
	이 어둠이 내게 와서	기독교문학
2월,	마음의 집	현대문학
3월,	부재不在	사상계
5월,	아벨의 노래	동아춘추
6월,	참나무가 탈 때	기독사상
9월,	가을저녁	경향신문
10월,	파도	현대문학
11월,	조국祖國의 흙 한 줌	시와 시론
12월,	크리스마스와 우리집	기독교문학
	눈물	현대문학
1968년 1월 1일,	빛나는 조국의 새아침	서울신문
1월,	저 빛을 가슴에 안고	전남매일신문

일시	작품	게재지
	겨레의 맹서	경찰신문
2월,	목적目的	신동아
봄,	고독孤獨	창작과비평
	어리석은 갈대	창작과비평
	나의 한계限界	창작과비평
	미래未來의 날개	창작과비평
	불완전不完全	창작과비평
4월,	상상법想像法	동아일보
	내마음 흙이 되어	자유공론
6월,	아침안개	세대
7월,	치아齒牙의 시詩	현대문학
8월,	검은 빛	현대문학
11월,	당신마저도	현대문학
12월,	절대고독絶對孤獨	세대
	절대신앙絶對信仰	세대
	선線을 그으며	세대
	나의 시詩	세대
	시詩는 없다	세대
1969년 1월,	달밤	현대문학
	나의 만찬晩餐	한국시
4월,	우주인宇宙人에게 주는 편지	현대문학
5월,	그 날개	한국일보
7월,	연鉛	현대문학
	나의 진실眞實	신동아
9월,	서시序詩	문학시대
10월,	평범한 하루	월간중앙
10월 6일,	펜 하나 비록 가냘퍼도	경향신문
12월,	우주시대宇宙時代에 붙여	시인

645

일시	작품	게재지
	나의 지혜知慧	시인
	고독의 순금純金	시인
	고독한 싸움	시인
	빈 손바닥	시인
1970년 1월,	영혼의 고요한 밤	기독교문예
	이상理想	시문학
4월,	고독의 끝	현대문학
	신년송新年頌	현대문학
	완전完주겨울	현대문학
	겨울 실내악室內樂	현대문학
	고독한 이유	현대문학
6월,	군중 속의 고독	월간문학
10월,	다형茶兄	신동아
	현상現想	시문학
	사랑의 동전 한푼	다리
가을,	사실事實과 관습慣習	창작과비평
12월,	하늘에 세우는 크리스마스 추리	크리스챤신문
1971년 1월,	순수純粹	숭대
	꽃피어라	숭대
2월 21일,	잠이 안온다	주간조선
3월,	꿈을 생각하며	세대
4월,	사는 것	월간중앙
6월,	그림자	월간문학
6월 8일,	질주疾走	조선일보
7월,	나의 소리는	세계
8월 10일,	하운소묘夏雲素描	경향신문
9월,	자유의 양식糧食	창조

일시	작품	게재지
10월,	고독孤獨의 시詩	기독교시민
12월,	낙엽후落葉後	신동아
1972년 1월,	불을 지키며	지성
	이 손을 보라	지성
	사행시四行詩	지성
	감사	크리스찬신문
	신년기원新年祈願	월간문학
2월 5일,	진리眞理의 강자强者	숭대학보
3월,	인생人生을 말하라면	심상
봄,	산까마귀 울음소리	창작과비평
	인내忍耐	창작과비평
	민족民族의 강자强者	창작과비평
	가을에 월남越南에서 온 편지	창작과비평
5월,	형광등	월간중앙
8월,	고요한 밤	새시대문학
9월,	가상假像	월간문학
9월 26일,	성장成長	전남매일
11월,	재	70년대
	전환轉換	문학사상
1973년 봄,	봄이 오는 한 고비	문화비평
	오른손에 펜을 쥐고	문화비평
	역설逆說	문화비평
3월,	천국은 들에도	한국일보
3월 20일,	우리의 진실	숭대
5월,	촌 예배당村禮拜堂	서울신문
6월,	이 어둠이 내게 와서	신동아
6월 19일,	그림자	한국일보

일시	작품	게재지
9월,	비약飛躍	자유공론
10월,	마음의 새봄	기원
12월,	낙엽이후落葉以後	한국문학
	가을의 시편詩篇	중앙일보
	피는 물보다 짙다	북한
	지상地上에서	서울신문
1974년 봄,	희망	창작과비평
	사랑의 동전 한 푼	창작과비평
	식물성植物性의 고요한 밤	창작과비평
	흙 한 줌 이슬 한 방울	창작과비평
4월,	근황近況	심상
	고백告白의 시詩	심상
5월,	낚시터 서정抒情	낚시춘추
6월,	무기武器의 노래	한국문학
11월,	샘물	월간문학
	나무	월간문학
	영혼의 고요한 밤	한국문학
12월,	크리스마스의 모성애母性愛	신앙계
	영혼의 명절名節	크리스챤신문
1975년 2월,	행복의 얼굴	현대문학
	지각知覺	현대문학
	마지막 지상地上에서	현대문학
3월,	부활절復活節에	월간문학
4월 1일,	백지白紙	동아일보
4월,	마음의 새봄	월간중앙
6월,	비약飛躍	현대문학
	울려라 탄일종	현대문학

김현승 시전집

김인섭 엮음·해설

1판 1쇄 펴냄 2005년 11월 5일
1판 5쇄 펴냄 2020년 11월 5일

지은이 • 김현승
엮은이 • 김인섭
발행인 • 박근섭, 박상준
펴낸곳 • ㈜민음사

출판등록 • 1966. 5. 19. (제16-490호)
서울특별시 강남구 도산대로1길 62(신사동)
강남출판문화센터 5층(우편번호 06027)
대표전화 02-515-2000 • 팩시밀리 02-515-2007
www.minumsa.com

ⓒ김현승(김문배), 2005. Printed in Seoul, Korea

ISBN 978-89-374-0737-6   03810

* 잘못 만들어진 책은 구입처에서 교환해 드립니다.